Texte zur Tierethik

Texte zur Tierethik

Herausgegeben von
Ursula Wolf

Texte aus dem Amerikanischen
und Englischen übersetzt von
Oscar Bischoff, Veronika Gielow,
Dietrich Klose, Tarja Prüß,
Jean-Claude Wolf und Alexander Zehmisch

Reclam

Erna-Graff-Stiftung Berlin

Die Publikation dieses Bandes wurde gefördert durch
die Erna-Graff-Stiftung für Tierschutz
(www.erna-graff-stiftung.de)

RECLAMS UNIVERSAL-BIBLIOTHEK Nr. 18535
2008, 2019 Philipp Reclam jun. GmbH & Co. KG,
Siemensstraße 32, 71254 Ditzingen
Bibliographisch ergänzte Ausgabe 2019
Druck und Bindung: EsserDruck Solutions GmbH,
Untere Sonnenstraße 5, 84030 Ergolding
Printed in Germany 2022

ISBN 978-3-15-018535-3
www.reclam.de

Inhalt

Kontraktualismus

Mitleidsethik und Ethik der Fürsorge

Tugendethik

Multikriterielle Ansätze

Einleitung

Absicht und Aufbau

Das heutige philosophische Nachdenken über die moralisch angemessene Behandlung der Tiere begann in den 1970er-Jahren. 1972 gaben Roslind und Stanley Godlovitch zusammen mit John Harris einen Sammelband mit dem Titel *Animals, Men and Morals* heraus, der zunächst wenig beachtet wurde. Peter Singer versuchte mittels einer Besprechung mit dem provozierenden Titel »Animal Liberation« in *The New York Review of Books* auf den Band aufmerksam zu machen und ließ 1975 ein eigenes Buch mit demselben Titel folgen, das die Frage der Tiere vor dem Hintergrund eines utilitaristischen Ansatzes umfassend erörtert. Singers Buch zog eine Reihe von Publikationen anderer Autoren nach sich, die diesen Ansatz teils weiter ausarbeiteten, teils kritisierten. Entweder so, dass sie starke Tierschutzforderungen zurückwiesen (wie R. G. Frey in seiner frühen Phase), oder so, dass sie dem Utilitarismus Singers andere moralische Konzeptionen als Basis des Tierschutzes entgegenstellten. Die wichtigste alternative Position zugunsten der Tiere ist die Theorie der Tierrechte, die Tom Regan, der zweite Protagonist der frühen Debatte, in seinem Buch *The Case for Animal Rights* (1983) entwickelt.

Während zunächst diese Ansätze gegeneinander diskutiert oder auch beide bestritten wurden und die Debatte sich nur zögernd ausdehnte, erlebte sie in den 1980er-Jahren und danach einen enormen Aufschwung, der inzwischen als »zweite Welle« in der Tierethikdebatte bezeichnet wird. So nennt Singer die Aufsatzsammlung, die er 2006 ediert hat, *In Defense of Animals. The Second Wave.* Den Beginn dieser zweiten Welle markiert das Buch *Morals, Reason and Animals* (1987) von Steve F. Sapontzis, der dieses im Vorwort selbst als »Beitrag der zweiten Generation« zur Tierethikdebatte versteht. Die zweite Welle ist nicht nur durch ein Anwachsen der Debatte im Umfang gekennzeichnet, sondern durch eine Auflockerung und zunehmende Vielfalt der zugrunde liegenden moralphilosophischen Positionen, die parallel zur Entwicklung in der allgemeinen Ethik verläuft. So plädiert Sapontzis im Vorwort zu seiner Untersuchung für eine Stück für Stück vorgehende Methode in der Moraltheorie, die keiner streng systematischen Position verpflichtet ist, da auch unsere moralische Tradition komplex sei und sich nicht auf ein einziges Moralprinzip oder Kriterium der moralischen Berücksichtigung reduzieren lasse.

Der vorliegende Band möchte einen möglichst repräsentativen Überblick über die Tierethikdebatte von ihren Anfängen bis heute geben. Da der Raum begrenzt ist, sind damit die Anfänge der *heutigen* Debatte gemeint; auf die Wiedergabe der Äußerungen der klassischen Philosophen zur Frage der Tiere musste verzichtet werden. Die wichtigsten klassischen Stellen werden jedoch von den modernen Autoren zitiert (Bentham von Singer; Kant von Regan, Rollin und Patzig; Schopenhauer und andere von Donovan) und teilweise auch hier in der Einleitung referiert. Das Schwergewicht der Sammlung liegt außerdem auf den Beiträgen aus dem angelsächsischen Raum, weil dort die Diskussion entstanden ist und bis heute intensiv geführt wird.

Gegliedert ist der Band in einen moraltheoretischen Teil und einen Anwendungsteil. Während viele Debatten der angewandten Ethik auf der Basis impliziter Moralkonzeptionen geführt werden oder ihnen eine solche Basis ganz fehlt, ist die Tierethik auch deswegen von speziellem Interesse, weil hier die Moraltheorie meist explizit im Blick ist. Da sich an der Frage der Tiere besonders gut zeigt, wo die Grenzen einer Position liegen, welche Überzeugungen sie zu integrieren vermag und welche sie zu sprengen drohen, haben sich viele große Moralphilosophen an dieser Frage abgearbeitet.

Teil I des Bandes stellt die wichtigsten Moraltheorien vor, die sich mit der Frage der Tiere beschäftigt haben: Utilitarismus; Moraltheorien, die mit dem Begriff des Rechts oder der Würde arbeiten; Kontraktualismus; Mitleidsethik und Ethik der Fürsorge; Tugendethik. In welcher Reihenfolge man sich diese Theorien vornimmt, ist schwer zu entscheiden, da sich ihre Vertreter wechselseitig aufeinander beziehen. In diesem Band steht Singers Text deswegen an erster Stelle, weil er die Debatte angestoßen hat und alle späteren Diskutanten ihn erwähnen. Da der Utilitarismus mit der Leidensfähigkeit argumentiert, hätte man hier direkt die Mitleidsethik anschließen können, die sich in anderer Form ebenfalls auf die Leidensfähigkeit beruft. Um den Verlauf der Debatte nachzuzeichnen, steht jedoch an zweiter Stelle diejenige Theorie, die schon früh als Konkurrenz zu Singers Tierbefreiungsansatz aufgetreten ist, die Tierrechteposition, die moralische Ansprüche von Tieren durch deren inneren Wert begründet. Schwierigkeiten mit dieser Begründung führen entweder zu einer schwächeren kontraktualistischen Einführung von Rechten oder zurück zu Vorschlägen, die bei altruistischen Affekten oder Beziehungen ansetzen, wie das in der Mitleidsethik und Ethik der Fürsorge der Fall ist. Da das Mitleid ein Affekt ist, der noch keine moralische Einstellung ausmacht, solange er nicht zu einer andauernden Disposition verfestigt wird, liegt es nahe, von der Mitleidsethik zur Tugendethik überzugehen. Diese zeigt jedoch, dass man je nach Hintergrund verschiedene Tugendeinstellungen zu Tieren empfehlen könnte, die teilweise zu unvereinbaren Handlungsanleitungen führen. Der Verdacht liegt daher nahe, dass wir es in der Moral nicht nur mit *einem* Grundprinzip oder Kriterium zu tun haben, sondern mit mehreren. Entsprechend bilden das Ende des theoretischen Teils einige multikriterielle Positionen, wie sie in jüngster Zeit zunehmend vertreten werden.

Teil II ist der Anwendung gewidmet und hat drei Unterteile. Im ersten Unterteil geht es – noch unabhängig von speziellen Anwendungsfragen – um Vorklärungen darüber, ob man Tiere töten darf und ob ihr Leben einen Wert hat. Der zweite und dritte Unterteil behandeln diejenigen Anwendungsprobleme, die am dringlichsten sind und den bei weitem größten Umfang des »Tierverbrauchs« ausmachen, nämlich zum einen die Nutzung von Tieren zum Zweck der Nahrungsgewinnung, zum anderen Tierversuche oder allgemeiner die Nutzung von Tieren in der Forschung. Dabei wurde versucht, Texte so auszuwählen, dass jeweils verschiedene der im theoretischen Teil vorgeführten Moraltheorien zu Wort kommen. Auf die Diskussion weiterer Anwendungsfragen wie Jagd, Zoohaltung, Pelztierzucht usw. wurde aus Platzgründen verzichtet.

Die moralphilosophischen Ansätze zur Frage der Tiere

Utilitarismus versus Tierrechte

SINGER hat mit einem einfachen Argument, das sich ähnlich schon bei Bentham findet, die moderne Tierethikdiskussion angestoßen. Laut Benthams klassischem utilitaristischem Ansatz geht es in der Moral darum, die Summe des Glücks in der Welt zu vermehren bzw. die Summe des Leidens zu vermindern. Wenn dem so ist, dann kann, so Bentham, das Kriterium, von dem es abhängt, ob ein Wesen in unserem Handeln zu berücksichtigen ist, nicht die Vernunftfähigkeit sein, sondern nur die Leidensfähigkeit (vgl. Zitat in Singer S. 30). Diese besitzen auch Tiere. Tiere von der moralischen Rücksicht auszuschließen muss daher ebenso als grundlose Diskriminierung angesehen werden wie in früherer Zeit der Ausschluss der Schwarzen. Klammern wir Vorurteile ein, dann zählt jedes Wesen, das empfindungsfähig ist oder leiden kann, und jedes zählt in der Nutzenkalkulation als eins und insofern gleich. Singer ersetzt den Bezug auf das Gesamtglück durch den Bezug auf die Summe der Befriedigung von Interessen und verschärft das Argument der Gleichheit, indem er sagt: Gleiches Leiden wiegt gleich viel, unabhängig davon, ob es das Leiden eines Tiers oder eines Menschen ist. Dass Menschen mit Vernunft und Selbstbewusstsein begabt sind, spielt dafür keine Rolle, zumal auch manche Menschen, z. B. Kleinkinder oder Demente, diese Fähigkeiten nicht haben. Wer deren Leiden in Rechnung stellt, gleiches Leiden von Tieren dagegen nicht, zieht sich den Vorwurf zu, ein Speziesist zu sein, d. h. Vorurteile zugunsten der eigenen Spezies zu haben (analog dazu, dass man diejenigen, die Schwarze diskriminieren, »Rassisten« nennt).

Auf diesen ersten Zug in der Debatte reagiert REGAN mit Einwänden, die auch sonst häufig gegen den Utilitarismus vorgebracht werden: Die Gleichheit, die so sehr betont wird, ist als Basis der Moral zu schwach. Sie betrifft im utilitaristischen Verständnis nur einzelne Empfindungen oder Interessen, während die Wesen selbst, die deren Träger sind, keine Rolle spielen. Entsprechend erlaubt der Utilitarismus eine Nutzenkalkulation über Individuengrenzen hinweg. Es fehlt eine Garantie von Grundrechten, die verhindern, dass das Leben oder Glück Einzelner zugunsten von Nutzenstrategien geopfert werden kann.

In der Frage, ob wir Tieren in diesem Sinn Rechte zuschreiben sollen, liegt der entscheidende Punkt der heutigen Debatte. Die Frage, ob Tiere überhaupt moralische Objekte, d. h. Gegenstände moralischer Rücksicht sind, ist anders als in der Anfangsphase der Debatte kaum noch strittig. Zwar gibt es moralische *Theorien*, die Schwierigkeiten mit der Integration der Tiere haben, aber im Alltagsverständnis und in der europäischen Gesetzgebung ist der Tierschutz inzwischen fest verankert. Offen ist heute »nur« noch die Frage, wie er gegenüber anderen moralischen Forderungen oder Handlungszielen zu gewichten ist. Offen ist, anders gesagt, gerade die Gleichheitsfrage. Dass zwei Leidensempfindungen in einer utilitaristischen Kalkulation gleich groß sind, sagt noch nichts darüber, ob diese im Leben der beiden Individuen, die ihre Träger sind, gleich viel bedeuten oder ob diese beiden Individuen gleiche Ansprüche auf Rücksicht an uns haben. Eine starke Basis für den Tierschutz wäre daher erst garantiert, wenn wir Tieren gleichermaßen wie Menschen moralische Ansprüche zuschreiben können. Die Auseinandersetzung über die Tierrechte wird daher im vorliegenden Band ausführlicher dokumentiert als die anderen Ansätze.

Dieser Teil hat den etwas umständlichen Titel »Theorien moralischer Rechte und Würde«. Man hätte vielleicht auch sagen können »Kantianische Ansätze«. Diese Formulierung wurde deswegen vermieden, weil Kant selbst die Tiere nicht in die Moral einbezieht und außerdem die Moral vom Sollensbegriff und nicht vom Rechtsbegriff her einführt. Andererseits verstehen sich die Verteidiger der Tierrechte selbst so, dass sie an Kant anknüpfen, auch wenn sie seine Vorstellungen in einem Punkt grundlegend ändern. Erinnern wir uns: Kant leitet das Moralgesetz aus der Vernunft her, und sowohl die Adressaten des Moralgesetzes wie diejenigen Wesen, die moralische Rücksicht verdienen, sind die vernünftigen Wesen. Der Mensch hat die Eigenart, sowohl ein vernünftiges Wesen wie ein Triebwesen zu sein, und daher hat für ihn, der das Gesetz wegen der Triebe nicht von selbst befolgt, das Moralgesetz die Form eines Imperativs. Tiere sind nach Kant nur Triebwesen und keine Vernunftwesen. Der Mensch hingegen hat, sofern er an der Vernunft als etwas absolut Wertvollem teilhat und sich als autonomes Wesen selbst Gesetze geben kann, einen Wert bzw. eine Würde. Wie Kant sagt:

> »[...] der Mensch und überhaupt jedes vernünftige Wesen existiert als Zweck an sich selbst, nicht bloß als Mittel zum beliebigen Gebrauch für diesen oder jenen Willen [...] Die Wesen, deren Dasein zwar nicht auf unserm Willen, sondern der Natur beruht, haben dennoch, wenn sie vernunftlose Wesen sind, nur einen relativen Wert, als Mittel, und heißen daher Sachen, dagegen vernünftige Wesen Personen genannt werden, weil ihre Natur sie schon als Zwecke an sich selbst, d. i. als etwas, das nicht bloß als Mittel gebraucht werden darf, auszeichnet, mithin so fern alle Willkür einschränkt.« (Grundlegung zur Metaphysik der Sitten, Akademie Ausgabe (AA) Bd. IV, 428; Reclam Ausgabe (R), hrsg. von Theodor Valentiner, Einleitung Hans Ebeling, Stuttgart 1984, 78)

Die letzte Formulierung, wonach Personen wesentlich als Selbstzweck existierende Wesen sind, deren Würde von anderen zu achten ist und die dadurch eine Schranke für das Handeln anderer darstellen, legt in der Tat den Begriff eines moralischen Rechts nahe. Denn dieser Begriff wird vielfach so verstanden, dass er das Vorhandensein einer solchen Grenze markiert. Kants Begründung andererseits ist problematisch. Die Schranke ergibt sich für ihn »aus der Idee der Würde eines vernünftigen Wesens, das keinem Gesetze gehorcht als dem, das es zugleich selbst gibt« (GMS AA 434; R 87 f.). Wir haben es hier, wie auch die Gleichsetzung von »Würde« mit »Heiligkeit« anzeigt (AA 435; R 87 f.), mit einer metaphysischen Wertannahme zu tun; nicht der Mensch als empirisches Wesen ist absolut wertvoll, sondern der Mensch als ein Wesen, das an einer höheren Welt der Vernunft Anteil hat. Da Tiere daran nicht Anteil haben, fallen sie für Kant aus der Moral heraus. Kant teilt zwar die alltägliche Überzeugung, dass man Tiere nicht beliebig behandeln könne, begründet diese allerdings nur indirekt damit, Grausamkeit gegenüber Tieren schwäche die Moral mit Bezug auf Menschen (vgl. Zitat in Patzig S. 254).

Regan knüpft in manchen Arbeiten direkt an Kant an, verwirft aber Kants Begrenzung der Moral auf Personen. Wenn wir moralische Rücksicht z. B. auch gegenüber kleinen Kindern oder Tieren für angemessen halten, muss diese anders fundiert sein, und Regan schlägt vor, dass alle Wesen einen inhärenten Wert haben, die bewusste Subjekte eines Lebens mit einem individuellen Wohl sind. Da in der Moral alle solchen Wesen das gleiche Recht auf Rücksicht haben sollen, muss dieser Wert bei allen gleich sein. ROLLIN nimmt unmittelbar Kants Begriff der selbstzweckhaften Existenz auf und vertritt die Auffassung, dass jedes Lebewesen, das Interessen hat, ein Zweck an sich selbst und dadurch wertvoll und Gegenstand moralischer Rücksicht ist. Der Tierrechtegegner COHEN wendet ein, der Rechtsbegriff, wie auch immer man ihn herleiten mag, sei auf Tiere nicht anwendbar und daher sei die Konzeption moralischer Tierrechte unhaltbar (auch wenn Cohen nicht bestreitet, dass es Handlungen gegenüber Tieren geben kann, die moralisch unangemessen sind).

Während in der angelsächsischen Tierrechtedebatte der Wertbegriff vorherrscht, dreht sich die deutschsprachige Diskussion um die Frage, ob man Tieren Würde zusprechen kann. Der Begriff der Würde schließt dabei teilweise an Kants Verwendung an, hat aber ebenso religiöse Konnotationen, die aus der jüdisch-christlichen Tradition stammen. Die moralphilosophische Auseinandersetzung ist hier außerdem eng verwoben mit der Frage nach einer angemessenen rechtlichen Verankerung des Tierschutzes, die sich etwa in der Schweizerischen Bundesverfassung als Schutz der Würde der Kreatur ausdrückt. Es wurde für diesen Band ein Text ausgewählt, der den Begriff der Würde auf Tiere ausdehnt (TEUTSCH), und ein weiterer Text, der dies mit einiger Abschwächung tut (BALZER/RIPPE/SCHABER).

Die Argumente für oder gegen Tierrechte legen die Vermutung nahe, dass eine Fundierung gleicher moralischer

Rechte in einer inneren Beschaffenheit nur metaphysisch zu gewinnen ist, da alle faktischen Eigenschaften der Lebewesen unterschiedlich verteilt sind. Ohne metaphysische Annahmen sind moralische Rechte zwar nicht mehr etwas, was wir vorfinden. Doch könnte man mit SAPONTZIS sagen, dass der Begriff gleicher moralischer Rechte auch dann noch eine wichtige Funktion erfüllt, nämlich zum Ausdruck bringt, dass wir Tiere nur dann wirklich zu Gegenständen moralischer Rücksicht machen, wenn wir sie ähnlich wie Menschen als Grenzen unserer Strategien der Lust- und Nutzenmaximierung sehen.

Der Versuch, Tierrechte im Sinne vertragstheoretisch begründeter Rechte zu verstehen, die ohne besondere Prämissen auskommen, scheint dagegen nicht sehr aussichtsreich. So bestreitet CARRUTHERS von kontraktualistischen Prämissen ausgehend die Möglichkeit von Tierrechten und hält die Rücksicht auf Tiere nur durch indirekte tugendethische Argumente für begründbar. ROWLANDS allerdings erklärt eine Ausdehnung des Vertragsmodells der Moral auf Tiere für durchaus möglich.

Mitleidsethik, Tugendethik und multikriterielle Ansätze

Die Schwierigkeit, Tierrechte ohne Annahme eines metaphysischen Eigenwerts der Wesen zu begründen, legt es nahe, auf den Ansatz bei der Leidensfähigkeit zurückzugreifen, ohne andererseits wie der Utilitarismus die Individuen als die eigentlichen Objekte der Moral zu übergehen. Als eine solche Position bietet sich diejenige Schopenhauers an, der gegen Kant darauf besteht, das moralische Motiv könne nicht die Achtung einer metaphysischen Eigenschaft sein, sondern müsse in der empirischen Natur des Menschen liegen. Schopenhauer zufolge zeigt sich im »alltägliche[n] Phänomen des Mitleids«, wie das »Wohl und Wehe« des anderen »unmittelbar mein Motiv sein« kann, indem hier »jener Andere der letzte Zweck meines Willens wird, ganz so wie sonst ich selbst es bin« (Schopenhauer, Preisschrift über die Grundlage der Moral, Zürich 1988, 564f.). Für Schopenhauer geht es also um die Berücksichtigung des individuellen Wohls anderer, und er erklärt die Möglichkeit dieser Rücksicht durch Hinweis auf das empirische Vorkommen altruistischer Affekte.

Doch auch diese Position, die die Vorteile des Utilitarismus, etwa die selbstverständliche Einbeziehung der Tiere, teilt, ohne sich die Probleme der Theorie der Rechte einzuhandeln, ist nicht frei von Schwächen. Um die beiden wichtigsten zu nennen: Erstens. Das Mitleid ist ein punktueller Affekt, der je nach Beziehung zum Leidenden oder je nach eigener Stimmungslage schwanken kann, während man von der Moral dauerhaft gleiche Rücksicht verlangt. Zweitens. Zur Moral gehören auch Fragen der Gerechtigkeit. Einem gerechten Anspruch eines anderen nachzukommen, würde man aber gewöhnlich nicht als Sache des Mitleids betrachten.

Was den ersten Einwand angeht, antwortet bereits Schopenhauer selbst mit dem Hinweis, es komme nicht auf den einzelnen Affekt, sondern darauf an, durch Überlegung eine andauernde Haltung des Mitleids auszubilden (Schopenhauer, a. a. O., 571). Donovan macht deutlich, dass die Erfahrung des Mitgefühls sowohl eine komplexe emotionale als auch eine intellektuelle Leistung darstellt und dass die Universalisierung des Mitgefühls naheliegend ist. Sie verbindet dabei die klassische Mitgefühls- bzw. Mitleidskonzeption (Hume und Schopenhauer) mit der heutigen feministischen Ethik der Fürsorge. Gleichzeitig stellt sie heraus, dass die individuelle Moral der Fürsorge auf die politische Dimension verweist und nur dann effektiv sein kann, wenn sie durch eine geeignete Sichtweise des Politischen ergänzt wird.

Die Mitleidsethik nimmt, wenn das moralisch qualifizierte Mitleid eine universalisierte Haltung darstellen muss, häufig die Form einer Tugendethik an. Nun zeigen die Artikel von HURSTHOUSE und BECKER, dass verschiedene Varianten von Tugendethik möglich sind, die nicht immer die gleichen Ergebnisse mit Bezug auf Tiere haben. So vertritt Hursthouse die Position, dass in der Ausübung von Mitgefühl die Einbeziehung der Tiere angelegt ist, während Becker es für einen wesentlichen Bestandteil menschlicher Tugend hält, dass wir spezielle Verpflichtungen gegenüber Mitgliedern der eigenen Spezies anerkennen und Tiere entsprechend schwächer gewichten.

Auf den zweiten Einwand, wonach Gerechtigkeit nicht unter den Mitleidsansatz fällt, kann man mit dem Hinweis reagieren, dass die Moral nicht nur *eine* Dimension oder *ein* Grundprinzip hat, sondern dass wir mit mehreren Quellen bzw. Bereichen der Moral zu rechnen haben, die sich nicht aufeinander reduzieren lassen. So nimmt MIDGLEY zwar ähnlich wie Becker eine spezielle Bindung an die eigene Spezies an, betont aber zugleich, dass diese nicht strikt besteht und dass wir außerdem Forderungen des Mitgefühls ganz unabhängig von Bindungen anerkennen. SCRUTON, der als Kritiker eines starken Tierschutzes gilt, unterscheidet vier Wurzeln der Moral, nämlich das System von Rechten und Pflichten, Mitgefühl, Tugend und Pietät. Er nimmt Tiere aus dem ersten Bereich aus und differenziert darüber hinaus zwischen den verschiedenen Beziehungen, in denen wir zu Tieren stehen können. Der Beitrag der Herausgeberin nimmt die Unterscheidungen, die Scruton, Midgley und andere machen, auf, versucht jedoch hinter den Anschein der Multikriterialität zurückzugehen und einen einheitlichen Kern der Moral aufzuweisen.

Anwendungsprobleme

Es ist unstrittig, dass auf Tiere in ihrer Leidensfähigkeit Rücksicht zu nehmen ist (auch wenn im konkreten Fall nicht immer Einigkeit besteht, in welchem Maß das gilt). Kontrovers ist hingegen, ob auch das schmerzlose Töten von Tieren gegen die Moral verstößt. Daher wird unter II die Frage des Tötens von Tieren vorangestellt, ehe dann Beiträge zu den wichtigsten Anwendungsfragen folgen.

Töten von Tieren

JOHNSON stellt mit Bezug auf das Tötungsproblem die Frage, wieso eigentlich für ein Tier sein Leben weniger Wert haben sollte als für einen Menschen das seine. BIRNBACHER untersucht die Tötungsfrage ebenfalls grundsätzlich und noch unabhängig von bestimmten Anwendungskontexten aus einer utilitaristischen Perspektive.

Tiere in der Wissenschaft

SINGERS Utilitarismus lässt Tierversuche in der Wissenschaft durchaus zu, wenn sie die Interessenbefriedigung insgesamt maximieren, allerdings unter der Bedingung strikter Gleichheit: Wer immer ein Tier Versuchen unterzieht, muss bereit sein, dasselbe mit einem Menschen zu tun, der auf dem gleichen Stand der Empfindungsfähigkeit ist. FREY, der im weiten Sinn ebenfalls dem Utilitarismus zuzurechnen ist, vertritt die Auffassung, dass das Leiden bei Mensch und Tier gleich, der Wert des Lebens hingegen unterschiedlich zu betrachten ist, weil ein Leben umso reicher ist, je mehr Fähigkeiten das entsprechende Wesen hat. Wie Singer ist er der Auffassung, dass Menschen und Tiere mit gleichen Fähigkeiten gleich zu behandeln sind. Auch PATZIG vertritt eine gemäßigte Position mit Bezug auf Tierversuche, allerdings auf der Basis eines rationalen Universalismus: Gleiche Wesen sind gleich zu behandeln, jedoch hat der Mensch eine höhere Existenzform. BRODY verteidigt die Zulässigkeit von Tierversuchen mit Hinweis darauf, dass wir spezielle Verpflichtungen gegenüber Mitgliedern der eigenen Spezies haben. Rollin thematisiert die strittige Frage der Zulässigkeit von Tierversuchen in der Grundlagenforschung und argumentiert, dass diese sich nicht durch den bloßen Verweis auf die Freiheit der Forschung rechtfertigen lassen, weil wir diese Freiheit auch sonst nicht als absolute auffassen, sondern sie in ein Netz aus sozialen, kulturellen und politischen Schranken eingebettet sehen. Francione setzt sich mit der Xenotransplantation auseinander und verteidigt eine Position der Tierrechte, die auch das Tier als Schranke für unsere Praxis sieht und so eine Abwägung zwischen dem Leiden des Tiers und dem Nutzen für den Menschen ausschließt.

Tiere zu Nahrungszwecken

Utilitaristische Argumente für den Vegetarismus legt Gruzalski dar, wobei die Tötungsfrage in seinem Text nur beiläufig eine Rolle spielt. Pluhar tritt für den Vegetarismus aufgrund einer Tierrechteposition ein, wonach jedes Wesen, das Ziele verfolgt, ein Recht auf Leben besitzt. Die Texte von Warren und Diamond kann man beide als tugendethisch einordnen, weil sie mit Einstellungen, mit der Einbettung in menschliche Praxis u. Ä. argumentieren. Warren betont dabei mehr die Bedeutung kultureller Praxis für das menschliche Zusammenleben und gewichtet diese höher als die positive Einstellung zum Leben der Tiere. Diamond kommt zu einer etwas stärkeren Sicht, was die Tiere betrifft, insofern sie eine gewisse Inkohärenz darin sieht, dass man eine positive Einstellung gegenüber Tieren hat, sie aber doch verzehrt. Allerdings hält sie diese Inkohärenz nicht für so stark, dass die positive Einstellung gegenüber Tieren mit dem Essen von Fleisch ganz unvereinbar wäre.

***

Zur Entstehung dieses Bandes haben viele beigetragen. Als Erstes danke ich der Erna-Graff-Stiftung für Tierschutz für die großzügige Förderung des Bandes, die es ermöglicht hat, viele englischsprachige Beiträge zu übersetzen. Jörg Schaub danke ich für seine Hilfe bei der Durchsicht der Übersetzungen, Thomas Schramme für wichtige Hinweise zur Bedeutung einiger schwieriger Termini und Jens Tuider für die sorgfältige Mitarbeit bei der Fahnenkorrektur. Schließlich würde der Band ohne den unermüdlichen Einsatz von Alexander Zehmisch in dieser Form nicht vorliegen: Er hat mich nicht nur mit großer sachlicher Kompetenz bei der Auswahl der Texte beraten, sondern auch aussichtslos erscheinende Copyright-Verhandlungen zu einem erfolgreichen Ende geführt, die meisten Aufsätze übersetzt, das Literaturverzeichnis erstellt und mit scharfem Blick Ungenauigkeiten in den von mir verfassten Teilen aufgespürt. Ihm gebührt daher mein besonderer Dank.

Ursula Wolf

I. Die wichtigsten tierethischen Positionen

Utilitarismus

PETER SINGER

Rassismus und Speziesismus

Was Ethik ist: eine *Auffassung*

[...] Der universale Aspekt der Ethik, meine ich, liefert uns eine überzeugende, wiewohl nicht letztgültige Begründung dafür, eine utilitaristische Position im weiteren Sinne einzunehmen.

Meine Begründung für diese Behauptung ist folgende: Indem ich akzeptiere, daß moralische Urteile von einem universalen Standpunkt aus getroffen werden müssen, akzeptiere ich, daß meine eigenen Interessen nicht einfach deshalb, weil sie meine Interessen sind, mehr zählen als die Interessen von irgend jemand anderm. Daher muß, wenn ich moralisch denke, mein ganz natürliches Bestreben, daß für meine Interessen gesorgt wird, ausgedehnt werden auf die Interessen anderer. Nun stelle man sich vor, daß ich zwischen zwei möglichen Handlungsverläufen zu entscheiden versuche – etwa, ob ich alle Früchte, die ich gesammelt habe, selber esse oder sie mit andern teile. Zudem stelle man sich vor, daß ich in einem völligen ethischen Vakuum entscheide, daß ich nichts weiß von moralischen Erwägungen – ich bin sozusagen in einem vormoralischen Stadium des Denkens. Wie würde ich mich entscheiden? Etwas, das immer noch relevant bliebe, wäre die Frage, in welcher Weise die möglichen Handlungsverläufe meine Interessen beträfen. Würden wir »Interessen« weit genug definieren, so daß wir alles, was Menschen wünschen, als ihre Interessen auffaßten (sofern dies nicht unverträglich ist mit einem oder mehreren anderen Wünschen), dann kann wohl in diesem vormoralischen Zustand *nur* das je eigene Interesse für die Entscheidung relevant sein.

Angenommen, ich beginne dann so weit moralisch zu denken, daß ich erkenne, daß meine eigenen Interessen nicht einfach aus dem Grund, weil sie meine eigenen sind, mehr zählen als die Interessen anderer. Anstelle meiner eigenen Interessen habe ich nun die Interessen aller zu berücksichtigen, die von meiner Entscheidung betroffen sind. Dies erfordert von mir, daß ich alle diese Interessen abwäge und jenen Handlungsverlauf wähle, von dem es am wahrscheinlichsten ist, daß er die Interessen der Betroffenen weitestgehend befriedigt. Also muß ich – wenigstens auf einer bestimmten Ebene meiner moralischen Überlegungen – den Handlungsverlauf wählen, der per saldo für alle Betroffenen die besten Konsequenzen hat. (Ich sage »auf einer bestimmten Ebene meiner moralischen Überlegungen«, weil es – wie wir später sehen werden – utilitaristische Gründe für die Überzeugung gibt, daß wir nicht versuchen sollten, diese Konsequenzen für jede ethische Entscheidung im täglichen Leben im voraus zu berechnen, sondern nur unter ganz ungewöhnlichen Umständen oder vielleicht wenn wir über unsere Wahl der allgemeinen Prinzipien nachdenken, die uns in Zukunft leiten sollen. Mit anderen Worten: in dem genannten Beispiel könnten wir es auf den ersten Blick für selbstverständlich halten, daß es bessere Konsequenzen hat, wenn ich die gesammelten Früchte teile, als wenn ich es nicht tue. Dies könnte sich am Ende durchaus als das beste allgemeine Prinzip erweisen, aber bevor wir Gründe für die Überzeugung haben können, daß dies der Fall ist, müssen wir auch folgendes betrachten: Ist die Wirkung einer allgemeinen Praxis, die gesammelten Früchte zu teilen, für alle Betroffenen gut, weil dadurch eine gleichmäßigere Verteilung erreicht wird, oder reduziert sie eventuell den Ertrag der gesammelten Nahrung, weil manche aufhören, etwas zu sammeln, wenn sie wissen, daß sie genug bekommen aus ihrem Anteil an dem, was andere sammeln?)

Die hier skizzierte Denkweise ist eine Form von Utilitarismus. Sie unterscheidet sich vom klassischen Utilitarismus dadurch, daß »beste Konsequenzen« das bedeutet, was per saldo die Interessen der Betroffenen fördert, und nicht bloß das, was Lust vermehrt und Unlust verringert. (Es wurde jedoch behauptet, klassische Utilitaristen wie Bentham und John Stuart Mill hätten »Lust« und »Schmerz« in einer weiten Bedeutung verwendet, die auch die Erreichung dessen, was man als »Lust« wünscht, einzuschließen gestattete, und das Gegenteil als »Schmerz«. Ist diese Interpretation richtig, so verschwindet der Unterschied zwischen klassischem Utilitarismus und dem Utilitarismus, der auf Interessen gründet.)

Was zeigt uns das? Es zeigt uns nicht, daß der Utilitarismus vom universalen Aspekt der Ethik hergeleitet werden kann. Es gibt andere ethische Ideale – individuelle Rechte, die Heiligkeit des Lebens, Gerechtigkeit, Reinheit usw. –, die im erforderlichen Sinne universal und zumindest in einigen Versionen mit dem Utilitarismus unvereinbar sind. Es zeigt uns, daß wir sehr rasch zu einer ursprünglich utilitaristischen Position gelangen, sobald wir den universalen Aspekt auf einfache vormoralische Entscheidungsprozesse anwenden. Dies bürdet meines Erachtens denen die Beweislast auf, die über den Utilitarismus hinauszugehen trachten. Die utilitaristische Position ist eine minimale, eine erste Grundlage, zu der wir gelangen, indem wir den vom Eigeninteresse geleiteten Entscheidungsprozeß universalisieren. Wollen wir moralisch denken, so können wir uns nicht weigern, diesen Schritt zu tun. Will man uns überzeugen, daß wir über den Utilitarismus hinausgehen und nichtutilitaristische moralische Regeln oder Ideale akzeptieren sollten, so muß man uns gute Gründe für diesen weiteren Schritt liefern. Bevor solche Gründe vorgebracht werden, haben wir einigen Grund, Utilitaristen zu bleiben. [...]

Rassismus und Speziesismus

Im vorhergehenden Kapitel habe ich die Überzeugung begründet, daß es sich bei dem Grundprinzip der Gleichheit, auf dem die Gleichheit aller Menschen beruht, um das Prinzip der gleichen Interessenberücksichtigung* handelt. Nur ein grundlegendes moralisches Prinzip dieser Art gestattet es uns, eine Form von Gleichheit zu vertreten, die alle menschlichen Wesen umfaßt – trotz aller Unterschiede, die zwischen ihnen bestehen. Ich behaupte nun, daß dieses Prinzip zwar eine adäquate Basis für menschliche Gleichheit ist, aber eine Basis, die sich nicht auf Menschen beschränken läßt. Ich schlage mit anderen Worten vor, daß wir, wenn wir das Prinzip der Gleichheit als eine vernünftige moralische Basis für unsere Beziehungen zu den Mitgliedern unserer Gattung akzeptiert haben, auch verpflichtet sind, es als eine vernünftige moralische Basis für unsere Beziehungen zu denen außerhalb unserer Gattung anzuerkennen – den nichtmenschlichen Lebewesen.[1]

Dieser Vorschlag erscheint zunächst bizarr. Wir pflegen die Unterdrückung von Minderheitengruppen und Frauen zu den wichtigsten moralischen und politischen Fragen zu zählen, die heute die Welt bedrängen. Dies sind schwerwiegende Probleme, die den Zeitaufwand und die Energie jedes verantwortungsbewußten Menschen verdienen. Aber Tiere? Das Wohl von Tieren ist doch etwas ganz anderes, etwas für Hunde- oder Katzennarren. Wie kann jemand unsere Zeit damit vergeuden, Gleichheit für Tiere zu fordern, während so vielen Menschen die wirkliche Gleichheit vorenthalten wird?

In dieser Haltung drückt sich ein verbreitetes Vorurteil dagegen aus, die Interessen von Tieren ernst zu nehmen –

1 Übersetzung für *non-human animals.* Gemeint sind in der Regel »nichtmenschliche empfindungsfähige Lebewesen«, also keine Pflanzen. In der Tierethik wird auch von »nichtmenschlichen Tieren« gesprochen. [Anm. d. Übers.]

ein Vorurteil, das nicht besser fundiert ist als das der weißen Sklavenhalter, die nicht bereit waren, die Interessen der afrikanischen Sklaven ernst zu nehmen. Es fällt uns leicht, die Vorurteile unserer Großeltern zu kritisieren, von denen sich unsere Eltern frei gemacht haben. Viel schwieriger ist es, uns von unseren eigenen Ansichten zu distanzieren, um leidenschaftslos nach Vorurteilen in unseren Überzeugungen und Wertvorstellungen Ausschau zu halten. Dazu ist allerdings eine Bereitschaft nötig, den Argumenten zu folgen, wohin auch immer sie führen, ohne im voraus anzunehmen, die Sache sei der Aufmerksamkeit nicht wert.

Das Argument für die Erweiterung des Prinzips der Gleichheit über unsere Spezies hinaus ist einfach – so einfach, daß es dazu lediglich bedarf, das Wesen des Prinzips der gleichen Interessenberücksichtigung* klar zu verstehen. Dieses Prinzip schließt, wie wir gesehen haben, ein, daß unsere Rücksicht auf andere nicht davon abhängig sein darf, was sie sind oder welche Fähigkeiten sie haben (obwohl genau das, was dieses Interesse uns zu tun aufgibt, nach den Eigenschaften derer variieren kann, die von dem, was wir tun, betroffen sind). Auf genau dieser Grundlage können wir behaupten: Die Tatsache, daß manche Menschen nicht unserer Rasse angehören, berechtigt uns nicht dazu, sie auszubeuten, und ebenso bedeutet die Tatsache, daß manche Menschen weniger intelligent sind als andere, nicht, daß ihre Interessen mißachtet werden dürfen. Aber das Prinzip impliziert auch folgendes: Die Tatsache, daß bestimmte Wesen nicht zu unserer Gattung gehören, berechtigt uns nicht, sie auszubeuten, und ebenso bedeutet die Tatsache, daß andere Lebewesen weniger intelligent sind als wir, nicht, daß ihre Interessen mißachtet werden dürfen.

Wir haben im vorhergehenden Kapitel gesehen, daß viele Philosophen die gleiche Interessenberücksichtigung in der einen oder anderen Form als ein grundlegendes Prinzip der Moral vertreten haben. Aber nur wenige haben erkannt, daß das Prinzip über unsere eigene Spezies hinaus anzuwenden ist. Einer von diesen wenigen war Jeremy Bentham, der Vater des modernen Utilitarismus. Weit vorausblickend schrieb Bentham zu einer Zeit, als schwarze Sklaven unter britischer Herrschaft immer noch weitgehend so behandelt wurden, wie wir heute nichtmenschliche empfindungsfähige Lebewesen behandeln:

> »Der Tag mag kommen, an dem die übrigen Geschöpfe jene Rechte erlangen werden, die man ihnen nur mit tyrannischer Hand vorenthalten konnte. Die Franzosen haben bereits entdeckt, daß die Schwärze der Haut kein Grund dafür ist, jemanden schutzlos der Laune eines Peinigers auszuliefern. Es mag der Tag kommen, da man erkennt, daß die Zahl der Beine, der Haarwuchs oder das Ende des *os sacrum* gleichermaßen unzureichende Gründe sind, ein fühlendes Wesen demselben Schicksal zu überlassen. Was sonst ist es, das hier die unüberwindbare Trennlinie ziehen sollte? Ist es die Fähigkeit zu denken, oder vielleicht die Fähigkeit zu sprechen? Aber ein ausgewachsenes Pferd oder ein Hund sind unvergleichlich vernünftigere und mitteilsamere Lebewesen als ein Kind, das erst einen Tag, eine Woche oder selbst einen Monat alt ist. Doch selbst vorausgesetzt, sie wären anders, was würde es ausmachen? Die Frage ist nicht: können sie *denken?* oder: können sie *sprechen?*, sondern *können sie leiden?*«

An dieser Stelle zeichnet Bentham die Fähigkeit zu leiden als jene entscheidende Eigenschaft aus, die einem Lebewesen Anspruch auf gleiche Interessenberücksichtigung* verleiht. Die Fähigkeit zu leiden – oder genauer, zu leiden und/oder sich zu freuen oder glücklich zu sein – ist nicht einfach eine weitere Fähigkeit wie die Sprachfähigkeit oder die Be-

* Von der Herausgeberin gegenüber der 2. Auflage der *Praktischen Ethik* geändert.

fähigung zu höherer Mathematik. Bentham sagt nicht, daß diejenigen, die die unüberwindbare Trennlinie zu ziehen versuchen, welche bestimmt, ob die Interessen eines Wesens berücksichtigt werden sollten oder nicht, einfach nur zufällig die falsche Eigenschaft herausgegriffen haben. Die Fähigkeit zu leiden und sich zu freuen ist vielmehr eine Grundvoraussetzung dafür, überhaupt Interessen haben zu können, eine Bedingung, die erfüllt sein muß, bevor wir überhaupt sinnvoll von Interessen sprechen können. Es wäre Unsinn zu sagen, es sei nicht im Interesse des Steins, daß das Kind ihm auf der Straße einen Tritt gibt. Ein Stein hat keine Interessen, weil er nicht leiden kann. Nichts, das wir ihm zufügen können, würde in irgendeiner Weise auf sein Wohlergehen Einfluß haben. Eine Maus dagegen hat ein Interesse daran, nicht gequält zu werden, weil sie dabei leiden wird.

Wenn ein Wesen leidet, kann es keine moralische Rechtfertigung dafür geben, sich zu weigern, dieses Leiden zu berücksichtigen. Es kommt nicht auf die Natur des Wesens an – das Gleichheitsprinzip verlangt, daß sein Leiden ebenso zählt wie das gleiche Leiden – soweit sich ein ungefährer Vergleich ziehen läßt – irgendeines anderen Wesens. Ist ein Wesen nicht leidensfähig oder nicht fähig, Freude oder Glück zu erfahren, dann gibt es nichts zu berücksichtigen. Deshalb ist die Grenze der Empfindungsfähigkeit (wir verwenden diesen Terminus als bequeme, wenngleich nicht ganz genaue Abkürzung für die Fähigkeit, Leid oder Freude bzw. Glück zu empfinden) die einzig vertretbare Grenze für die Rücksichtnahme auf die Interessen anderer. Diese Grenze durch irgendwelche anderen Merkmale wie Intelligenz oder Rationalität festsetzen hieße sie willkürlich festsetzen. Weshalb dann nicht irgendeine andere Eigenschaft wie zum Beispiel die Hautfarbe herausgreifen?

Rassisten verletzen das Prinzip der Gleichheit, indem sie bei einer Kollision ihrer eigenen Interessen mit denen einer anderen Rasse den Interessen von Mitgliedern ihrer eigenen

Rasse größeres Gewicht beimessen. Rassisten europäischer Abstammung akzeptieren nicht, daß der Schmerz, den Afrikaner verspüren, ebenso schlimm ist wie der, den Europäer verspüren. Ähnlich messen jene, die ich »Speziesisten« nennen möchte, da, wo es zu einer Kollision ihrer Interessen mit denen von Angehörigen einer anderen Spezies kommt, den Interessen der eigenen Spezies größeres Gewicht bei. Menschliche Speziesisten erkennen nicht an, daß der Schmerz, den Schweine oder Mäuse verspüren, ebenso schlimm ist wie der von Menschen verspürte.

Darin besteht wirklich schon das ganze Argument dafür, das Prinzip der Gleichheit auf nichtmenschliche Tiere auszudehnen; aber es mögen Zweifel daran geäußert werden, worauf diese Gleichheit in der Praxis hinauslaufen soll. [...]

Theorien moralischer Rechte und Würde

TOM REGAN

Wie man Rechte für Tiere begründet

[...] Die große Anziehungskraft des Utilitarismus liegt in seinem kompromißlosen *Egalitarismus*: Das Interesse eines jeden zählt, und zwar genauso viel wie das eines jeden anderen. Eine so abscheuliche Diskriminierung, wie sie sich durch manche Formen des Kontraktualismus rechtfertigen läßt – Diskriminierung aufgrund der Rasse oder des Geschlechts zum Beispiel –, scheint beim Utilitarismus prinzipiell ausgeschlossen. Ebendies scheint auch für den Speziesismus zu gelten, bei dem die systematische Diskriminierung auf der Spezieszugehörigkeit beruht.

Die Gleichheit, die wir beim Utilitarismus finden, ist jedoch nicht die, die ein Fürsprecher der Tier- oder Menschenrechte im Sinn haben sollte. Der Utilitarismus bietet keinen Raum für die gleichen Rechte unterschiedlicher Individuen, weil er den Gedanken ihrer inhärenten Gleichwertigkeit nicht zuläßt. Was für den Utilitaristen Wert hat, ist die Befriedigung der Interessen eines Individuums, nicht das Individuum, um dessen Interessen es sich handelt. [...]

Daß der Utilitarismus eine aggregative Theorie ist, die die Momente der Befriedigung oder Frustration von verschiedenen Individuen zusammenzählt, das ist der zentrale Einwand gegen diese Theorie. Meine Tante Bea ist alt, träge, eine verschrobene, mürrische Person, aber nicht physisch krank. Sie zieht es vor weiterzuleben. Sie ist außerdem ziemlich reich, und ich könnte ein Vermögen machen, wenn ich an ihr Geld käme – Geld, das sie mir sowieso vermachen wird, das sie mir aber jetzt noch nicht geben will. Um eine hohe Besteuerung zu vermeiden, plane ich, eine ansehnliche Summe einem örtlichen Kinderkrankenhaus zu spenden. Viele, viele Kinder werden von meiner Großzügigkeit profitieren, und dies wird ihren Eltern, Verwandten und Freunden sehr viel Freude bereiten. Wenn ich das Geld nicht recht bald bekomme, werden all diese Vorhaben zunichte gemacht. Die einmalige Gelegenheit, mit dem Geld einen richtigen Volltreffer zu landen, würde verpaßt. Warum dann nicht meine Tante Bea umbringen? Oh, natürlich *könnte* ich dabei erwischt werden. Aber ich bin nicht auf den Kopf gefallen und kann außerdem auf die Kooperation ihres Arztes zählen (er hat ein Auge auf dieselbe Kapitalanlage geworfen, und zufällig weiß ich eine ganze Menge über seine dunkle Vergangenheit). Die Tat kann vollbracht werden ..., wenn man es nur professionell genug anstellt. Die Chance, geschnappt zu werden, ist *sehr* gering. Und was mein schuldbeladenes Gewissen anbetrifft – immerhin bin ich ein findiger Kerl, und es wird mich mehr als trösten, wenn ich – während ich am Strand von Acapulco liege – an die Freude und die Gesundheit denke, die ich so vielen anderen beschert habe.

Stellen Sie sich vor, Tante Bea wäre wirklich ermordet worden und die ganze Geschichte hätte sich so abgespielt, wie ich sie erzählt habe. Hätte ich etwas Falsches getan? Etwas Unmoralisches? Man sollte denken, daß ja. Aber nicht dem Utilitarismus zufolge. Da das, was ich getan habe, zur besten Bilanz zwischen der Gesamtsumme der Befriedigungen und Frustrationen für alle Betroffenen geführt hat, war meine Handlung nicht falsch. Tatsächlich haben der Arzt und ich mit der Ermordung von Tante Bea genau das getan, was die Pflicht uns auferlegte.

Diese Art der Argumentation läßt sich an allen möglichen Fällen durchspielen. Und jedesmal wird illustriert, wie die utilitaristische Position zu Ergebnissen führt, die unvoreingenommene Menschen moralisch herzlos finden. Es *ist* falsch, meine Tante Bea im Namen des größten Nutzens für andere zu töten. Der gute Zweck heiligt nicht das schlechte Mittel. Eine adäquate Moraltheorie muß erklären, warum das so ist. Der Utilitarismus versagt in dieser Beziehung und kann somit nicht die Theorie sein, die wir suchen.

Was tun? Wo neu beginnen? Ich denke, wir sollten bei der utilitaristischen Auffassung vom Wert des Individuums ansetzen – oder besser vom Nicht-Vorhandensein dieses Wertes. Nehmen wir im Unterschied zum Utilitarismus an, Sie und ich hätten einen Wert als Individuen. Und nennen wir diesen Wert *inhärenten Wert*. Zu sagen, wir hätten einen solchen Wert, bedeutet, daß wir etwas mehr und etwas anderes sind als bloße Behälter. Um außerdem sicherzustellen, daß wir nicht Ungerechtigkeiten wie Sklaverei oder geschlechtlicher Diskriminierung Tür und Tor öffnen, müssen wir davon ausgehen, daß alle, die inhärenten Wert besitzen, gleich viel davon besitzen, ungeachtet ihres Geschlechts, ihrer Rasse, ihrer Religion, ihres Geburtsortes und so weiter. Ebenso als irrelevant erachten müssen wir Talente oder Fertigkeiten, Intelligenz und Reichtum, Persönlichkeit oder Krankheit, ob jemand geliebt und bewundert oder verachtet und verabscheut wird. Das geniale und das zurückgebliebene Kind, der Prinz und der Bettelknabe, der Gehirnchirurg und der Obstverkäufer, Mutter Teresa und der skrupelloseste Gebrauchtwagenhändler – alle haben inhärenten Wert, alle besitzen ihn gleichermaßen. Und alle haben das gleiche Recht, mit Respekt behandelt zu werden, auf eine Weise behandelt zu werden, die sie nicht auf den Status von Dingen, von Ressourcen für andere reduziert. Mein Wert als Individuum ist unabhängig von meiner Nützlichkeit für Sie. Ihr Wert ist unabhängig von Ihrer Nützlichkeit für mich. Für beide von uns gilt: Wenn wir den anderen auf eine Art behandeln, die keinen Respekt für den unabhängigen Wert des anderen zeigt, handeln wir unmoralisch, verletzen wir die Rechte eines Individuums.

Einige der rationalen Vorzüge dieses Ansatzes, den ich

den *Rechte*-Ansatz* nenne, sollten evident sein. Im Gegensatz zum (kruden) Kontraktualismus zum Beispiel verwirft der Rechte*-Ansatz *prinzipiell* jede denkbare Form ethnischer, geschlechtlicher oder sozialer Diskriminierung. Und im Unterschied zum Utilitarismus verwirft dieser Ansatz *prinzipiell*, daß gute Zwecke schlechte Mittel, die die Rechte von Individuen verletzen, heiligen könnten – er verwirft zum Beispiel, daß es moralisch sein könnte, meine Tante Bea umzubringen, um die Ernte zuträglicher Folgen für andere einzubringen. Das würde auf die Sanktionierung der respektlosen Behandlung von Einzelnen im Namen des Gesamtwohls hinauslaufen. Und das ist etwas, was der Rechte*-Ansatz kategorisch verbietet.

Der Rechte*-Ansatz ist, glaube ich, rational gesehen die befriedigendste Moraltheorie. Er übertrifft alle anderen Theorien darin, wie er die Grundlage unserer Pflichten einander gegenüber – also die Domäne menschlicher Moral – beleuchtet und erklärt. In dieser Hinsicht hat er die besten Argumente auf seiner Seite. Freilich, ließe sich der Nachweis erbringen, daß sich auch sein Anwendungsbereich lediglich auf Menschen beschränkte, dann würde jemand wie ich, der an Rechte für Tiere glaubt, gezwungen sein, sich anderswo umzusehen.

Aber man kann zeigen, daß Versuche, den Anwendungsbereich dieses Ansatzes auf Menschen zu begrenzen, rational nicht haltbar sind. Es ist wahr, Tieren fehlt es an vielen Fähigkeiten, die Menschen besitzen. Sie können nicht lesen, sind nicht zu höherer Mathematik befähigt, können keinen Bücherschrank bauen oder ein *»baba ghanoush«* zubereiten. Aber das können auch viele Menschen nicht, gleichwohl würden (und sollten) wir nicht sagen, daß sie (diese Menschen) deswegen einen geringeren inhärenten Wert, ein geringeres Recht, mit Respekt behandelt zu werden, besäßen als andere. Worauf es vor allem ankommt, sind die Ge-

* Von der Herausgeberin geändert, da »Rechts-Ansatz« irreführend ist.

meinsamkeiten zwischen den Menschen, die offensichtlich und völlig unumstritten einen solchen Wert besitzen (die Menschen, die dies lesen, zum Beispiel), und nicht die Unterschiede zwischen ihnen. Und die wirklich entscheidende, die grundlegende Gemeinsamkeit ist schlicht die: Jeder von uns ist das empfindende Subjekt eines Lebens (*experiencing subject-of-a-life*), eine bewußte Kreatur mit einem individuellen Wohl, das für uns von Bedeutung ist, unabhängig davon, wie nützlich wir für andere sein mögen. Wir wollen und bevorzugen Dinge, glauben und fühlen Dinge, erinnern uns an und erwarten Dinge. Und all diese Dimensionen unseres Lebens – unsere Lust und unser Schmerz, unsere Freude und unser Leiden, unsere Befriedigung und unsere Frustration, unser Weiterleben oder unser frühzeitiger Tod – all das macht einen Unterschied für die Qualität unseres Lebens, wie wir es als Individuen erleben und erfahren. Und da dasselbe für Tiere gilt, die uns etwas angehen (die, die wir essen und fangen, zum Beispiel), müssen auch sie als empfindende Subjekte eines Lebens mit eigenem inhärenten Wert angesehen werden.

Es gibt Menschen, die sich der Idee, daß Tiere einen inhärenten Wert besitzen, widersetzen. »Nur Menschen haben einen solchen Wert«, beteuern sie. Wie könnte diese enge Ansicht verteidigt werden? Sollen wir sagen, nur Menschen hätten die erforderliche Intelligenz oder Autonomie oder Vernunft? Aber es gibt doch viele, viele Menschen, die diese Standards nicht erfüllen und die dennoch zu Recht als wertvoll angesehen werden, unabhängig von ihrer Nützlichkeit für andere. Sollen wir behaupten, nur Menschen gehörten zu der richtigen Spezies, der Spezies des *Homo sapiens*? Aber das wäre eklatanter Speziesismus. Oder soll man sagen, alle – und nur – Menschen hätten unsterbliche Seelen? Dann hätten unsere Opponenten aber einiges vor sich. Ich selbst bin der Behauptung, daß es unsterbliche Seelen gibt, nicht abgeneigt. Ich für meinen Teil hoffe inständig, daß ich eine solche habe. Aber ich würde meine Position zu einem kontroversen ethischen Thema nicht auf die noch kontroversere Frage stützen wollen, wer oder was eine unsterbliche Seele hat. Das würde bildlich gesprochen bedeuten, das Loch noch tiefer zu graben, statt herauszuklettern. Es ist rational gesehen besser, moralische Probleme mit so wenig wie möglich kontroversen Zusatzannahmen zu lösen. Das Problem, wer einen inhärenten Wert hat, ist ein solches Problem, das sich rationaler ohne die Einführung der Vorstellung unsterblicher Seelen auflösen läßt.

Nun, vielleicht wird einer sagen, Tiere besäßen schon etwas inhärenten Wert, aber weniger als wir. Man kann jedoch wieder zeigen, daß alle Versuche, diese Ansicht rational zu verteidigen, scheitern müssen. Was könnte die Basis dafür sein, daß wir mehr inhärenten Wert haben als Tiere? Ihr Mangel an Vernunft oder Autonomie oder Verstand? Das können wir nur sagen, wenn wir gewillt sind, dasselbe Urteil auch auf die Menschen anzuwenden, die einen ähnlichen Mangel aufweisen. Aber es ist nicht wahr, daß solche Menschen – zurückgebliebene Kinder zum Beispiel oder Geistesgestörte – weniger inhärenten Wert haben als Sie oder ich. Dann können wir rationalerweise aber auch nicht an der Ansicht festhalten, daß Tiere, die wie Sie empfindende Subjekte eines Lebens sind, weniger inhärenten Wert haben. *Alle*, die inhärenten Wert haben, haben ihn *gleichermaßen*, egal, ob sie menschliche Tiere sind oder nicht.

Inhärenter Wert kommt somit all denen, die empfindende Subjekte eines Lebens sind, gleichermaßen zu. Ob er auch anderen Entitäten zukommt – Felsen und Flüssen, Bäumen und Gletschern zum Beispiel –, wissen wir nicht und werden es vielleicht auch nie wissen. Aber das müssen wir auch nicht wissen, wenn es um die Begründung von Rechten für Tiere geht. Wir müssen beispielsweise nicht wissen, wie viele Menschen bei der nächsten Präsidentenwahl wahlberechtigt sein werden, bevor wir wissen können, ob ich es selbst sein werde. Genausowenig müssen wir wissen, wie viele Menschen inhärenten Wert besitzen, bevor wir wissen können, daß einige ihn besitzen. Wenn es um die Begründung von Rechten für Tiere geht, müssen wir wissen, ob die Tiere, die in unserer Kultur normalerweise gegessen, gejagt und in Labors benutzt werden etc., genauso wie wir Subjekte eines Lebens sind. Und das wissen wir. Wir wissen, daß viele, buchstäblich Millionen und Abermillionen dieser Tiere Subjekte eines Lebens im erklärten Sinne sind und somit inhärenten Wert haben, wenn denn wir einen haben. Und da wir, um zur besten Theorie unserer Pflichten untereinander zu gelangen, unseren gleichen inhärenten Wert als Individuen anerkennen müssen, zwingt uns die Vernunft – nicht die Empfindung oder Gefühlsregung – dazu, den gleichen inhärenten Wert auch dieser Tiere anzuerkennen und damit ihr gleiches Recht, mit Respekt behandelt zu werden.

So begründet man, *sehr* grob, Rechte für Tiere. [...]

BERNARD E. ROLLIN

Moraltheorie und Tiere

Leben und Bewusstsein als Quelle von Interessen: das *telos* von Lebewesen

Lust und Schmerz sind letztlich Hilfsmittel: Hilfsmittel, mit denen ein empfindungsfähiges Lebewesen sein Überleben und die Erfüllung seiner Bedürfnisse sicherstellen kann. Dabei sind es nicht Lust und Schmerz, wodurch das Wesen das Feld der Moral betritt, sondern die Interessen, die es aufgrund der Tatsache hat, dass es ein Lebewesen ist, und unsere Fähigkeit, die Befriedigung dieser Interessen zu fördern oder zu behindern. Doch genau genommen sind Luststreben und Schmerzvermeidung selber Interessen! Wir können uns leicht Menschen vorstellen, die sich bis zu einem Punkt entwickeln, an dem sie kein Lust- und Schmerzempfinden mehr haben, oder vielleicht manche Menschen, die von einer sonderbaren Krankheit betroffen sind, welche es unmöglich macht, Lust und Schmerz zu empfinden. Unter diesen Umständen hätten diese Menschen, auch wenn sie kein Schmerz- und Lustempfinden mehr hätten, gleichwohl Interessen und Bedürfnisse und wären Objekte moralischer Rücksicht. Und eben diese Tatsache weitet den Anwendungsbereich moralischer Rücksicht über Lust und Schmerz hinaus auf die wesentlichen Merkmale bewussten Lebens selbst aus. Das ist alles andere als selbstverständlich und keineswegs offenkundig, und daher müssen wir uns nun der Verteidigung dieser Behauptung zuwenden.

Betrachten wir drei Kategorien von Entitäten: einen Felsen, eine Maschine und ein Tier. Wenden wir uns der Einfachheit halber einem Lebewesen zu – sagen wir, einer

Spinne –, einem Lebewesen, bei dem es nach weitverbreiteter Ansicht zumindest sehr fragwürdig ist, von Lust und Schmerz zu sprechen, das aber möglicherweise irgendeine elementare Form von Bewusstsein hat. (Wenn dem Leser oder der Leserin bei dieser Annahme nicht ganz wohl ist, wähle er oder sie ein Tier, bei dem er oder sie überzeugt ist, dass es zumindest ein elementares Bewusstsein hat.) Im Falle des Felsens ist es eindeutig sinnlos, von irgendeiner echten inneren Wesenseinheit oder von irgendwelchen Bedürfnissen zu sprechen. Wenn der Fels zerteilt oder erodiert ist, bleibt er ein Fels. Wenn er zu Sand zermahlen wird, ist er vielleicht kein Fels mehr, aber es gibt keinen Anlass zu glauben, dass er ein metaphysisches Hindernis übersprungen hat und zu einer vollständig andersartigen Entität geworden ist, und wir würden auch nicht sagen, dass dem Felsen etwas Unerwünschtes zugestoßen ist. An einem Felsen gibt es nichts, das sich der Verwandlung in Sand widersetzt; es handelt sich um eine Verwandlung von toter Materie einer bestimmten Gestalt in tote Materie anderer Gestalt.

Betrachten wir demgegenüber die Spinne. Sie hat eine innere Natur, die damit verbunden ist, eine Spinne zu sein, eine Natur, die erfordert, dass die Spinne am Leben ist. Lebt sie nicht mehr, ist sie wie der Fels, und es besteht kaum ein Unterschied zwischen einer zerdrückten toten Spinne und einer vertrockneten toten Spinne. Der Wandel vom Lebenden zum Toten ist weitaus tiefgreifender als die Verwandlung von Fels in Sand, und es ist vernünftig, ihn aus Sicht der Spinne als nicht wünschenswert zu bezeichnen. Aber wenn die Spinne lebt, besitzt sie das, was Aristoteles ein *telos* nennt, eine Natur, eine Funktion, bestimmte Handlungen, die ihr innewohnen und die evolutionär festgelegt und genetisch einprogrammiert sind, die ihr »Spinnenleben« ausmachen. Darüber hinaus besteht ihr Leben in dem Bemühen, genau diese Funktionen auszuüben, diese innere Natur zu verwirklichen, diese Bedürfnisse zu erfüllen, dieses Leben aufrechtzuerhalten; darauf bezogen sich Hobbes und Spinoza, wenn sie vom *conatus* bzw. von dem Antrieb sprachen, die eigene Integrität und Identität zu bewahren. Dies soll natürlich nicht heißen, dass die Spinne oder irgendein Tier sich ihrer Natur und all dieser Bedürfnisse bewusst sein muss, genauso wie auch ein Mensch sich seines Bedürfnisses nach Sauerstoff oder Kalzium nicht unbedingt bewusst zu sein braucht. Es macht zweifellos Sinn, von nicht bewussten Bedürfnissen zu sprechen. (Vielleicht brauchen sogar nicht einmal Wünsche und Absichten unbedingt bewusst zu sein – viele PsychoanalytikerInnen sprechen von unbewussten Wünschen und Absichten, doch ob das sinnvoll ist oder nicht, ist eine in der Philosophie viel diskutierte Frage.) Es reicht aus, dass wir als moralische Akteure vernünftig behaupten können, dass die Spinne Interessen hat, welche Voraussetzungen sind, ohne die das Geschöpf erstens nicht leben kann und zweitens sein Spinnenleben nicht leben und sein *telos* nicht verwirklichen kann. Drittens, und am wichtigsten: Es ist, wie wir sogleich erörtern werden, erforderlich, dass wir vernünftigerweise sagen können, dass das Tier sich seiner Anstrengung, sein Leben zu leben, bewusst ist, dass die Erfüllung oder Nichterfüllung seiner Bedürfnisse für es von Bedeutung ist. (Noch einmal müssen wir betonen, dass ein Mensch sich seines Bedürfnisses nach Sauerstoff möglicherweise nicht bewusst ist, dass aber die Nichterfüllung dieses Bedürfnisses für ihn zweifellos von Bedeutung ist. Diese Redeweise ist sinnlos, wenn es um einen Felsen geht.) Darüber hinaus sind wir uns bewusst, dass es in unserer Macht liegt, die Befriedigung dieser Bedürfnisse zu fördern oder zu behindern und sogar die Gesamtheit der Bedürfnisse und Handlungen, die das Leben des Wesens ausmachen, zu vernichten. Hat man dies einmal erkannt, ist es schwer einzusehen, wieso die ganze Maschinerie der moralischen Rücksicht hier nicht relevant sein soll, ist es doch die Eigenschaft eines (menschlichen) Lebewesens, sich bestimmter Interessen bewusst zu sein, die gemäß unserer Argumentation die Moral zuallererst konstituiert. Wir können natürlich entscheiden, dass die Interessen der Spinne verglichen mit unserem Wunsch nach einem spinnenfreien Wohnzimmer unwichtig sind, aber der springende Punkt ist, dass eine solche Entscheidung rein logisch als eine moralische Entscheidung anzusehen ist und daher nicht mit dem Fall zu vergleichen ist, in dem man einen Kieselstein, den man im Wohnzimmer findet, wegfegt. (Natürlich erläutern wir im Moment nicht die eigentlichen Details der moralischen Entscheidung, sondern weisen einfach nur darauf hin, dass die Spinne als Lebewesen mit Interessen das Feld der moralischen Berücksichtigung betritt.)

Vergleichen wir dies mit einer Maschine. Irgendjemand könnte clever argumentieren, dass auch Maschinen ein *telos* oder eine funktionelle Natur besitzen und dementsprechend Bedürfnisse haben. Das *telos* eines Thermostats besteht darin, die Temperatur in einem Raum zu regulieren, das *telos* eines Autos besteht im Fahren. Mit diesem *telos* sind Bedürfnisse verbunden, das Auto benötigt Öl, Benzin, Frostschutzmittel, Luft in seinen Reifen und so weiter. Müssen wir deswegen behaupten, dass Autos von der Reichweite moralischer Rücksicht erfasst werden? Wenn ja, dann muss die gesamte Theorie unter ihrem eigenen Gewicht zusammenbrechen, denn es verletzt unsere grundlegenden moralischen Intuitionen, ein Auto an sich als Objekt moralischer Rücksicht zu betrachten.

Es gibt zum Glück einen Unterschied zwischen einem Tier und einer Maschine, zwischen Spinne und Auto. Das *telos* der Spinne ist ihr eigen, es ist ihr von der Natur auferlegt, verschlüsselt in ihrem genetischen Bauplan, und es wird beschützt von tausend Handlungen, die von dem Bemühen zeugen, dieses *telos* zu verwirklichen und das Leben des Wesens zu bewahren. Das *telos* des Autos ist ein ihm äußeres, auferlegt vom Geist und der Hand des Menschen. [...]

Interessen und Bewusstsein

Aber noch wichtiger als der Besitz eines inneren beziehungsweise äußeren *telos* ist, dass die Bedürfnisse des Tieres unter jene besondere Kategorie von Bedürfnissen fallen, die wir Interessen nennen. Wir waren bisher mit unserer Neigung, die Ausdrücke »Bedürfnisse« und »Interessen« gleichbedeutend zu verwenden, etwas ungenau. Zwischen diesen Begriffen besteht ein wichtiger Unterschied, einer, der sich sogar in der Alltagssprache klar zeigt. Wie zuvor festgestellt, ist es völlig sinnvoll, von Autos zu sagen, dass sie Bedürfnisse haben – Bedürfnisse nach Benzin, Öl und so weiter. Jedoch hat es keinen Sinn zu sagen, ein Auto habe ein Interesse daran, mit Benzin oder Öl versorgt zu werden. Ähnlich würde es im Falle eines Rasens keinen Sinn haben zu sagen, er habe ein Interesse daran, bewässert zu werden, wohingegen es natürlich völlig richtig ist, davon zu sprechen, dass der Rasen Wasser benötigt.

Worin liegt der Unterschied zwischen diesen Begriffen? »Interesse« besagt ganz einfach, dass das betreffende Bedürfnis für das Tier von Bedeutung ist. Das Tier muss sich in einem gewissen Sinn bewusst sein können, dass die Behinderung der Bedürfniserfüllung ein zu vermeidender Zustand ist, etwas, das nicht wünschenswert ist. Wie zuvor angedeutet, sind Tiere, auch Menschen, sich nicht aller ihrer Bedürfnisse und wahrscheinlich nicht einmal der meisten ihrer Bedürfnisse explizit bewusst. Aber was diese Bedürfnisse zu Interessen macht, ist unsere Fähigkeit, dem Tier ein Bewusstsein oder mentales Leben zuzuschreiben, wie elementar es auch sein mag, aufgrund dessen es dem Tier grob gesagt etwas ausmacht, wenn bestimmte Bedürfnisse nicht erfüllt werden. Wenige von uns Menschen können alle unsere Bedürfnisse bewusst in Worte fassen, aber wir können zweifellos ein Wissen davon haben, dass die Befriedigung dieser Bedürfnisse vereitelt oder erreicht wird. Schmerz und Lust sind die offenkundigen Formen, in denen diese Tatsachen ins Bewusstsein dringen, aber sie sind nicht die einzigen. Enttäuschung, Angst, Unwohlsein, Antriebslosigkeit, Langeweile und Wut zählen zu der Vielzahl von Indikatoren für unerfüllte Bedürfnisse, Bedürfnisse, die aufgrund dieser Bewusstseinszustände zu Interessen werden. Indem man also sagt, ein Lebewesen habe Interessen, deutet man zugleich an, dass es irgendeine Art von Bewusstsein hat, wie elementar dies auch sein mag. [...]

Vorläufig kann die Frage, wann man sagen kann, dass ein Tier ein Interesse hat (d. h., sein Bewusstsein hinreichend ist dafür, dass seine Bedürfnisse für es von Bedeutung sind), nicht genau beantwortet werden. Die Anhaltspunkte müssen in jedem Fall mit dem Maßstab der Vernünftigkeit geprüft werden. Zum Beispiel würde keine vernünftige Person bestreiten, dass Hunde oder Affen ein Bewusstsein in dem von uns erörterten Sinn haben. Dass ein Tier Schmerz empfindet, wäre offenkundig eine hinreichende Bedingung für die Behauptung, dass es Interessen hat, wobei ein Wesen auch ohne die Fähigkeit, Schmerz zu empfinden, Interessen haben könnte, nämlich dann, wenn es Bedürfnisse hat, die für es von Bedeutung sind. (Schmerz ist biologisch gesehen natürlich nur dann nützlich, wenn ein Lebewesen ihn bewusst erleben und als störend empfinden kann.) Ein vorhandenes Nervensystem, Schmerzverhalten und Endorphine in einem Lebewesen sind nützliche Anhaltspunkte für das Vorliegen von Schmerz. Dies würde uns, wie wir vorher sahen, auf der Suche nach Tieren mit Interessen mindestens zu Insekten, Würmern und vielleicht auch Strudelwürmern hinabführen. Es gibt offenkundig viele Fälle, in denen wir nicht einmal ansatzweise sagen können, ob die Tiere Interessen haben. Aber hoffentlich wird die zukünftige Forschung Licht in diese Fälle bringen, vor allem Forschung, [...] die von einem unvoreingenommenen Geist geleitet wird und die die Möglichkeit von Bewusstsein nicht von vornherein auf jeder Stufe des Tierreichs ablehnt.

Wir können somit eine Antwort auf die folgende Frage anbieten, die TheoretikerInnen, die für Tierrechte eintreten, oftmals gestellt wird: »Was ist mit Pflanzen? Was ist mit Bakterien?« Die Antwort ist einfach: Pflanzen, Bakterien, Viren und kultivierte Zellen leben zwar und man könnte auch sagen, dass sie Bedürfnisse haben; aber es besteht kein Grund zu glauben, dass sie Interessen haben. Das heißt, es gibt nicht den geringsten Anhaltspunkt dafür, dass diese Dinge irgendeine Form von Bewusstsein hätten, und folglich können wir nicht sagen, dass die Erfüllung und Nichterfüllung dieser Bedürfnisse für sie eine größere »Bedeutung« hat als die Ölversorgung für ein Auto. Natürlich ist eine ganze Menge wilder Fehlinformationen unter das Volk gebracht worden über die Fähigkeit von Pflanzen, Schmerz zu spüren, mit ihren Besitzern zu kommunizieren oder auf »freundliche oder feindliche Schwingungen« zu reagieren. Diese Untersuchungen sind nicht reproduzierbar und beweisen auch nicht, was sie behaupten. (Nur weil sich die mechanischen Effekte, die entstehen, wenn man eine Rose von einem Strauch abschneidet, wie Schreie anhören, bedeutet das noch nicht, dass die Rose schreit.) Aber wenn jemand mit guten Belegen für pflanzliches Bewusstsein aufwarten sollte – obwohl es schwer vorstellbar ist, wie diese Belege aussehen könnten –, dann würde das natürlich die Angelegenheit in ein ganz anderes Licht rücken. [...]

Haben Tiere »moralische Rechte«?

[...] Wie PhilosophInnen aus ihrem seit Tausenden von Jahren bestehenden Bemühen, die Frage der Menschenrechte zu klären, wissen, ist die Vorstellung von Rechten äußerst komplex und überaus schwer fassbar, und zwar dermaßen, dass manche PhilosophInnen vorgeschlagen haben, auf die Rede von Rechten insgesamt zu verzichten.

Ich unterstütze diese Extremposition nicht, unter anderem weil [...] der Begriff eines juridischen Rechts, der weitaus leichter zu definieren ist, mit dem Begriff eines moralischen Rechts eng zusammenhängt. Und ich werde die Notwendigkeit juridischer Rechte für Tiere besonders hervorheben. Aber noch wichtiger ist, dass vermutlich wir alle eine ziemlich klare Vorstellung haben, was wir meinen, wenn wir von moralischen Rechten sprechen, wenn wir also beispielsweise behaupten, dass Menschen ein Recht auf Freiheit haben, ein Recht darauf, eine Religion auszuüben (oder nicht auszuüben), wie es ihnen beliebt, ein Recht auf freie Meinungsäußerung und so weiter. Wir müssen nun also mit der Frage zurande kommen, was unsere Argumentation über »Tierrechte« von einem moralischen Standpunkt gezeigt hat.

[...] Wir haben zu zeigen versucht, dass es zwischen Menschen und Tieren keinen Unterschied gibt, der dafür relevant wäre, Tiere aus der ethischen Diskussion auszuschließen. Wir haben in unserer Darstellung argumentiert, dass der Eintritt in das Feld der Moral dadurch festgelegt ist, dass ein Wesen lebt und aufgrund dieses Lebens Interessen und Bedürfnisse hat, deren Erfüllung von einem Wesen, das zu moralischem Handeln fähig ist, gefördert oder beeinträchtigt werden kann. Es ist wichtig zu betonen, dass unsere Argumentation bisher nicht von irgendeiner speziellen Moraltheorie abhängt, die sagt, welche bestimmten Handlungsweisen gegenüber Menschen oder Tieren moralisch richtig oder falsch sind. Wir haben zu zeigen versucht, dass man unabhängig von der Moraltheorie, die man vertritt, unabhängig von den eigenen Prinzipien des moralisch Richtigen und Falschen, logisch gezwungen ist, diese Theorien und Prinzipien auf Tiere anzuwenden.

So wie Kants Theorie versuchte, die Reichweite moralischer Rücksicht zu bestimmen, und [...] den Schluss zog, dass nur vernunftbegabte Wesen das Reich der Moral betreten, so haben unsere [...] Argumente zu zeigen versucht, dass alle lebenden Wesen als Gegenstände des Moraldiskurses berücksichtigt werden müssen, unabhängig davon, welche moralische »Sprache« man möglicherweise spricht. Um unsere Schlussfolgerung in die Sprache der »Rechte« zu übersetzen, haben wir daher nachgewiesen, dass Tiere ein sehr grundlegendes Recht haben, ein Recht, das auf einer höheren Stufe steht als jedes besondere Recht, nämlich das Recht, von jeder Person, die moralische Prinzipien hat, als moralisches Objekt behandelt oder berücksichtigt zu werden, unabhängig davon, welche moralischen Prinzipien das möglicherweise sind! Mit einem philosophischen Fachausdruck können wir das als »Meta-Recht« bezeichnen. Das ist eine andere Art und Weise auszudrücken, dass Tiere Objekte moralischer Rücksicht sind und einen rechtmäßigen Anspruch auf solche Rücksicht haben. [...] Es ist das einzige absolute, unveränderliche und unveräußerliche Recht.

[...] Die Menschen dazu zu bringen, dieses Recht anzuerkennen, bedeutet in vielen Fällen zugleich, sie dazu zu bringen, ihre eigene Wesensart zu ändern. Diese Anerkennung macht es zum Beispiel notwendig, dass man damit aufhört, seine Heimtiere bloß als Eigentum zu betrachten oder seine Versuchstiere lediglich als Werkzeuge anzusehen, analog zu Reagenzgläsern oder Laborausrüstung, deren einziger Wert ein ökonomischer ist. [...]

Tiere als Zwecke an sich selbst

[...] Kant vertrat den Standpunkt, dass nur vernunftbegabte Wesen »Zwecke an sich selbst« seien; das heißt, nur vernunftbegabte Wesen, und somit Menschen, haben inneren oder letzten Wert. Dies bedeutete für Kant, dass wir Menschen immer als »Zwecke an sich selbst« behandeln müssen, niemals bloß als Mittel. [...] Das bedeutet, dass wir die

Menschen einfach nur aufgrund ihrer Eigenschaft, vernunftbegabte Wesen zu sein, wertschätzen sollten und diese Eigenschaft um ihrer selbst willen, unabhängig von ihrer Nützlichkeit für uns, wertschätzen sollten. Wir sollten eine Person niemals ausschließlich als Mittel oder Instrument für irgendeinen Zweck, der uns möglicherweise vorschwebt, behandeln. Das soll natürlich nicht zu verstehen geben, dass wir nach Kant eine Person niemals als ein Mittel ansehen dürfen. Wenn ich zum Zahnarzt gehe, betrachte ich ihn natürlich in erster Linie als ein Mittel, meinen Schmerz zu lindern. Aber Kant geht es darum, dass ich den Zahnarzt niemals *nur* als Mittel behandeln darf, sondern immer erkennen muss, dass sein Zweck (oder seine Rolle) als vernunftbegabtes Wesen wertvoll ist, unabhängig davon, welchen instrumentellen Wert er bei dieser Gelegenheit für mich möglicherweise hat. Ich sollte daher nichts tun, das die Würde und den Wert verletzt, den er schlicht dadurch hat, dass er vernunftbegabt ist. All dies folgt natürlich aus der Tatsache, dass für Kant Rationalität und Intelligenz die einzigen Kriterien für die Aufnahme in die Sphäre der moralischen Rücksicht sind.

Wir haben erläutert, dass nicht Rationalität das Kriterium ist, das etwas zu einem Objekt moralischer Rücksicht macht, sondern vielmehr das bewusste Leben selbst und die mit dem Leben verbundenen Interessen und Bedürfnisse. Wenn wir die kantische Ausdrucksweise verwenden möchten, müssen wir also sagen, dass jedes Lebewesen mit Interessen ein Zweck an sich selbst ist, dass es einzig aufgrund der Tatsache, dass es lebt, moralische Berücksichtigung verdient. Das wiederum bedeutet, dass wir auch dann, wenn wir ein anderes Lebewesen als Mittel benutzen, es niemals ausschließlich als Mittel benutzen dürfen, sondern stets auch dessen Zweck bewusst achten sollten, dessen Zweck, das heißt: dessen Leben und die mit diesem Leben verbundenen Interessen und Bedürfnisse, die für das Wesen von Bedeutung sind. So wie wir den

Zahnarzt als Mittel zu einem bestimmten Zweck benutzen dürfen, vorausgesetzt, wir betrachten ihn nicht nur als Mittel; so wie wir sexuelle Beziehungen haben dürfen, um unsere biologischen Bedürfnisse zu befriedigen, solange wir die andere Person nicht einfach als Ventil behandeln; genauso dürfen wir, wenn wir Tiere als Mittel gebrauchen, niemals vergessen, dass auch sie einen ihnen innewohnenden Wert haben und dass sie und ihre Zwecke (Leben und damit verbundene Interessen) Objekte moralischer Rücksicht sind; das müssen wir immer im Hinterkopf behalten. Damit etwas ein Zweck an sich selbst ist, muss also das, was wir ihm antun, für das Wesen von Bedeutung sein, und zwar unabhängig davon, ob es vernunftbegabt ist oder nicht.

CARL COHEN

Warum Tiere keine Rechte haben

[...] Tiere können keine Träger von Rechten sein, da der Begriff des Rechts *seinem Wesen nach auf Menschen bezogen* ist; er wurzelt in der moralischen Welt des Menschen und hat nur innerhalb dieser Welt Geltung und Anwendbarkeit. Menschen müssen mit Ratten fertig werden – in einigen Teilen der Welt nur allzu oft – und sie müssen im Umgang mit ihnen von Grausamkeit absehen. Aber von einer Ratte kann ebenso wenig gesagt werden, sie habe Rechte, wie man sagen kann, ein Tisch habe Ehrgeiz oder ein Fels zeige Gewissensbisse. Von einem Schwein oder einem Kaninchen zu sagen, es habe Rechte, bedeutet, Kategorien zu verwechseln; es bedeutet, auf dessen Welt eine moralische Kategorie anzuwenden, die nur in der moralischen Welt des Menschen Gehalt haben kann.

[...] Menschen dagegen haben zweifellos Rechte. Und an diesem Punkt fragen wir wahrscheinlich, wie dieser Unterschied zu begründen ist. Kaninchen sind Säugetiere und wir sind Säugetiere; sie und wir leben in einer natürlichen Welt. Die Tatsache, dass wir im Gegensatz zu ihnen moralische Rechte besitzen, bestreiten wir nicht, und die Bedeutung dieses großen Unterschieds zwischen uns und ihnen ziehen wir nicht in Zweifel. Aber wir sind uns nicht sicher im Hinblick auf das Fundament unserer Rechte, ihre Begründung, ihre Quelle. Woher kommen unsere Rechte? Auch wir sind Tiere; auch wir sind eine natürliche Spezies, ein Produkt der Evolution, wie alle Tiere es sind. Wie können wir dann so völlig anders als die Zebras und die Ratten sein? Warum sind wir nicht einfach primitive Kreaturen, wie sie es sind, Kreaturen, für die der Begriff des moralischen Rechts eine Fiktion ist?

[...] [W]ie sehr sich auch große Denker über grundlegende Prinzipien uneinig waren, *der seinem Wesen nach menschliche (oder göttliche) Ort des Rechtsbegriffs* ist nie bezweifelt worden. Von den besten Moralphilosophen von der Antike bis in die Gegenwart würde kein einziger bestreiten – anders als die Tierrechtebewegung, die dies nun in der Tat zu bestreiten versucht –, dass es einen tiefgreifenden Unterschied zwischen dem moralischen Status von Menschen und dem von Tieren gibt, und dass Rechte nur zu ersteren gehören.

Die außerordentliche Abweichung der Tierrechtebewegung von nahezu universellen Moralüberzeugungen lässt sich folgendermaßen darstellen: Tierschutz wird von vielen in dieser Bewegung als ein edler Kampf gegen einen brutalen Holocaust angesehen. Eine glühende, führende Verfechterin der moralischen Gleichheit aller Tierarten ist Ingrid Newkirk, langjähriges Vorstandsmitglied der größten Tierschutzorganisation, People for the Ethical Treatment of Animals (PETA) [...]. Ihre Überzeugung und die ihrer Anhänger ist, dass kein grundlegender moralischer Unterschied zwischen Tieren und Menschen besteht. »Es gibt [sagt sie] keinen rationalen Grund zu behaupten, dass ein Mensch besondere Rechte habe.« Aber damit unterliegt sie einem schwerwiegenden Irrtum; es gibt sehr wohl einen rationalen Grund für diese Unterscheidung, eine Unterscheidung von äußerster Wichtigkeit. [...]

Newkirk bringt das moralische Problem auf den Punkt mit ihrer bekannten und oft zitierten Feststellung: »Eine Ratte ist ein Schwein ist ein Hund ist ein Junge. Alle sind sie Säugetiere.« Um fair zu sein: Als sie dies sagte, meinte sie wahrscheinlich nicht, dass Ratten und Schweine und Menschenjungen von der gleichen Wichtigkeit in unserem Leben seien; wir sorgen uns natürlich mehr um kleine Jungen, Rattenmütter sorgen sich mehr um kleine Ratten. Aber sicherlich meinen und behaupten Newkirk und PETA ohne Einschränkung, dass Menschen in keiner anderen Weise Rechte besitzen als Ratten und Schweine. In *diesem* Sinn ist sie wirklich davon überzeugt: »Eine Ratte *ist* ein Schwein *ist* ein Hund *ist* ein Junge.« Diese Überzeugung – gut gemeint, aber ganz und gar falsch – zieht sich durch die gesamte Tierrechtebewegung. Sie ist ebenso gefährlich wie absurd.

Wir werden die Schwere des Irrtums besser einschätzen, wenn wir darüber nachdenken, worin sich denn Handlungen von Menschen und Handlungen von Ratten oder Kaninchen unterscheiden. Greifen wir, wie Ethiker es üblicherweise tun, auf das Werk Immanuel Kants zurück, können wir mit ihm sagen, dass die kritische Vernunft im Kern *menschlichen* Handelns einen einzigartig moralischen Willen enthüllt; wir erkennen die einzigartige menschliche Fähigkeit an, moralische *Prinzipien* zu formulieren, die unser Verhalten leiten sollen. Menschen können die Maxime der Prinzipien, die wir aufstellen, begreifen, und indem wir diese Prinzipien auf uns selbst ebenso wie auf andere anwenden, zeigen wir die Freiheit des menschlichen Willens. Menschen, aber niemals Nagetiere, stehen vor Entscheidungen, die rein moralischer Art sind. Menschen, aber sicherlich nicht Schweine oder Hühner, legen Regeln fest, moralische Imperative, die alle moralischen Akteure – uns selbst ebenso wie alle anderen – in richtiger Weise leiten sollen. Menschen geben sich ihre Gesetze *selbst*, sie sind moralisch *auto*nom.

Ein moralischer Akteur zu sein bedeutet, die allgemeine Geltung moralischer Einschränkungen unseres Willens zu begreifen. Menschen verstehen, dass manche Handlungen zwar in unserem Interesse sein können und dennoch nicht gewollt werden dürfen, weil sie einfach moralisch falsch sind. Diese Fähigkeit zum moralischen Urteilen kommt in der Tierwelt nicht vor; Ratten können moralische Forderungen weder stellen noch erfüllen. Mein Hund weiß, dass es bestimmte Dinge gibt, die er nicht tun darf, aber er weiß dies nur infolge seiner Erfahrungen im Hinblick auf seine Interessen, die Schmerzen, die er erleiden könnte, wenn er tut, was ihm als verboten beigebracht wurde. Er weiß nicht, er kann nicht wissen [...], dass irgendein Verhalten *falsch* ist. Die Aussage »Es wäre höchst vorteilhaft, auf eine solche Weise zu handeln, aber ich darf es nicht tun, weil es moralisch falsch wäre« ist etwas, das kein Hund oder Kaninchen, wie süß und reizend auch immer, wie loyal oder liebevoll oder intelligent auch immer, jemals in Betracht ziehen oder planen oder auch nur ansatzweise verstehen könnte. *Moralische Richtigkeit kommt in ihrer Welt nicht vor.* Im Gegensatz dazu sind »moralisch richtig« und »moralisch falsch« die wesentlichen Elemente des moralischen Lebens der Menschen, das allgegenwärtige Bewusstsein, dass Menschen Unrecht tun *können* und dass sie, indem sie (nicht immer, aber oft) versuchen, falsches Verhalten zu vermeiden, sich als Mitglieder einer moralischen Gemeinschaft erweisen, in der Rechte wahrgenommen werden können und beachtet werden müssen.

Tagtäglich befinden sich Menschen in tatsächlichen oder potentiellen Konflikten zwischen dem, was in ihrem eigenen Interesse liegt, und dem, was gerecht ist. Wir zügeln uns (oder zumindest können wir das) aus rein moralischen Gründen. In einer solchen Gemeinschaft ist der Begriff eines Rechts natürlich sehr sinnvoll. Manche Reichtümer, die uns nicht gehören, würden uns zweifellos gefallen, aber wir *dürfen* sie nicht an uns nehmen; wir unterlassen Diebstahl, nicht nur, weil wir die Bestrafung fürchten, falls wir erwischt werden. Nehmen wir an, die Entdeckung unserer Übeltat wäre unmöglich und eine Bestrafung käme nicht in Betracht. Andere ihres rechtmäßigen Eigentums zu berauben, ist selbst dann eine Handlungsweise, die *aufgrund unserer eigenen moralischen Regeln* verboten ist. Wir geben verlorene Gegenstände an ihre Eigentümer zurück, selbst wenn es sehr vorteilhaft für uns wäre, sie zu behalten; wir handeln so, weil dieses Zurückgeben die Handlung ist, die unsere moralischen Prinzipien fordern. Nur in einer solchen Gemeinschaft, einer Gemeinschaft, die sich aus Wesen zusammensetzt, die fähig sind, moralische Urteile, welche sie in ihrer eigenen Freiheit einschränken, zu fällen, kann der Begriff eines *Rechts* plausibel geltend gemacht werden.

Menschen besitzen solche moralischen Fähigkeiten. Sie geben sich in diesem Sinne ihre Gesetze selbst, sie sind Mitglieder moralischer Gemeinschaften, welche von moralischen Regeln geleitet werden; Menschen besitzen Rechte und erkennen die Rechte anderer an. Tiere haben solche Fähigkeiten nicht. Sie können keine moralische Autonomie in diesem Sinne zeigen, sie können unmöglich Mitglieder einer wahrhaft moralischen Gemeinschaft sein. Sie können natürlich die Objekte unserer moralischen Sorge sein, aber sie können unmöglich Rechte besitzen. Forscher, die medizinische Versuche an Tieren vornehmen, verletzen folglich nicht die Rechte dieser Tiere, weil diese Tiere – um es klar und deutlich zu sagen – keine Rechte haben, die verletzt werden könnten.

Vorsichtshalber weise ich nochmals auf etwas hin, das von äußerster Wichtigkeit ist, wenngleich ich es bereits betont habe: Aus der Tatsache, dass Tiere keine Rechte haben, folgt nicht, dass wir mit Tieren alles tun dürfen, was uns gefällt. Ganz gewiss nicht. Wir haben durchaus Pflichten gegenüber Tieren, gewichtige Pflichten – aber diese Pflichten entstehen nicht aus Tierrechten, denn daraus können sie nicht entstehen. [...]

GOTTHARD M. TEUTSCH

Die »Würde der Kreatur«

[...] Die Würde der Kreatur beruht auf ihrem *Eigenwert*, d. h. auf dem Wert, der ihr unangesehen des Umstandes, ob und inwiefern die Kreatur auch für den Menschen oder andere Lebewesen einen Wert besitzt, zukommt.

In theologischer Perspektive gründet dieser Eigenwert darin, daß jedes Lebewesen und letztlich alles in der Natur Geschöpf Gottes ist und seiner Liebe teilhaftig wird. Schöpfungstheologisch gesprochen hat jede Kreatur teil an der von Gott gestifteten Güte und Wertigkeit der Natur als seiner Schöpfung und als Ausdruck seines Willens.[1] So schreibt z. B. Huber[2]: »all creatures partake in the dignity bestowed on creation by the creator.« So gesehen müßte die Würde der Kreatur für den Theologen und gläubigen Menschen relativ unstrittig sein. Probleme tauchen erst dann auf, wenn es darum geht, die schöpfungstheologisch begründete Sonderstellung des Menschen (»Gottebenbildlichkeit«) gegenüber seinen Mitgeschöpfen näher zu bestimmen.

Ganz anders im *natur- und rechtsphilosophischen Kontext*. Es überrascht nicht, daß unter Philosophen oft eine Zurückhaltung gegenüber dem Würdebegriff zu beobachten ist, sobald der Versuch unternommen wird, neben der Menschenwürde auch von kreatürlicher Würde zu sprechen. Diese Zurückhaltung hat ihren Grund nicht zuletzt darin, daß in der Tradition, wenn von »Würde« die Rede war, gemeinhin die »Menschenwürde« gemeint war und der Begriff der Menschenwürde nicht nur im zwischenmensch-

1 »... und Gott sah alles, was er gemacht hatte und siehe, es war sehr gut.« (Genesis I, 31)

2 Wolfgang Huber, »Rights of nature or dignity of nature?«, in: *The Annual of the Society of Christian Ethics* (1991) S. 43–60, hier S. 54–57.

lichen Bereich Anwendung fand, sondern gerade auch zur *Abgrenzung* und *Auszeichnung* des Menschen gegenüber der »bloßen Kreatur« diente. Wie aber soll der Mensch das, worin er sich von allen anderen Lebewesen unterscheidet (seine Würde), mit ihnen teilen?

Die Auszeichnung des Menschen, die seine Würde begründet, sieht man traditionell in seiner Vernunftfähigkeit und allem, was mit ihr zusammenhängt bzw. durch sie ermöglicht wird. Zu nennen wäre vor allem die moralische Ansprechbarkeit sowie die freie Selbstbestimmung und »Autonomie« des Menschen. Die Würde des Menschen beruht im wesentlichen – so die einhellige Meinung – auf seiner *Vernunft- und Moralfähigkeit*. Dies gilt jedoch nur, sofern der Mensch moralisches Subjekt seiner Handlungen ist, nicht jedoch, sofern er moralisches Objekt von Handlungen ist. Denn die dem Menschen als Vernunftsubjekt eigene Würde verpflichtet ihn, auch die Würde der Mitmenschen zu achten, die – aus welchen Gründen auch immer – ein vernünftiges, moralisch ansprechbares Gegenüber nicht mehr oder noch nicht sind. Gemeint sind die Debilen, Komatösen, schwer Kranken, aber auch die Kinder oder Menschen, die in ihrer geistigen Entwicklung »zurückgeblieben« sind. Auch und gerade sie, die am ehesten Gefahr laufen, menschenunwürdig behandelt zu werden, verlangen von uns Fürsorge und Achtung ihres Soseins.

Und zwar nicht, weil sie »normalerweise« so vernunft- und moralbegabt wären wie wir und auch nicht (nur), weil man befürchten müßte, daß man der gesellschaftlichen Verrohung Vorschub leistet, wenn man sie menschenunwürdig behandelt. Das sind alles Hilfsargumente, die gekünstelt wirken, weil sie die tiefverankerten moralischen Intuitionen nicht treffen, die es uns als selbstverständlich erscheinen lassen, auch und gerade diesen »vernunftlosen« Mitmenschen menschenwürdig zu begegnen.

Diese Ausführungen zeigen, daß es auch im zwischenmenschlichen Bereich von uns als nicht zwingend empfunden wird, die Würde eines Mitmenschen von dem aktuellen Vorhandensein von Vernunft und Moralität oder der potentiellen Fähigkeit, diese zu erlangen, abhängig zu machen. Es genügt uns, daß unser Gegenüber Mitglied der menschlichen Gemeinschaft und Subjekt bzw. Zentrum eines Lebens ist, für das es ein Wohl und Wehe gibt, auch wenn dieser Mensch unter Umständen um sein Wohl oder Wehe gar nicht weiß.

Auf der gleichen Basis des Wertempfindens läßt sich auch für die Anerkennung einer kreatürlichen Würde plädieren, die den außermenschlichen Bereich mit einschließt. Auch hier haben wir es mit Lebewesen zu tun, die mit uns eine Gemeinschaft bilden, z. B. eine Nutzungsgemeinschaft (wie in der Landwirtschaft) oder gar eine Lebensgemeinschaft (wie in der Heimtierhaltung). Abgesehen davon bilden wir mit jedem von ihnen die Gemeinschaft allen Lebens auf diesem Planeten und stehen in abgestuften naturgeschichtlichen Verwandtschaftsbeziehungen zueinander. Es sind Mit-Lebewesen, die sich in je spezifischer Weise entwickeln und bei all ihrem Tun und Lassen auf den eigenen Selbsterhalt und den ihrer Art aus sind. Im Hinblick auf diesen »Selbstzweck« gibt es für sie ein Wohl und Wehe, auch wenn sie – seien es Tiere oder Pflanzen – nicht um dieses ihr Wohl oder Wehe wissen.[3]

Neben dieser Herleitung des Eigenwertes der Natur und ihrer Lebewesen, die sich an deren Selbstzweckcharakter orientiert, wurden [...] noch zwei weitere Gründe genannt für die Anerkennung eines solchen Eigenwertes der Natur: Zum einen der Umstand, daß der Mensch in seinen Handlungen auf »Vorleistungen der Natur« (Sitter-Liver)[4] angewiesen ist und sich in all seiner Produktivität auf die Koproduktivität der Natur stützt. Zum anderen die unbe-

3 Dieser Selbstzweckcharakter gilt mutatis mutandis auch für Lebensgemeinschaften und ganze Ökosysteme.

4 Beat Sitter, »Wie läßt sich ökologische Gerechtigkeit denken?«, in: *Zeitschrift für Evangelische Ethik* 31 (1987) S. 271–295, hier S. 278.

streitbare Tatsache, daß wir Menschen selbst Teil der Natur und durch sie hervorgebracht sind (ontogenetisch wie phylogenetisch). Sowohl also aufgrund ihrer naturgegebenen Vorleistungen, die in unsere Handlungen notwendigerweise eingehen, als auch aufgrund des Umstandes, daß wir Menschen gleichsam Produkt der Natur sind, sind wir unabdingbar und unverfügbar auf Natur angewiesen. Als dergestalt *umfassende Bedingung unseres Daseins und Tuns* kommt der Natur ein Eigenwert zu.

Sowohl der Hinweis auf den Selbstzweckcharakter der Natur und ihrer Lebewesen mit eigenem Wohl und Wehe als auch der Hinweis auf die Bedingtheit menschlichen Handelns und Seins sind zunächst reine Tatsachenbehauptungen. Mögen sie auch als solche relativ unstrittig sein, legitimieren sie jedoch noch nicht den moralischen Anspruch, den man mit dem Begriff der kreatürlichen Würde in der Regel verbindet. Denn die Würde der Kreatur ist kein deskriptiver, sondern ein *normativer* Begriff.[5] [...]

Daß die Kreatur einen Eigenwert und – als Ausdruck dieses Eigenwertes – eine ihr eigene Würde besitzt, ist mithin keine empirische Tatsachenbehauptung, die sich an der Kreatur bzw. Natur gleichsam »ablesen« ließe. Es handelt sich vielmehr um einen moralischen Anspruch, eine »Wertprämisse« wie Heeger[6] sagt, die sich jedoch auf Tatsachenbehauptungen über das Wohl und Wehe eines Lebewesens bezieht und beziehen muß oder – ganz allgemein – auf die Einsicht in die natürliche Bedingt- und Bestimmtheit des Menschen. Wie jeder Anspruch verweist diese Wertprämisse letztlich auf den Menschen, der einen solchen Anspruch sich selbst gegenüber erhebt. Obwohl in diesem Sinne *zu-*

5 Das gleiche gilt für die Menschenwürde. Auch sie ist ein wesentlich normativer Begriff. »Die Würde des Menschen ist unantastbar« wäre als Tatsachenbehauptung schlichtweg falsch.

6 Robert Heeger, »Eigenwert und Verantwortung: Zur normativen Argumentation in der Tierethik«, in: Härle, Wilfried u. a. (Hrsg.): *Unsere Welt – Gottes Schöpfung.* Marburg 1992 (Marburger theologische Studien 32), S. 251–267, hier S. 257–260.

erkannt, verlangt die beanspruchte Eigenwertigkeit und Würde der Kreatur von uns zugleich ihre *Anerkennung*: ein selbstgestellter Anspruch mithin, der uns auffordert, einen Eigenwert zu achten, der unabhängig von all unseren Wertsetzungen besteht bzw. diese allererst ermöglicht. Zu solcher Achtung ist nur der einsichtsfähige Mensch in der Lage. Sich bei seinen Handlungen vom Wohl anderer Lebewesen leiten und anderes um seiner selbst willen gelten zu lassen, ist deshalb immer auch eine Frage menschlichen Selbst- und Weltverständnisses und damit letztlich eine Frage menschlicher Würde. Das gleiche gilt für die existentielle Einsicht, Teil eines größeren Zusammenhangs zu sein, der einen als Naturwesen hervorgebracht hat und auf den man bei all seinen Handlungen notwendigerweise aufbaut. Auch in dieser Hinsicht ist die Würde des Menschen eingebettet in die Würde der Natur als Bedingung menschlicher Existenz.

Die theologischen und philosophischen Überlegungen zur Würde der Natur und Kreatur kommen in der Regel darin überein, daß sie die Würde der Natur und Kreatur an die Würde des Menschen dergestalt rückbinden, daß beide sich wechselseitig bedingen und fordern: Die Vorstellung kreatürlicher Würde verweist auf den Menschen als das einzige Lebewesen, von welchem gilt, daß es die Würde und den ihr zugrundeliegenden Eigenwert anderer Lebewesen in seinen Handlungen berücksichtigen kann. Ja, der Mensch wird erst dann seiner ihm eigenen Würde gerecht, wenn er sich dazu durchringt, seine natürliche Mitwelt nicht nur als natürliche Bedingung menschlichen Daseins, sondern auch *um ihrer selbst willen* gelten zu lassen, ihr mit Achtung zu begegnen und damit die Anerkennung der ihr eigenen Würde auszudrücken. [...]

PHILIPP BALZER, KLAUS PETER RIPPE,
PETER SCHABER

Menschenwürde versus Würde der Kreatur

1. Kontingente Würde und inhärente Menschenwürde

Die Ausdrücke »Würde«, »würdig« und »würdevoll« können in unserer alltäglichen Sprache unterschiedliche Bedeutungen annehmen. Um Mißverständnisse und Verwechslungen zu vermeiden, ist es daher unerläßlich, mit einer groben Analyse dieser Bedeutungen zu beginnen und *drei* Formen einer ***kontingenten*** Würde von der ***inhärenten*** Menschenwürde zu unterscheiden. [...]

Die drei Formen der kontingenten Würde sind die ästhetische, die soziale und die expressive Würde. Diese kontingenten Würdeformen sind ungleich verteilt und können angeeignet, verloren und wieder angeeignet werden. Im Unterschied dazu kommt die inhärente Menschenwürde allen Menschen zu, ohne verloren oder angeeignet werden zu können. Der kontingenten Würde ist ein Respekt der Hochschätzung, der inhärenten Würde ein Respekt der moralischen Rücksicht zugeordnet.

2. Minimalkonzeption der inhärenten Menschenwürde

Obwohl der Begriff der inhärenten Menschenwürde in unserem Jahrhundert in die Verfassungen vieler Länder und in zahlreiche internationale Abkommen Eingang gefunden hat, machen die meisten Theorien der zeitgenössischen philosophischen Ethik von ihm keinen Gebrauch.[1]

1 Vgl. Hugo Adam Bedau, »The Eighth Amendment, Dignity, and Death Penalty«, in: Michael J. Meyer / William A. Parent (Hrsg.), *The Constitution*

Auch plädieren einige Autoren dafür, den Begriff ganz aufzugeben, weil er die mit einem wissenschaftlichen Weltbild unvereinbare Annahme eines freien Willens voraussetze.[2] Wieder andere halten den Begriff für unverzichtbar, behaupten aber gleichzeitig, die Menschenwürde sei eine »undefinierbare einfache Qualität«, die sich nicht aus »bloßen Vernunftsgründen« herleiten lasse.[3]

Uns scheinen beide Sichtweisen unhaltbar. Die letztere schon allein deswegen, weil die Beibehaltung eines undefinierbaren Rechtsbegriffs einer unakzeptablen Interpretationswillkür der Gerichte Tür und Tor öffnen würde.[4] Gleichzeitig leistet die These, daß der Menschenwürdebegriff nicht definiert werden *kann*, der in der deutschsprachigen Diskussion von medizin- und bioethischen Problemen zu verzeichnenden Tendenz Vorschub, den Begriff

of Rights. Human Dignity and American Values, Ithaca 1992, S. 152. Bedau bezeichnet den Begriff der Menschenwürde denn auch als »terra incognita« der zeitgenössischen Philosophie. Zu den Ländern, in deren Verfassung der Menschenwürdebegriff verankert wurde, gehören Deutschland, Griechenland, Irland, Italien, Kanada, Portugal, Schweiz, Schweden und Spanien. In der Verfassung der Vereinigten Staaten taucht der Begriff nicht auf, wird vom Supreme Court aber im Zusammenhang mit dem ersten, vierten, sechsten, achten und vierzehnten Amendment erwähnt. Vgl. dazu Michael J. Meyer / William A. Parent (Hrsg.), *The Constitution of Rights. Human Dignity and American Values*, a. a. O.

2 Vgl. B. F. Skinner, *Beyond Freedom and Dignity*, London 1972, und Kurt Bayertz, »Human Dignity: Philosophical Origin and Scientific Erosion of an Idea«, in: Kurt Bayertz (Hrsg.), *Sanctity of Life and Human Dignity*, Dordrecht 1996; für einen Überblick über die zeitgenössische Diskussion der Frage nach der Existenz eines freien Willens vgl. Robert Kane, *The Significance of Free Will*, New York 1996.

3 Vgl. Robert Spaemann, »Über den Begriff der Menschenwürde«, in: Ernst Wolfgang Böckenförde / Robert Spaemann (Hrsg.), *Menschenrechte und Menschenwürde*, Stuttgart 1987, S. 297, und Ina Praetorius / Peter Saladin, *Die Würde der Kreatur*, Bern 1996, S. 29.

4 Vgl. in diesem Zusammenhang Hoersters Kritik des auf der Basis des Menschenwürdebegriffs begründeten Peep-Show-Verbotsurteils des deutschen Bundesverwaltungsgerichts von 1982 in: Norbert Hoerster, »Zur Bedeutung des Prinzips der Menschenwürde«, in: *Juristische Schulung* 82 (1983) S. 2.

mit mehr oder weniger beliebigen Inhalten zu füllen und als rhetorische Tabuisierungsformel ins Feld zu führen, wenn mißliebigen (liberalen) Ansichten in Fragen der Keimbahntherapie, Leihmutterschaft oder Embryonenforschung nicht mit rationalen Argumenten begegnet werden kann.[5] Die erste Sichtweise halten wir deswegen für verfehlt, weil sich eine minimale Konzeption des Menschenwürdebegriffs formulieren läßt, die ohne die seit jeher umstrittene Annahme eines freien Willens auskommt und die darüber hinaus einerseits unseren wohlüberlegten moralischen Intuitionen Rechnung trägt und andererseits mit vielen ethischen Theorien des moralisch Richtigen kompatibel ist. [...]

Menschenwürde als Recht, nicht erniedrigt zu werden

[...] Diese Minimalkonzeption besagt: Menschenwürde ist etwas, das verletzt wird, wenn eine Person erniedrigt wird.[6] Dabei wird durch die Erniedrigung kein physisches Gut, sondern vielmehr ein *Anspruch* verletzt, den Personen haben. Wenn wir einem Menschen also Würde zusprechen, sprechen wir ihm das moralische Recht zu, nicht erniedrigt zu werden. [...]

Was heißt es, erniedrigt zu werden? Der Begriff der Erniedrigung läßt sich am besten durch den Begriff der *Selbstachtung* erläutern. Jemand ist erniedrigt, wenn er sich in

5 Dieter Birnbacher, »Ambiguities in the Concept of Menschenwürde«, in: Kurt Bayertz (Hrsg.), *Sanctity of Life and Human Dignity*, Dordrecht 1996, S. 107 f., und Walter Lesch, »Verletzte Würde, umstrittene Werte und gegensätzliche Interessen. Ethische Rekonstruktion zur Debatte über die ›Würde der Kreatur‹«, in: Alberto Bondolfi / Walter Lesch / Daria Pezzoli-Olgiati (Hrsg.), *Würde der Kreatur. Essays zu einem kontroversen Thema*, Zürich 1997.

6 William A. Parent, »Constitutional Values and Human Dignity«, in: Michael J. Meyer / William A. Parent (Hrsg.), *The Constitution of Rights. Human Dignity and American Values*, Ithaca 1992.

Umständen befindet, in denen er sich nicht selbst achten kann. Diese Umstände können *durch andere Personen* herbeigeführt werden oder *strukturell* bedingt sein. Ein Beispiel für eine von anderen ausgehende Erniedrigung ist die Folter, ein Beispiel für die durch die Lebensumstände bedingte Erniedrigung das Leben in absoluter Armut, in dem jemand gezwungen ist, sich von den Abfällen anderer zu ernähren. In diesem Zusammenhang reden wir auch von entwürdigenden oder menschenunwürdigen Lebensumständen. [...]

Wichtig in unserem Zusammenhang ist dabei folgendes: Wesen können nur dann Selbstachtung haben, wenn sie ein *praktisches Selbstverständnis* besitzen: Man muß ein Verständnis dessen haben, was man tun und wie man behandelt werden will (ohne daß es sich dabei um einen ausgearbeiteten Lebensplan handeln muß; es reicht, sich auf das eigene Wollen reflexiv beziehen zu können). Dies setzt bestimmte kognitive Fähigkeiten voraus. Zu diesen gehören mindestens Selbstbewußtsein, sowie die für ein normatives Selbstverständnis notwendigen Fähigkeiten, werten zu können und die eigene Situation im Lichte der Bewertungen zu beurteilen. Ohne ein solches praktisches Selbstverständnis könnte man das, was man tut, bzw. das, was einem widerfährt, nicht als wertlos oder inakzeptabel ansehen.

Wenn wir diese Bedingung der Selbstachtung betrachten, dann wird klar, daß nicht alle Menschen Selbstachtung haben können (sie können entsprechend auch nicht erniedrigt werden). Kleinstkindern fehlt *noch* das für die Selbstachtung erforderliche praktische Selbstverständnis. Es mag Geistigbehinderte geben, die diese Fähigkeit uneingeschränkt verloren oder nie besessen haben. Heißt das, daß diesen Menschen keine Menschenwürde zukommt?

Dies wäre dann der Fall, wenn es keine Gründe gäbe, ihnen das moralische Recht zuzuschreiben, nicht erniedrigt zu werden.[7] Es gibt aber Gründe, allen Menschen ab ihrer Geburt eine inhärente Menschenwürde zuzusprechen. Dieser Vorschlag drängt sich aus *sozialpsychologischen Erwägungen* auf. Wir fühlen uns Kleinstkindern und Geistigbehinderten in besonderer Weise verbunden. Diese Grenzziehung legt sich nahe, da es äußerst schwierig ist, eine sich auf die Fähigkeit zur Selbstachtung stützende Menschenwürdenorm praktisch zu handhaben. Die Fähigkeit zur Selbstachtung ist ein graduelles Phänomen. Es läßt sich deshalb nicht immer klar bestimmen, ob ein Mensch ein praktisches Selbstverständnis hat oder nicht. Es ist zumindest mit vielen unklaren Fällen zu rechnen. Es muß aber klar sein, welchen Menschen wir Würde zusprechen und welchen nicht.

[...]

3. Würde der Kreatur als inhärenter Wert

Wenn nicht-menschlichen Lebewesen im Sinne der oben skizzierten Minimalkonzeption Menschenwürde zukommen soll, müßten sie zumindest jene kognitiven Fähigkeiten haben, die Voraussetzung für Selbstachtung sind. Insbesondere müßten sie über Selbstbewußtsein verfügen. In der heutigen ethologischen Forschung ist noch umstritten, ob außer dem Menschen irgendein anderes Lebewesen über Selbstbewußtsein verfügt. Ethologische Befunde (wie das Spiegelexperiment, Kommunikation z. B. nach

7 Man könnte hier einwenden, daß es sich bei moralischen Rechten um etwas handelt, das einem per definitionem nicht zugeschrieben werden kann. Menschen haben moralische Rechte unabhängig von kontingenten sozialen und juridischen Zuschreibungen. Richtig ist, daß moralische Rechte nicht durch reale soziale und juridische Verfahren zugeschrieben werden. Moralische Rechte unterscheiden sich gerade von juridischen Rechten dadurch, daß sie anerkennungsunabhängige Geltung besitzen. Wenn wir oben von Zuschreibung von moralischen Rechten reden, meinen wir Zuschreibung in einem moralphilosophischen Begründungszusammenhang.

Erlernen der Gebärdensprache) deuten zumindest darauf hin, daß die großen Menschenaffen (also Schimpanse, Bonobo, Gorilla und Orang Utan) über eine Vorstellung der eigenen Person verfügen. Das heißt, es ist wohl angemessen, auch Menschenaffen Selbstbewußtsein zuzuschreiben.[8] Selbst wenn dies der Fall wäre und Menschenaffen selbstbewußte Wesen sind, wäre jedoch noch fraglich, ob man sinnvollerweise davon sprechen kann, daß man einen Schimpansen oder Gorilla erniedrigen oder demütigen kann. Denn eine Erniedrigung oder Demütigung würde nur dann vorliegen, wenn der Schimpanse auch ein Bild davon hätte, wie er selbst sein sollte. Ob das möglicherweise vorhandene Selbstbewußtsein bei Schimpansen mit einer solchen normativen Konzeption der eigenen Person verbunden ist, scheint angesichts derzeitiger ethologischer Befunde mehr als fraglich.[9] Selbst in seiner Minimalkonzeption scheint der Begriff der inhärenten Menschenwürde demzufolge nur auf Menschen anwendbar zu sein.[10]

Während man zumindest noch darüber diskutieren kann, ob Menschenaffen eine in dieser Minimalkonzeption ver-

8 Einen sehr vorsichtigen Einblick in die Diskussion geben Dorothy L. Cheney / Robert M. Seyfarth, *How Monkeys See the World Inside the Mind of Another Species*, Chicago 1990. Vgl. Francise Patterson / Wendy Gordon, »The Case for the Personhood of Gorillas«, in: Paola Cavalieri / Peter Singer (Hrsg.), *The Great Ape Project. Equality beyond Humanity*, London 1993.

9 Auch die Protokolle von Kommunikationen mit Gorillas und Bonobos legen diesen Schluß nicht nahe. Vgl. Francise Patterson / Wendy Gordon, »The Case for the Personhood of Gorillas«, in: Paola Cavalieri / Peter Singer (Hrsg.), *The Great Ape Project. Equality beyond Humanity*, a. a. O.

10 Handlungen, die nicht-menschliche Lebewesen verletzen, könnten freilich die Menschenwürde verletzen. Man mag sagen, daß sich der Tierquäler in seinem Handeln selbst erniedrigt und damit seine eigene Würde verletzt. In diese Richtung geht Alois Rust, *Transgene Tiere. Überlegungen aus ethischer Perspektive*, Bern 1994. Es scheint uns aber fraglich, ob dadurch gerechtfertigt werden kann, nicht-menschlichen Lebewesen eine Würde zuzuschreiben.

standende Menschenwürde zukommt,[11] ist eine solche Diskussion bei Lebewesen müßig, die zum Selbstbewußtsein *nicht* fähig sind. Und erst recht ist er nicht auf Lebewesen zu übertragen, die über gar keine mentalen Zustände verfügen wie Pflanzen und Mikroorganismen. Da im Verfassungsartikel* auch solchen Lebewesen eine inhärente ›Würde‹ zugesprochen wird, bedarf der Begriff der ›Würde der Kreatur‹ einer von der Menschenwürde *losgelösten, eigenständigen* inhaltlichen Bestimmung. Ein plausibler Weg, diese inhaltliche Bestimmung im Rahmen der intendierten eingeschränkt biozentrischen Position vorzunehmen, könnte sein, daß Kreaturen ein *inhärenter Wert* zukommt.

Die Vorstellung von einer Würde der Kreatur scheint davon auszugehen, daß wir Kreaturen um ihretwillen moralisch Rechnung zu tragen haben. Pflanzen und Tiere sind, so die Intention der Redeweise, nicht allein deshalb Objekte moralischen Handelns, weil sie uns nützen und erfreuen. Wir sollten diesen Lebewesen Rechnung tragen, unabhängig von dem Wert, den sie für Menschen und andere Lebewesen darstellen. Wir sollten uns gegenüber Tieren und Pflanzen *um ihretwillen* moralisch verhalten. Es ist nicht etwa deshalb moralisch falsch, einen Vogelbeerbaum auszureißen, weil der Baum von Menschen für ästhetisch wertvoll erachtet wird oder weil aus seinen Früchten eventuell pharmazeutische Produkte hergestellt werden könnten. Er soll um seiner selbst willen nicht ausgerissen werden.

Wer diese Intuition mit dem Verfassungsgeber teilt, steht freilich vor dem Problem, wieso wir gerade Lebewesen in dieser Beziehung Rechnung zu tragen haben und nicht etwa auch Maschinen oder anderen natürlichen Entitäten wie

11 Eine mögliche Ausdehnung der Konzeption von Menschenrechten wird vom sogenannten »Great Ape Project« propagiert. Paola Cavalieri / Peter Singer (Hrsg.), *The Great Ape Project. Equality beyond Humanity,* London 1993, sowie Paola Cavalieri, »Etica & Animali: Special Issue Devoted to The Great Ape Project«, in: *Etica & Animali* 8 (1996).

* Gemeint ist die Schweizerische Bundesverfassung. Anm. der Herausgeberin.

Steinen und Meteoriten. Eine plausible Antwort auf diese Fragen muß in drei Schritten vorgestellt werden. Die Antwort geht davon aus, daß Organismen, Pflanzen und Tiere als Wesen beschrieben werden können, denen (i) ein individuelles, eigenes Gut zukommt, die (ii) individuelle Ziele verfolgen und die (iii) als organische Einheiten zu bezeichnen sind.

ad (i): Mikroorganismen und Pflanzen können aller Wahrscheinlichkeit nach nichts subjektiv empfinden. Wir können so nicht von einem subjektiven Wohlergehen von Mikroorganismen, Pilzen oder Pflanzen sprechen. Doch auch wenn dies nicht möglich ist, können wir davon sprechen, daß sich eine Pflanze oder ein Pilz in einem guten oder schlechten Zustand befindet. Insofern sind wir auch in der Lage, davon zu reden, daß etwas gut für sie ist. Es ist z. B. gut für eine Pflanze, gewässert zu werden, und schlecht für einen Steinpilz, zertreten zu werden. Phänomene wie Welken, Verdorren, Kümmerwuchs usw. weisen darauf hin, daß Pflanzen ein eigenes Gut zugeschrieben werden kann. In bezug auf Tiere können wir von Krankheit, Verhaltensstörungen, Fehlanpassungen sprechen. Und selbst bei einfachen Mikroorganismen ist zu fragen, ob sie im Sinne ihrer Art funktionieren oder nicht. Man kann dagegen nicht davon sprechen, daß es schlecht für einen Stein sei, zerschlagen zu werden.

ad (ii): Allenfalls könnte man auch Maschinen ein solches Gut zuschreiben, da auch diese rosten, auseinanderfallen und sich in einem schlechten Zustand befinden können.[12] Doch Maschinen bestehen nur aufgrund eines Zweckes,

12 Man könnte einwenden, auch Mineralogen wüßten, was gut oder schlecht für Kristalle sei. [Jean-Claude Wolf, »Die Würde der menschlichen Zygote«, in: Heinrich Ganthaler / Otto Neumaier (Hrsg.), *Anfang und Ende des Lebens,* Sankt Augustin 1997, S. 59]. Aber es ist fraglich, ob sich das Gut hier auf etwas anderes als auf Zielsetzungen des Mineralogen bezieht wie beispielsweise dessen ästhetische Wünsche. Einen eigenen Standpunkt – und damit ein eigenes Gut – können wir wohl nur Dingen zuschreiben, die leben.

den Menschen mit ihnen verfolgen. Sie haben keine eigenen Zwecke. Dies ist der zweite Punkt, auf den biozentrische Ethiker verweisen. Bei Lebewesen kann man davon sprechen, daß sie selbst Zwecke haben. Die internen Funktionen und das äußere Verhalten eines Lebewesens sind darauf angelegt, daß es überlebt, sich reproduziert und sich an verändernde Umwelteinflüsse anpassen kann. Jedes Lebewesen ›sucht‹, sich am Leben zu erhalten, und ›versucht‹, auf eine ihm einzigartige Weise sein eigenes Gut zu bewahren, zu steigern oder zu erreichen.

ad (iii): Neben einer Abgrenzung zwischen Maschinen und Lebewesen ist noch eine zweite Unterscheidung erforderlich. Auch von einzelnen Organen wie dem Herz oder der Leber kann man sagen, daß sie in einem guten oder schlechten Zustand sind und daß sie spezifische Ziele ›verfolgen‹.[13] Doch zwischen Organen und Lebewesen besteht ein Unterschied, der hier relevant ist. Lebewesen sind organische Einheiten, die als Individuen bestehen.[14] Eine Leber und ein Herz sind nur Teil eines Individuums und einer organischen Einheit. Ihre spezifischen Ziele sind nur Teilfunktionen des gesamten Organismus. Sie haben keinen eigenen Standpunkt.

Jeder Organismus vom Mikroorganismus bis hin zum komplexen Säugetier besitzt im Gegensatz zu unbelebten Dingen einen eigenen Standpunkt. Wenn davon gesprochen wird, daß Pflanzen und Lebewesen Rechnung zu tragen ist, kann sich dies nur auf dieses eigene Gut beziehen. Dieses eigene Gut nennen wir im folgenden den *»inhärenten Wert«* eines Lebewesens.[15] [...]

Wenn man die kreatürliche Würde unabhängig von der

13 Leonard W. Sumner, *Welfare, Happiness, and Ethics,* Oxford 1996, S. 76.

14 Ameisen- und Bienenstaaten oder gar Ökosysteme sind nicht als organische Einheiten zu bezeichnen. Selbst in einem Ameisenstaat verfolgen einzelne Ameisen einen Egoismus der eigenen Gene, also eigene ›Ziele‹.

15 Prominente Vertreter dieser Position sind der Umweltethiker Paul Taylor (Paul W. Taylor, *Respect for Nature. A Theory of Environmental Ethics,* Princeton 1986) und der Tierethiker Tom Regan (Tom Regan, *The Case*

Menschenwürde betrachtet, legen es folgende zwei Gründe nahe, *allen* Lebewesen einen inhärenten Wert zuzuschreiben: Eine solche Zuschreibung beruht (i) auf der Ablehnung einer rein subjektivistischen Konzeption des Wohls (des Wohlergehens). Eine rein subjektivistische Position steht nicht im Einklang mit unseren wohlüberlegten Intuitionen. Man denke z. B. an folgendes Szenario: Bei Lebewesen, die empfindungsfähig sind, könnte es durch Zucht und Einsatz pharmazeutischer Produkte möglich werden, daß sie immer restriktivere Haltungsbedingungen ohne Streß und Leid ertragen können. Eine rein subjektivistische Position könnte dies nicht moralisch verurteilen. Dieses Urteil ist aber kontraintuitiv. Auch bei Tieren ist der Übergang von einer *nur* auf das Leid konzentrierten Sicht auf eine Betrachtung der Lebensqualität sinnvoll. Wenn aber nicht allein die subjektiven Empfindungen zählen, besteht (ii) kein Grund, nur empfindungsfähigen Lebewesen einen moralischen Status zuzusprechen. Eine Ausdehnung der Wertzuschreibung auf jene Wesen, bei denen man sinnvollerweise von Lebensqualität reden kann, scheint ratsam. Diese beiden Annahmen sind selbst wiederum begründungsbedürftig. Doch sie stellen prima facie plausible Überlegungen dar, wie man die Zuschreibung eines inhärenten Wertes, von Würde, auf alle Lebewesen und nur auf Lebewesen erklären und teilweise begründen kann. Eine Einschränkung, daß nur einigen, nicht aber allen Lebewesen inhärenter Wert zukommt, kann vor diesem Hintergrund nicht mehr nachvollzogen werden. [...] Allen Lebewesen müßte Würde, ein inhärenter Wert, zukommen.

Dieser inhärente Wert gemahnt uns Menschen, daß wir im Umgang mit Lebewesen stets respektieren müssen, daß ihnen auch ein eigenes Gut und damit ein eigener Wert zu-

for Animal Rights, London 1983). Vgl. Laura Westra, »›Respect‹, ›Dignity‹ and ›Integrity‹: An Environmental Proposal for Ethics«, in: *Epistemologia* 12 (1989); dies., *An Environmental Proposal for Ethics. The Principle of Integrity,* Lanham 1994, Kap. 3.

kommt. Dem inhärenten Wert, der Würde, eines Lebewesens Rechnung zu tragen, heißt, daß es nicht nur als Mittel angesehen werden darf, sondern als ein Wesen mit einem eigenen Gut anerkannt werden soll. Bei einigen Lebewesen, die empfindungsfähig sind, ist es möglicherweise darüber hinaus auch gefordert, dem subjektiven Wohlergehen Rechnung zu tragen. Aber bei allen Lebewesen einschließlich der nicht-empfindungsfähigen ist deren inhärenter Wert, deren eigenes Gut, zu berücksichtigen. *Die Konzeption eines inhärenten Wertes entspricht damit dem, was der Verfassungsgeber durch die Aufnahme des Begriffs ›Würde der Kreatur‹ intendierte.*

Auch wenn allen Lebewesen ein inhärenter Wert, eine Würde, zukommt, kann dieser Wert gegen den Wert anderer Güter abgewogen werden.[16] Daß Lebewesen einen inhärenten Wert besitzen, heißt nicht, daß ihnen ein absoluter Wert zukommt. Nur bei absoluten Werten wäre keine Abwägung gegen andere Werte zulässig. Man könnte vielleicht mutmaßen, der Verfassungsgeber hätte mit dem Ausdruck ›Würde der Kreatur‹ Lebewesen einen absoluten Wert zusprechen wollen. Doch dies scheint wenig plausibel, da eine solche Position praktische Konsequenzen hätte, die niemand zu akzeptieren bereit wäre. Selbst der Verzehr von Pflanzen wäre dann moralisch verboten. [...]

Daß allen Lebewesen ein inhärenter Wert zukommt, besagt ebenfalls nicht, daß alle Kreaturen denselben inhärenten Wert besitzen. Mit dem Konzept der Würde der Kreatur stünde durchaus im Einklang, daß einem Schimpansen ein höherer inhärenter Wert zukommt als einem Grashalm oder einer Rose ein höherer als einem Schimmelpilz. Eine solche *hierarchische* Konzeption der inhärenten Würde steht wohl eher im Einklang mit unseren wohlüberlegten Intuitionen als eine egalitäre Konzeption. Nach welchen

16 Rainer J. Schweizer / Peter Saladin, »Kommentar zu Art. 24 novies«, in: Jean-Francois Aubert u. a., *Kommentar zur Bundesverfassung der Schweizerischen Eidgenossenschaft,* Basel 1995, S. 64.

Kriterien diese Hierarchie ermittelt werden kann, muß hier offenbleiben. Mögliche Vorschläge wären, auf wertschöpfende Eigenschaften zu rekurrieren, oder sich an der Komplexität der kognitiven Fähigkeiten zu orientieren.[17]

Fassen wir zusammen: Würde der Kreatur kann nicht im selben Sinn wie Menschenwürde verstanden werden. Daß Kreaturen Würde zukommt, heißt, daß sie einen inhärenten Wert besitzen. Und dies bedeutet, daß wir uns ihnen gegenüber um ihretwillen moralisch verhalten sollten. Lebewesen haben einen inhärenten Wert, weil sie ein eigenes Gut besitzen, individuelle Ziele verfolgen und organische Einheiten darstellen. Daß sie einen inhärenten Wert haben, impliziert nicht, daß ihr Wert nicht gegen den Wert anderer Güter abgewogen werden darf. Inhärenter Wert ist nicht mit absolutem Wert gleichzusetzen. Zudem besitzen nicht alle Lebewesen denselben inhärenten Wert. Ihr Wert mißt sich an ihrer Komplexität und an ihren Fähigkeiten.

17 Vgl. Nicholas Agar, »Biocentrism and the Concept of Life«, in: *Ethics* 108 (1997).

STEVE F. SAPONTZIS

Die Anwendung des Begriffs der Rechte auf Tiere

Es wird oft darauf hingewiesen, dass AnhängerInnen der Tierbefreiungsbewegung bei ihrem Bemühen, unsere Behandlung von Tieren zu verbessern, lieber ganz auf den Begriff des Rechts verzichten sollten, da dieser Begriff unnötige Komplikationen hervorruft, wie etwa die Frage, ob Wesen Rechte haben können, wenn sie diese gar nicht geltend machen können. [...]

Mein Eindruck ist, dass trotz dieser Nachteile viele TierbefreiungsanhängerInnen der Anwendung des Begriffs »Rechte« auf Tiere eine besondere Bedeutung beimessen, weil er die von ihnen angestrebte allgemeine und grundlegende Veränderung unserer Einstellung gegenüber dem moralischen und juridischen Status der Tiere genau zum Ausdruck bringt. Roger W. Galvins [...] »Arbeitsdefinition« eines »juridischen Rechts« zeigt deutlich, was die Tierbefreiungsbewegung mit der »Rechte«-Rhetorik für Tiere erreichen möchte:

1. Ein juridisches Recht wird als solches vom Gesetz anerkannt und durch dieses gegen Aufhebung oder Verstöße abgesichert.
2. Der Rechtsträger kann Rechtsschutz im eigenen Namen einfordern.
3. Die Geltendmachung des Rechts soll den Rechtsträger vor Schaden schützen.
4. Die Abhilfe, die das Gesetz schafft, sollte dem Rechtsträger direkt zugute kommen.[1]

Das Bemühen, »Rechte« für Tiere zu erlangen, zielt also sowohl auf die Anerkennung der Tatsache ab, dass Tiere

1 Roger W. Galvin, »What Rights for Animals? A Modest Proposal«, in: *Pace Environmental Law Review* 2 (1985) S. 248.

eigene Interessen haben, als auch auf den direkten, durchsetzbaren Schutz dieser Interessen. Dieser »bescheidene Vorschlag« steht in deutlichem Gegensatz zu der gegenwärtigen Praxis des Schutzes tierlicher Interessen aufgrund der Bedeutung der Tiere für die Befriedigung menschlicher Interessen und unter der Maßgabe, dass ein solcher Schutz »ohne allzu weit gehende Opferung menschlicher Interessen« gewährleistet werden kann.

Einige PhilosophInnen [...] würden ohne Zweifel die Angemessenheit dieser bescheidenen Konzeption von Rechten kritisieren.[2] Diese PhilosophInnen legen besonders großen Wert auf die Geltendmachung oder Ausübung von Rechten, auf eine Verbindung zwischen dem Besitz von Rechten und der Eigenschaft, in der Gesellschaft, die diese Rechte anerkennt, ein autonomer Akteur zu sein, oder auf den Wert, den der Besitz von Rechten für die Selbstachtung haben kann. Dies veranlasst solche PhilosophInnen, nicht nur abzustreiten, dass Tiere Rechte haben können, sondern auch zu bestreiten, dass Kleinkinder, geistig behinderte und andere Menschen mit eingeschränktem Intellekt Rechte haben können.

Allerdings wird die Debatte an diesem Punkt zu einem bloßen Streit um Worte. Die meisten AnhängerInnen der Tierbefreiungsbewegung wären, glaube ich, damit zufrieden, Tieren denjenigen moralischen und juridischen Status und Schutz zu verschaffen, den gegenwärtig menschliche Kleinkinder und andere »Grenzfälle« genießen. Diejenigen, die bestreiten, dass diese Menschen zu Recht als »Rechtsträger« bezeichnet werden können, treten dennoch nicht dafür ein, dass wir damit anfangen sollten, die

2 Herbert L. A. Hart, »Are There Any Natural Rights?«, in: *The Philosophical Review* 64 (1955) S. 175–191; Stanley I. Benn, »Abortion, Infanticide, and Respect for Persons«, in: *The Problem of Abortion*, hrsg. von Joel Feinberg, Belmont 1973, S. 92–104; Mary Anne Warren, »On the Moral and Legal Status of Abortion«, in: *The Monist* 57 (1973) S. 43–61 [...].

Interessen dieser Menschen routinemäßig für die Befriedigung unserer Wünsche nach Nahrung, Kleidung, Unterhaltung, biomedizinischen Versuchsobjekten und so weiter zu opfern, obwohl – insbesondere auf dem Gebiet der biomedizinischen Forschung – eine derartige Verwendung dieser Menschen dem Rest von uns großen Nutzen bringen könnte. Wenn der Status und Schutz, den diese Menschen genießen, mit irgendeinem anderen Etikett als dem der »Rechte« genauer bezeichnet wäre, dann mögen diese PhilosophInnen dieses Vokabular besser ausarbeiten, sodass wir es nutzen können, um die Belange der Tierbefreiungsbewegung genauer zu beschreiben. Bis dieses genauere Vokabular entwickelt ist, steht jedoch der Gebrauch des Ausdrucks »Rechte«, so wie die Tierbefreiungsbewegung ihn praktiziert, im Einklang mit dem Alltagssprachgebrauch, welcher Kleinkindern und Menschen an der Grenze des Menschseins »Rechte« nicht abspricht, und außerdem drückt er zumindest genau diejenige Art von Veränderungen unserer gegenwärtigen moralischen und juridischen Behandlung von Tieren aus, welche die Tierbefreiungsbewegung zu erreichen sucht. [...]

Es gibt natürlich viele andere Detailfragen über Rechte, die aufgeworfen werden könnten, wenn die Ausdehnung moralischer Rechte auf Tiere diskutiert wird, wie beispielsweise Fragen mit Bezug auf negative versus positive Rechte, aktive versus passive Rechte, Naturrechte versus gesetzte Rechte, Anspruchsrechte versus Freiheitsrechte, ob Rechte eine Art Besitz sind, ob wir Rechte haben können, wenn wir den Begriff der Rechte nicht verstehen oder unfähig sind zu entscheiden, ob und wie wir unsere eigenen Rechte ausüben können, und so weiter. Ich schlage nicht vor, hier in eine Erörterung dieser Fragen einzutreten, da ich aus den im vorigen Absatz erläuterten Gründen nicht denke, dass diese Details wichtig sind für die Fragen, um die es in Diskussionen über »Rechte« von Tieren gegenwärtig geht. Die im Zusammenhang mit Tierrechten gegenwärtig wichtigen Fragen sind meines Erachtens die folgenden:

- Haben Tiere Interessen?
- Können wir diese Interessen erkennen?
- Können wir erkennen, wie wir auf diese Interessen einwirken?
- Können wir aufhören, auf diese Interessen negativ einzuwirken?
- Können wir Tieren dabei helfen, ein besseres Leben zu leben?
- Was würde es uns kosten, unsere Nutzung von Tieren zu reduzieren und daran zu arbeiten, die Welt für alle empfindungsfähigen Wesen zu einem besseren Ort zu machen?
- Sind wir in irgendeiner Weise moralisch verpflichtet, diese Kosten auf uns zu nehmen?

Wenn wir zu der Überzeugung gelangen, dass die Antworten auf diese Fragen von uns verlangen, unsere Beurteilung des moralischen Status von Tieren zu revidieren, bin ich zuversichtlich, dass wir in der Lage sein werden, den Begriff, die Institutionen und die Praxis der Rechte so zu entwickeln, wie es für die Umsetzung dieser Antworten erforderlich ist. Es wäre nicht das erste Mal, dass eine Veränderung der moralischen Überzeugung vermeintliche begriffliche Hindernisse für eine solche Veränderung zu überwinden vermocht hätte. In der Zwischenzeit lenken technische Fragen, ob Tiere (logisch gesehen) Rechte haben können [...], lediglich von den Problemen ab, um die es eigentlich geht. Alles, was wir über Rechte verstehen müssen, um mit diesen entscheidenden Problemen fortzufahren, ist Folgendes:

> Ein Recht ist ein anerkannter oder ein begründeter Anspruch, der dazu bestimmt ist, die Interessen des Rechtsträgers zu schützen oder zu befördern;

ein moralisches Recht ist eines, das sich auf »die Prinzipien eines aufgeklärten Gewissens« gründet, um Joel Feinbergs Formulierung zu borgen;[3]
moralische Rechte sind so verschiedenartig, dass Wesen wie Kinder und Tiere, die nicht fähig sind, sie alle zu genießen, zumindest einige von ihnen genießen können.

3 Joel Feinberg, »The Rights of Animals and Unborn Generations«, in: *Philosophy and Environmental Crisis*, hrsg. von William T. Blackstone, Athens 1974, S. 43–44. – Dt.: »Die Rechte der Tiere und zukünftiger Generationen«, in: *Ökologie und Ethik*, hrsg. von Dieter Birnbacher, Stuttgart 1980, S. 141.

Kontraktualismus

PETER CARRUTHERS

Kontraktualismus und Tiere

In diesem Kapitel werde ich erörtern, was ein Kontraktualist über den moralischen Status von Tieren sagen sollte. Der Einfachheit halber werde ich durchweg annehmen, dass Tiere nicht als rationale Akteure in dem für den Kontraktualismus zentralen Sinne zu betrachten sind. Inwieweit diese Annahme zutrifft, wird im darauffolgenden Kapitel untersucht werden.

Rawls' Kontraktualismus und Tiere

Nach Rawls haben wir uns die Moral als diejenige Menge von Normen vorzustellen, auf die sich rationale Akteure einigen würden, wenn sie sie hinter einem Schleier des Nichtwissens wählen würden. Diese Akteure sollen zwar alle allgemeinen Wahrheiten der Psychologie, Wirtschaftslehre und so weiter kennen, nicht hingegen ihre besonderen persönlichen Eigenschaften (ihre Intelligenz, Körperkraft, Ziele und Wünsche) und auch nicht die Stellung, die sie später in der Gesellschaft einnehmen werden. Ihre Wahl moralischer Grundsätze haben sie vor dem Hintergrund weitgehend eigeninteressierter Wünsche (etwa nach Glück, Freiheit und Macht) zu treffen, von denen die Akteure wissen, dass sie sie mit Sicherheit haben werden, unabhängig davon, welche speziellen Wünsche und Interessen sie schließlich haben werden.

Die Moral wird hier als ein Normensystem dargestellt,

das die Interaktion rationaler Akteure in der Gesellschaft regeln soll. Daher scheint es auf den ersten Blick unvermeidlich, dass bei diesem Ansatz ausschließlich rationalen Akteuren direkte Rechte verliehen werden. Da es rationale Akteure sind, die das Normensystem wählen sollen, und da sie es eigeninteressiert wählen sollen, werden die Normen ausschließlich die Position der rationalen Akteure schützen. Es scheint keinen Grund zu geben, weshalb nichtrationalen Akteuren Rechte verliehen werden sollten. Tiere haben daher nach dem Rawls'schen Kontraktualismus keinen moralischen Status, insofern sie nicht als rationale Akteure gelten.

Man könnte vorbringen, dass es doch eine Möglichkeit gibt, wie Tieren im Kontraktualismus schließlich Rechte verliehen werden könnten, nämlich dadurch, dass manche der Akteure hinter dem Schleier des Nichtwissens beauftragt werden, im Namen nichtrationaler Akteure zu sprechen, wobei ihre Aufgabe darin besteht, die Interessen der Tiere bei der Formulierung des Grundlagenvertrages zu vertreten. Man vergleiche hiermit, wie ein Rechtsanwalt vor Gericht die Interessen eines Schoßhundes in einem Streit über den letzten Willen des verstorbenen Hundehalters vertreten könnte. Die Idee ist, dass hinter dem Schleier des Nichtwissens genauso wie am Gerichtshof jemand beauftragt werden könnte, für diejenigen zu sprechen, die nicht in der Lage sind, für sich selbst zu sprechen.

Man beachte jedoch, dass diese Erweiterung von Rawls' Theorie auch dann, wenn sie zulässig wäre, dennoch in keiner Weise die Common-Sense-Einstellung zu Tieren ergäbe. Im Gegenteil: Sie würde dazu führen, dass Tieren *gleiche* Rechte wie Menschen verliehen würden, entsprechend ihren unterschiedlichen Bedürfnissen und Fähigkeiten. (So würde man nicht erwarten, dass Tiere ein gleiches Recht auf Eigentum besitzen könnten, da sie nicht in der Lage sind, zu kaufen bzw. zu verkaufen. Aber sie könnten ein gleiches Recht auf Leben haben und ein gleiches Recht darauf, dass ihnen kein Leiden zugefügt wird.) Es gibt keinen Grund, weshalb die Vertreter tierlicher Interessen sich hinter dem Schleier des Nichtwissens mit weniger begnügen sollten. Denn erinnern wir uns, dass die Menschen in diesem Zustand noch keine moralischen Überzeugungen haben sollen. Daher können die Vertreter tierlicher Interessen nicht damit einverstanden sein, Tieren einen ungleichen Status mit der Begründung zuzusprechen, dass diese von geringerer moralischer Wichtigkeit als Menschen seien. Aber die Vorstellung, dass Tieren der gleiche Status verliehen werden sollte wie uns, ist zu extrem, als dass wir sie zu akzeptieren bereit sein sollten [...].

Ein weiteres Problem mit dem oben erwähnten Vorschlag ist folgendes. Wenn es erst einmal erlaubt wird, dass Tiere Stellvertreter erhalten, die hinter dem Schleier des Nichtwissens für sie sprechen sollen, scheint es keinen guten theoretischen Grund zu geben, weshalb nicht auch andere Arten von Dingen Stellvertreter erhalten sollten. Warum sollten Menschen nicht beauftragt werden, Pflanzen und Mikroorganismen – oder sogar Berge und historische Bauten – zu verteidigen? Moralische Rechte würden dann in einer Weise ausufern, die wohl für niemanden akzeptabel wäre.

Doch der Haupteinwand gegen die Entscheidung, hinter dem Schleier des Nichtwissens Vertreter tierlicher Interessen zuzulassen, lautet, dass sie willkürlich ist. Sie ist ohne eigenständige theoretische Begründung getroffen, einfach nur, um das gewünschte Ergebnis zu gewährleisten – dass Tiere einen moralischen Status haben sollen. Nun könnte es so scheinen, als sei dieser Angriff unfair. Denn wie Rawls betont, geht es beim Geschäft der ethischen Theoriebildung zumindest teilweise darum, ein Überlegungsgleichgewicht zu erreichen. Wenngleich moralische Überzeugungen in unserer Theorie nicht direkt erwähnt werden sollten, so ist eine Theorie doch nur unter der Bedingung akzeptabel, dass sie wenigstens eine gewisse Anzahl unserer tiefsten moralischen Überzeugungen zum Ausdruck bringt. Und wir haben ja in der Tat moralische Überzeugungen über die angemessene Behandlung von Tieren. Demnach könnte man sagen, dass die Zulassung von Vertretern, die hinter dem Schleier des Nichtwissens für die Tiere sprechen sollen, genau die Art von theoretischer Abänderung ist, die wir die ganze Zeit über hätten erwarten sollen.

Zwar unterstütze ich die Methode des Überlegungsgleichgewichts in der Ethik; ich denke aber nicht, dass sie den vorliegenden Vorschlag erfolgreich zu verteidigen vermag. *Ein* Grund dafür besteht darin, dass der Vorschlag, wie ich oben ausführte, in keiner Weise die Common-Sense-Einstellung zu Tieren ergibt. Doch ein wichtigerer Grund ist der folgende. In der ursprünglichen Fassung stellte die Idee der Wahl moralischer Grundsätze in einem Zustand des Nichtwissens eine kohärente Auffassung vom Wesen und der Quelle der Moral dar. Moralische Normen wurden als diejenigen Regeln angesehen, auf die rationale Akteure sich zur Regulierung ihres gegenseitigen Verhaltens einigen würden, wenn sie bei ihrer Wahl ausschließlich allgemeine, vernünftige Überlegungen anstellen würden, sich also nicht durch Tatsachen über ihre besonderen persönlichen Interessen oder ihre Stellung in der Gesellschaft beeinflussen lassen würden. Wenn aber manche dieser Akteure beauftragt werden, bei der Wahl moralischer Normen die Interessen von Tieren zu vertreten, verschwindet diese Kohärenz. Es ist dann nicht mehr klar, was Moral *ist*. Ja, es scheint, als müssten wir dann – zirkulär – sagen, die Moral sei das Normengefüge, auf das sich rationale Akteure einigen würden, die schon vorher vom moralischen Status von Tieren überzeugt waren.

Regans Antwort

Regan hat eine Argumentation entwickelt, die zeigen soll, dass der Kontraktualismus Tieren einen moralischen Status nicht auf kohärente Weise verwehren kann, ohne ihn auch denjenigen Menschen zu verwehren, die keine rationalen Akteure sind wie zum Beispiel schwer geistig Behinderte oder demente alte Menschen.[1] [...]

Wenn die Akteure hinter dem Schleier des Nichtwissens über solche grundlegenden Dinge wie ihre Charaktereigenschaften, ihre Lebenspläne und ihre Stellung in der Gesellschaft in Unkenntnis sein müssen, dann, so behauptet Regan, gebe es keinen guten Grund, weshalb sie nicht auch in Unkenntnis ihrer Spezies sein sollten. Aber wenn die Akteure bei der Auswahl moralischer Grundsätze nicht wissen dürften, in welcher Spezies sie später verkörpert sein werden, dann würden sie natürlich Normen wählen, welche die Interessen von Mitgliedern aller Spezies gleichermaßen schützen. Folglich habe Rawls mit seiner Konstruktion des Schleiers des Nichtwissens bereits eine Art und Weise, den moralischen Status von Tieren zu betrachten, vorausgesetzt, obwohl die Frage, welcher moralische Status Tieren zukommt, vorher geklärt werden müsste. Hätte er die Details dieser Vorrichtung nur ein wenig anders festgelegt, dann wären im Kontraktualismus Tieren dieselben grundlegenden Rechte verliehen worden wie Menschen.

Nun möchte ich nicht nahelegen, dass die Art und Weise, wie Rawls den Schleier des Nichtwissens im Einzelnen beschreibt, in irgendeiner Weise unantastbar sei. [...] Dennoch denke ich nicht, dass die von Regan vorgeschlagene Erweiterung – dass nämlich den Akteuren hinter dem Schleier des Nichtwissens auch ihre Spezies unbekannt sein soll – kohärent ist, wie ich nun zu erklären versuchen werde.

1 Vgl. *The Case for Animals Rights*, London u. a. 1984, Kap. 5.4.

Ein erstes Problem besteht darin, dass Regan Rawls falsch interpretiert. Er versteht Rawls so, als sei dieser überzeugt, dass der Schleier des Nichtwissens eine echte metaphysische Möglichkeit ist – dass rationale Akteure wirklich in Unkenntnis ihres Charakters, ihrer Wünsche, ihrer Körperkraft, ihres Geschlechts und ihrer sozialen Stellung existieren könnten, womöglich als körperlose Seelen. In Wahrheit ist er für Rawls lediglich eine Vorrichtung, um unerwünschtes Wissen auszuklammern, eine Vorrichtung, um die den Zweck hat, sicherzustellen, dass wir uns bei der Ermittlung moralischer Grundsätze nicht auf Wissen berufen, welches die Angemessenheit des Ergebnisses untergraben könnte.[2] Das räumt jedoch Regans Argument noch nicht aus dem Weg. Denn vermutlich ist es möglich, dass rationale Akteure ihren Status als rationale Akteure ausklammern, und dies sogar im Prozess der rationalen Konstruktion eines Normensystems. Wenn sie darauf verzichten können, von der Kenntnis ihres Geschlechts oder ihres sozialen Status Gebrauch zu machen, dann können sie vermutlich genauso gut darauf verzichten, von der Kenntnis ihrer Spezieszugehörigkeit oder sogar von der Kenntnis der Tatsache, dass sie rationale Akteure sind, Gebrauch zu machen.

Das tatsächliche Argument gegen Regan besteht darin, dass dessen Vorschlag die theoretische Kohärenz des Rawls'schen Kontraktualismus zunichte machen würde. Rawls zufolge ist die Moral faktisch eine Konstruktion des Menschen [...]. Die Moral wird als etwas angesehen, das *von* Menschen konstruiert wird, um die Interaktionen *zwischen* Menschen zu erleichtern und um ein kooperatives Gemeinschaftsleben zu ermöglichen. Dies ist in der Tat ein wesentlicher Bestandteil der herrschenden Konzeption des Kontraktualismus. Dieser Bestandteil ist von entscheidender Bedeutung für die vertragstheoretische Erklärung, wie Moralvorstellungen entstehen können, eine Erklärung, die die

2 Dies wird besonders klar dargelegt in »Justice as Fairness: Political not Metaphysical«, in: *Philosophy and Public Affairs* 14, Nr. 3 (1985) S. 223–251.

Exzesse des Intuitionismus und des starken Objektivismus vermeidet. Er ist auch eine Voraussetzung kontraktualistischer Theorien über die Quelle moralischer Motivation, ob in der Rawls'schen Version (Ermöglichung eines friedlichen menschlichen Miteinanders unter den Bedingungen der Moderne) oder in meiner eigenen, nach welcher die grundlegende kontraktualistische Sichtweise (ebenso wie der Wunsch, im Einklang mit ihr zu leben) angeboren ist, indem sie aufgrund ihres Nutzens für die Sicherung des Überlebens unserer Spezies in der Evolution selektiert wurde. Wollte man jetzt vorschlagen, dass der Kontraktualismus so interpretiert werden sollte, dass er Tieren einen gleichen moralischen Status zuspricht, würde das bedeuten, dass wir den Bezug dazu verlieren, woher Moralvorstellungen kommen oder warum wir sie ernst nehmen sollen, wenn sie aufkommen. [...]

Zwei Varianten indirekter Bedeutung

Die Aussage, dass Tiere gemäß dem Kontraktualismus keinen moralischen Status haben können, impliziert nicht notwendig, dass man mit Tieren ungestraft alles tun kann, was einem beliebt. Denn den Tieren könnte gleichwohl indirekte moralische Bedeutung zukommen. Dies gilt es zu untersuchen. Das Thema ist deshalb wichtig, weil wir durchaus überlegen müssen, ob der Kontraktualismus sich unserer Common-Sense-Einstellung zu Tieren wenigstens anzunähern vermag. Wenn der Kontraktualismus keine unserer moralischen Alltagsurteile in diesem Bereich erklären kann, dann wird das dagegen sprechen, dass er unter dem Überlegungsgleichgewicht als Moraltheorie akzeptiert werden kann. Zwei naheliegende Möglichkeiten, wie der Kontraktualismus Tieren indirekte moralische Bedeutung beimessen könnte, bestünden darin, Tiere unter die Normen, die das Privateigentum zum Gegenstand haben, zu subsumieren oder sie als Angelegenheit von berechtigtem öffentlichen Interesse zu behandeln. Betrachten wir diese zwei Möglichkeiten der Reihe nach.

Wenn der Kontraktualismus ein System von Eigentumsrechten billigen würde – was plausibel erscheint –, dann wäre klar, dass zumindest manche Tiere durch diese Rechte geschützt würden. Wenn Sie mir gegenüber das Recht haben, dass ich – unter sonst gleichen Umständen – Ihr Eigentum nicht zerstören darf, dann bin ich moralisch verpflichtet, Ihren Hund nicht zu töten, genauso wie ich verpflichtet bin, Ihren Wagen nicht in Brand zu setzen. Man beachte jedoch, dass es *Ihre* Rechte sind, die ich verletzen würde, nicht die des Hundes. In der Tat hätte der Hund genauso keine Rechte, wie der Wagen keine Rechte hat. Man beachte außerdem, dass sehr viele Tiere, darunter solche in freier Wildbahn, nicht durch Eigentumsrechte geschützt wären, da sie keine Halter haben (allerdings könnten manche Tiere in Nationalparks oder Wildgehegen rechtlichen Schutz genießen). Noch wichtiger ist vielleicht, dass selbst Tiere, die Halter haben, nicht vor ihren Haltern geschützt wären. Da ich berechtigt bin, auf meinen Wagen einzuschlagen oder ihn zu zerstören, wenn es mir beliebt, wäre ich nach diesem Ansatz auch berechtigt, auf meinen Hund einzuschlagen oder ihn zu töten. Es scheint, dass eine Berufung auf Eigentumsrechte uns bei dem Versuch, den Kontraktualismus mit Common-Sense-Einstellungen in Einklang zu bringen, nicht sehr weit bringen kann.

Ein plausiblerer Ansatz bestünde in der Berufung auf die Tatsache, dass Tiere vielen Menschen sehr am Herzen liegen. Denn dadurch könnte die Art und Weise unserer Behandlung der Tiere zu einer Angelegenheit von berechtigtem öffentlichen Interesse werden. Man vergleiche hiermit die Tatsache, dass vielen Menschen Bauwerke und die Schönheit der Umwelt sehr am Herzen liegen. Diese Tatsache könnte ausreichen, um auf Seiten der Eigentümer eines schönen historischen Gebäudes eine moralische Pflicht entstehen zu lassen, das Gebäude nicht zu zerstören oder zu verändern, außer beim Vorliegen sehr triftiger Gründe (zum Beispiel, wenn das Gebäude durch frühere Vernachlässigung zu einer Gefahr für das Leben geworden ist). Der allgemeine Punkt ist, dass man erwarten dürfte, dass vertragschließende rationale Akteure Normen ablehnen werden, welche den Eigentumsrechten keinerlei Einschränkungen auferlegen. Wo die Objekte, die sich in Privatbesitz befinden, nichtsdestoweniger Gegenstände eines berechtigten öffentlichen Genusses oder Interesses sind, kann es angemessen sein, die Rechte der Eigentümer, über ihr Eigentum frei zu verfügen, bis zu einem gewissen Grade einzuschränken.

Ganz ähnlich verhält es sich auch im Falle von Tieren. Da viele Menschen sich um Tiere sorgen und es sie sehr betrübt, ein Tier leiden zu sehen, könnte uns dies eine Verpflichtung auferlegen, Tieren kein Leiden zuzufügen, es sei denn, es liegen triftige Gründe vor. Diese Verpflichtung bestünde nicht deshalb, weil eine unnötige Leidenszufügung die Rechte des Tieres verletzen würde, genauso wie jemand, der ein schönes Bauwerk verunstaltet, nicht die Rechte des Bauwerkes verletzt. Nach diesem Ansatz hätten Tiere, genauso wie Gebäude, keine direkten Rechte oder moralischen Status. Einem Tier Leiden zuzufügen würde vielmehr Tierliebhaber in ihrem Recht verletzen, dass ihre Anliegen geachtet und ernstgenommen werden.

Ein solcher Ansatz mag in der Lage sein, sehr viel von dem, was der Common Sense uns über die moralische Behandlung der Tiere sagt, in den Kontraktualismus zu integrieren. Insbesondere vermag er zu erklären, wie es zutreffen kann, dass wir zwar durchaus Pflichten gegenüber Tieren haben, jedoch deren Leben und Interessen nicht gegen das Leben und die Interessen von Menschen abgewogen werden können. Denn besagte Pflichten entstehen nur indirekt, aus Rücksicht auf diejenigen Menschen, denen Tiere am Herzen liegen. Und diese Rücksichtspflicht könnte gewiss aufgehoben werden, wenn die gewichtigeren Interessen eines Menschen oder sogar dessen Leben bedroht sind. [...]

Wie stark genau wären nach diesem Ansatz die Einschränkungen, die sich aus den berechtigten Gefühlen von Tierliebhabern für das Leiden der Tiere ergeben? Klar ist, wie wir gerade gesehen haben, dass sie keine Handlungen ausschließen würden, die Tieren zwar Leiden verursachen, die jedoch notwendig sind, um ein bestimmtes wichtiges menschliches Anliegen zu befördern, wie es zum Beispiel bei der Erprobung neuer Medikamente an Tieren der Fall sein dürfte. Aber noch wichtiger ist, dass die Einschränkungen nur für solches Leiden gelten würden, das unvermeidlich in der Öffentlichkeit stattfindet. Daher wären insbesondere qualvolle Methoden der Massentierhaltung und das Testen von Waschmitteln an Tieren nicht ausgeschlossen, selbst wenn man einräumen würde, dass die mit solchen Aktivitäten beförderten Zwecke (billigeres Fleisch und neue Shampoo-Variationen) trivial sind. Denn wie es scheint, kann man Leuten, die sich über solche Aktivitäten beschweren, mit Fug und Recht auf genau dieselbe Weise antworten, wie man denen antworten würde, die sich beispielsweise durch ungewöhnliche Sexualpraktiken belästigt fühlen. Man kann sagen: ›Wenn es Sie verärgert, denken Sie nicht daran!‹ Während einzuräumen ist, dass eine ungewöhnliche Sexualpraktik (oder das Leiden eines Tieres) nicht öffentlich zur Schau gestellt werden sollte, da dies Anstoß erregen könnte, scheint es, dass es gegen eine solche Praktik keinen Einwand geben kann, wenn sie im Privaten vollzogen wird. Folglich kann der vorliegende Vorschlag hinsichtlich der kontraktualistischen Einstellung zu Tieren zwar dem Common-Sense-Denken in hohem Maße Rechnung tragen, doch liefert er denjenigen keine Unterstützung, die sich gegenwärtig zugunsten der Tiere in der Massenhaltung oder in Labors engagieren.

Der vorliegende Ansatz steht jedoch durchaus Schwierigkeiten gegenüber, die ganz unabhängig von seinen Folgen für die kontroversen Praktiken der Massentierhaltung und der Labortests sind. Denn es gibt zwei wichtige Bestandteile der Moralüberzeugung des Common Sense, denen er nicht Rechnung tragen kann. Der erste ist, dass Pflichten gegenüber Tieren gleichermaßen im privaten wie im öffentlichen Bereich entstehen können. Der Ansatz vermag zwar zu erklären, warum es moralisch falsch sein kann, einen Hund auf der Straße zu prügeln; es ist jedoch nicht offensichtlich, wieso es auch falsch sein sollte, eine Katze zuhause im Privaten zu quälen. Denn diejenigen Menschen, denen das Leiden der Katze naheginge, wenn sie es unmittelbar sähen, werden es tatsächlich nicht bemerken. Dennoch könnte man sagen, dass eine solche Handlung intuitiv gesehen immer noch sehr falsch wäre. Zweitens gehört es auch zur Common-Sense-Überzeugung, dass die Grausamkeit gegen ein Tier aufgrund dessen moralisch falsch ist, was dem Tier angetan wird, und nicht, wie der vorliegende Ansatz nahelegen würde, aufgrund eines Leidens, das mitfühlenden menschlichen Beobachtern entsteht.

Vielleicht gibt es noch weitere Argumente, die Kontraktualisten im Rahmen dieses skizzenhaften Entwurfs zu ihrer Verteidigung anführen können. Zum Beispiel: Da Tiere im Gegensatz zu den meisten anderen Besitzstücken in der Lage sind, sich frei zu bewegen, besteht ein größeres Risiko, dass Handlungen, die eigentlich im Privaten stattfinden sollten, öffentlich werden könnten. Wenn es der Katze, während ich sie quäle, gelingen sollte, aus meinem Haus in die Öffentlichkeit zu flüchten, dann könnte ihr Zustand anderen Menschen doch noch nahegehen. Solche Überlegungen sind jedoch klarerweise ziemlich schwach, wie die folgende Darstellung des Beispiels von Astrid, der Astronautin, besonders deutlich machen wird.

[...] Astrid hat mit einer Weltraumrakete die Erde verlassen, und zwar auf einer unumkehrbaren Flugbahn, die sie aus dem Sonnensystem herausführen wird und den Kontakt zu ihren Mitmenschen für immer abbrechen wird. Nun hat sie in der Rakete eine Katze bei sich und ein berühmtes Kunstwerk, dessen rechtmäßige Eigentümerin sie ist (sagen wir: die *Mona Lisa*). Im Laufe der Jahre langweilen ihre Bücher und Kassetten sie immer mehr, und so sucht sie nach alternativer Unterhaltung. Nun vergleiche man zwei Fälle: Im ersten Fall entfernt Astrid die Glasabdeckung der *Mona Lisa* und benutzt das Gemälde als Dartscheibe; im zweiten Fall befestigt sie die Katze an der Wand und benutzt sie als Dartscheibe. Ich denke, wir würden intuitiv das Gefühl haben, dass moralisch gesehen ein sehr großer Unterschied zwischen diesen beiden Fällen besteht. Dies lässt sich nicht auf Grundlage der Annahme erklären, dass unsere Pflichten gegenüber Tieren – genauso wie gegenüber schönen Gegenständen – sich nur aus der wahrscheinlichen Wirkung unserer Handlungen auf die Gefühle anderer Menschen ergeben. Denn beide Fälle stimmen darin überein, dass man wissen kann, dass es eine solche Wirkung nicht geben wird.

Ich denke, ich wäre bereit einzuräumen, dass Astrid nichts moralisch Falsches tut, wenn sie Dartpfeile auf die *Mona Lisa* wirft. Ich mag ihren mangelnden Kunstsinn als bedauerlich empfinden, kann aber nicht behaupten, dass sie irgendwelche Rechte verletzt oder irgendwelche moralischen Pflichten nicht erfüllt. Denn auf jeden Fall wird niemand anderes das Gemälde jemals wiedersehen. (Ich könnte sagen, Astrid habe dadurch falsch gehandelt, dass sie so ein großartiges Gemälde überhaupt mitnahm, aber das ist ein anderes Thema.) Hingegen handelt Astrid zweifellos moralisch falsch, wenn sie zum bloßen Vergnügen Dartpfeile auf die Katze wirft, und zwar trotz der Tatsache, dass sie ganz sicher sein kann, dass das, was sie getan hat, keinen Menschen je bedrücken wird, da niemand es je erfahren wird. Daraus folgere ich, dass der Kontraktualismus mit seinem Versuch, Tieren aufgrund der Tatsache, dass sie vielen Menschen sehr am Herzen liegen, eine indirekte moralische Bedeutung beizumessen, dem, was der Common Sense uns über die moralische Behandlung von Tieren sagt, nicht in vollem Umfang Rechnung zu tragen vermag. An diesem Punkt stehen wir vor der Entscheidung, entweder kontraktualistische Moralkonzeptionen aufzugeben oder bestimmte Überzeugungen des Common Sense aufzugeben.

Man könnte entgegnen, dass der Widerspruch zur Alltagsüberzeugung in dieser Angelegenheit für den Kontraktualismus kein ernsthaftes Problem ist, da dieser Widerspruch eigentlich nur im Zusammenhang mit ausgedachten Beispielen entsteht. Denn in jedem tatsächlich auftretenden Fall von privat begangener Tierquälerei wird die Gefahr bestehen, dass die Öffentlichkeit darauf aufmerksam wird. Allerdings gibt es hiergegen zwei Dinge zu sagen. Das erste ist, dass ausgedachte Beispiele nicht verharmlost werden können, nur weil sie unrealistisch sind. Betrachten wir den Fall Astrids, der Astronautin, haben wir das starke Gefühl, dass sie moralisch falsch handeln würde, wenn sie Dartpfeile auf ihre Katze werfen würde. Diese Einstellung hat einen ebenso großen Anspruch, zum Common Sense gerechnet zu werden, wie jede andere, auch wenn das Beispiel, auf das sie sich bezieht, nicht real ist. Denn die Art und Weise, wie wir auf dieses Beispiel reagieren, ist völlig real. Die zweite Entgegnung lautet, dass der Common Sense uns keinesfalls lediglich mitteilt, dass Grausamkeit gegen ein Tier moralisch falsch ist. Er teilt uns auch mit, dass sie aufgrund dessen falsch ist, was *dem* Tier angetan wird, und nicht aufgrund der Auswirkungen auf einen etwaigen Beobachter. [...]

Kontraktualismus und Charakter*

In Kapitel 7 von *The Animals Issue* setze ich die obige Erörterung fort, indem ich argumentiere, dass der Kontraktualismus letztlich doch angemessen mit unseren Common-Sense-Intuitionen hinsichtlich der Pflichten von

* Diese Zusammenfassung von Kapitel 7 seines Buches *The Animals Issue* schrieb Peter Carruthers im August 2007 für den vorliegenden Band. Anm. d. Übers.

Menschen gegenüber Tieren umzugehen vermag. Jedoch geschieht dies auf eine Weise, die immer noch bestreitet, dass Tiere Rechte haben und dass Tiere irgendwelche direkten moralischen Ansprüche an uns stellen.[3] Dem liegen zwei Kerngedanken zugrunde. Der eine besteht darin, dass vertragschließende rationale Akteure sich darauf einigen würden, dass jeder verpflichtet sein sollte, bestimmte *Tugenden*, das heißt gute Charaktereigenschaften, zu entwickeln und zu bewahren. Demzufolge besteht eine strenge moralische Verpflichtung, eine bestimmte Art von Person zu sein (insbesondere eine, die großzügig und mitfühlend ist). Der zweite Kerngedanke besteht darin, dass wir Handlungen häufig nicht im Hinblick auf irgendwelche Rechte beurteilen, die durch sie verletzt (oder nicht verletzt) worden sein könnten, sondern vielmehr danach, was sie uns über den moralischen Charakter des Akteurs zeigen. Nach dem Ansatz, der sich hieraus ergibt, ist das, was Astrid tut, wenn sie Dartpfeile auf ihre Katze wirft, also moralisch falsch aufgrund dessen, was es uns über *sie* zeigt – insbesondere zeigt es, dass sie eine grausame Person ist. (Außerdem ist die moralische Falschheit ihrer Handlung unabhängig von den Gefühlen oder Einstellungen irgendeines Beobachters.) Was aber wiederum Grausamkeit als Charaktereigenschaft falsch macht, sind die Auswirkungen, die sie der Tendenz nach auf das Wohl und die Rechte derer hat, die im eigentlichen Sinn moralischen Status besitzen – nämlich aller Menschen, und nur der Menschen.

3 Die Position, die ich skizziert und verteidigt habe, lässt sich als eine Variante der Überlegungen betrachten, die ursprünglich von Immanuel Kant präsentiert wurden. Vgl. Immanuel Kant, *Eine Vorlesung über Ethik* (1775–80), hrsg. von Gerd Gerhardt, Frankfurt a. M. 1990.

MARK ROWLANDS

Gerechtigkeit für alle

[...] Die Art und Weise, wie wir über Moral denken, ist um zwei grundlegende Prinzipien angeordnet. Nach dem Gleichheitsprinzip hat man im selben Maße Anspruch auf Berücksichtigung wie jeder andere, sofern keine moralisch relevanten Unterschiede vorliegen; und dies gilt unabhängig davon, ob man ein Mensch oder ein Tier ist. Hat man erst einmal Anspruch auf Berücksichtigung, so kann gemäß dem Verdienstprinzip der Umfang der Berücksichtigung, die einem zusteht, nicht durch Faktoren oder Umstände verringert werden, über die man keine Kontrolle hat. Diese beiden Prinzipien arbeiten Hand in Hand. Das erste Prinzip teilt uns mit, dass man – gleich ob Mensch oder nicht Mensch – einen moralischen Anspruch auf so viel Berücksichtigung wie jeder andere hat, solange keine moralisch relevanten Unterschiede zwischen einem selbst und anderen bestehen. Das zweite Prinzip läuft auf folgende Aussage hinaus: Wenn wir über die Unterschiede zwischen uns selbst und anderen – menschlichen oder nichtmenschlichen – Individuen keine Kontrolle haben, dann sind diese Unterschiede keine moralisch relevanten Unterschiede. Jedes dieser Prinzipien liefert für sich allein ein starkes Argument für Tierrechte. Wenn wir die beiden Prinzipien miteinander verbinden, gewinnt die Argumentation sogar noch an Überzeugungskraft.

Jede adäquate Moraltheorie muss sowohl die Idee der Gleichheit als auch die des Verdienstes angemessen berücksichtigen. Und das heißt: Wenn wir uns daran machen, bestimmte moralische Probleme zu betrachten, bei denen es um Tiere geht – die Nutzung von Tieren zu Nahrungszwecken, Tierversuche und so weiter –, dann werden wir einen Weg finden müssen, wie man beide Ideen miteinander verweben kann. Wie lässt sich das machen? Der Ansatz, den ich favorisiere, beruht in groben Zügen auf dem Werk des Harvard-Philosophen John Rawls, obwohl die Art und Weise, wie ich dessen Idee ausarbeite, sich in vielerlei Hinsicht von dessen Theorie unterscheidet.[1] [...]

Der Urzustand

Stellen Sie sich vor, oder versuchen Sie, sich vorzustellen, Sie wüssten nichts über sich selbst. Sie wissen nicht, welchen Geschlechts Sie sind. Sie wissen nicht, welcher Rasse Sie angehören. Sie haben keine Ahnung, was Ihr Platz in der Gesellschaft ist, ob Sie reich oder arm, Angestellte(r) oder Arbeiter(in) sind. Sie wissen auch nicht, wie viel Glück Sie bei der Verteilung natürlicher Gaben hatten. Sie haben keine Ahnung, ob Sie, als Gott Intelligenz, Schönheit, Sportlichkeit, Charme und all die anderen nützlichen Dinge austeilte, am Anfang der Schlange standen oder gerade draußen waren, um schnell eine Zigarette zu rauchen. Sie wissen nicht einmal, welche Dinge Sie wertschätzen, welche Dinge Sie für gut oder schlecht halten, und Sie haben keine Ahnung, was Sie wünschen und was Sie anstreben. Kurzum: Sie wissen nichts über sich selbst. Sie haben keine spezifischen Informationen darüber, welche Art von Person Sie sind.

Dies ist eine Beschreibung dessen, was Rawls »Urzustand« nennt. In dieser Position befinden Sie sich hinter einem »Schleier des Nichtwissens«; Sie wissen nichts über sich und darüber, welche Art von Person Sie sind. Ausgehend von einem derartigen Nichtwissen sollen wir laut

1 John Rawls, *A Theory of Justice*, New York 1971. Die theoretische Grundlage meiner neorawlsschen Argumentation wird ausführlicher erläutert in Mark Rowlands, *Animal Rights: A Philosophical Defence*, London 1998.

Rawls auszuarbeiten versuchen, wie eine ideale menschliche Gesellschaft auszusehen hätte.

Vielleicht haben Sie die Gründe für diese Idee des Urzustandes bereits herausgefunden. Es geht allgemein darum, die Dinge gerecht aufzuteilen. Stellen Sie sich einmal vor, Sie und Ihre Freunde würden sich gerade im Fernsehen ein Spiel anschauen und hätten wie üblich eine Pizza bestellt. Da Sie eine gierige und streitlustige Bande sind, war die Aufteilung von Pizza in der Vergangenheit eine Quelle erbitterter Auseinandersetzungen zwischen Ihnen. Debatten darüber, welches Stück das größte ist, wer den Löwenanteil des Belags hat usw., waren bisher gang und gäbe. Was ist der beste Weg, diese Streitereien zu beenden? Ganz einfach. Sorgen Sie dafür, dass die Person, die die Pizza schneidet, nicht weiß, welches Stück sie bekommen wird. Lassen Sie sie zuletzt aussuchen oder sagen Sie ihr wenigstens nicht, in welcher Reihenfolge ausgewählt wird (so besteht die Möglichkeit, dass sie als letzte aussuchen wird). Eine gerechte Aufteilung der Pizza wird dadurch sichergestellt, dass die Person, die sie schneidet, nicht weiß, welches Stück sie bekommen wird. Dadurch ist jede Grundlage von Parteilichkeit oder Voreingenommenheit in der Art und Weise, wie die Person die Pizza schneidet, beseitigt. Für diese Person ist dann das einzig Vernünftige, die Pizza gleichmäßig zu zerteilen. Und wenn dies die *vernünftige* Handlungsweise im Urzustand ist, dann, so Rawls' Idee, ist es die *faire* oder *gerechte* Handlungsweise in der wirklichen Welt.

Dies ist im Wesentlichen das, was im Urzustand vor sich geht. Wenn Ihnen alle spezifischen Informationen über sich – Ihre biologische Geschlechtszugehörigkeit, soziale Geschlechterrolle, Begabungen und Fähigkeiten, Werte, Ziele und so weiter – vorenthalten werden und Sie dann gefragt werden »In was für einer Gesellschaft würden Sie gerne leben?«, wäre Ihre Antwort hierauf wahrscheinlich: »in einer fairen oder gerechten«. Zusammen mit diesem Wissen ist jede Basis für Parteilichkeit oder Voreingenommenheit in Ihrer Antwort beseitigt worden. Wenn Sie diese Informationen hätten, Informationen über die Art von Person, die Sie sind, dann könnten Sie, vielleicht unbewusst, versucht sein, eine Welt zu wählen, die zu Ihren Fähigkeiten und Bedürfnissen passt. Aber die Beseitigung dieser Informationen beseitigt auch die Möglichkeit einer solchen Voreingenommenheit. Da Sie nicht wissen, wer Sie sind, wählen Sie auf die Frage, was für eine Gesellschaft Sie sich wünschen würden, eine Gesellschaft, die für jede/n am besten ist.

Dies ist also Rawls' Urzustand. Meine Interpretation des Urzustandes unterscheidet sich ein wenig von Rawls' Auffassung, in bestimmten Hinsichten, die bald klar werden. Um diesen Unterschied zu markieren, werde ich nicht von »Urzustand«, sondern von »Zustand der Unparteilichkeit« sprechen.

Die Einbeziehung von Gleichheit und Verdienst: der Zustand der Unparteilichkeit

Wie Rawls selbst anmerkt, gibt es viele verschiedene Wege, den Urzustand zu konzipieren. Der Zustand der Unparteilichkeit, wie ich ihn nennen werde, ist diejenige Variante des Urzustandes, die von den Prinzipien der Gleichheit und des Verdienstes geprägt ist. Jede Variante des Urzustands wird natürlich vom Gleichheitsprinzip geprägt sein. Wenn Sie nicht wissen, wer Sie sind, dann haben Sie keine Möglichkeit, zu Ihren Gunsten voreingenommen zu sein; jegliche Voraussetzung für Voreingenommenheit ist durch den Schleier des Nichtwissens beseitigt. Die Vorstellung des Urzustandes erlaubt uns also zweifellos, die Idee der Gleichheit in unser moralisches Denken einzubeziehen.

Nicht ganz so offensichtlich, aber dennoch genauso zutreffend ist, dass der Urzustand uns auch gestattet, die Idee des Verdienstes einzubeziehen. Das Verdienstprinzip liefert letztlich eine Rechtfertigung dafür, die Kenntnis bestimmter Informationen über sich selbst auszublenden. In der Situation, die ich den Zustand der Unparteilichkeit nenne, sind die Ihnen unbekannten eigenen Merkmale genau diejenigen Merkmale, über die Sie keine Kontrolle haben. Eigenschaften wie Geschlecht, Rasse, angeborene intellektuelle und körperliche Ausstattung werden allesamt hinter einem Schleier des Nichtwissens ausgeblendet, eben weil es Eigenschaften sind, über die wir keine Kontrolle haben. Das heißt, es sind Eigenschaften, die wir in keiner Weise erworben oder verdient haben. Im Zustand der Unparteilichkeit wird das Wissen, welche dieser Eigenschaften wir besitzen, ausgeblendet, da diese Eigenschaften moralisch irrelevant sind. Und sie sind moralisch irrelevant, weil wir keine Kontrolle darüber haben, ob wir sie besitzen oder nicht.

Der Zustand der Unparteilichkeit ist also diejenige Variante des Urzustandes, nach der die hinter dem Schleier des Nichtwissens ausgeblendeten Eigenschaften genau diejenigen Eigenschaften sind, deren Besitz wir nicht zu verantworten haben. Es sind diejenigen Eigenschaften, bei denen die Entscheidung, ob wir sie besitzen oder nicht, nicht in unserer Hand liegt, sondern in der der Natur. Auf diese Weise können wir die Ideen der Unparteilichkeit und des Verdienstes in unserem moralischen Urteilen miteinander verbinden.

Die Ausblendung der Spezieszugehörigkeit (und von allem, was mit ihr verbunden ist)

Betrachten Sie nun die Spezies, der Sie angehören. Ist diese etwas, über das Sie irgendeine Kontrolle haben? Ist sie etwas, das Sie in irgendeiner Weise erworben oder verdient haben? Natürlich nicht. Es handelt sich um eine unverdiente Eigenschaft in dem Sinne, dass wir einfach so geboren wurden. Nach dem Verdienstprinzip ist daher die Eigenschaft, einer bestimmten Spezies anzugehören, moralisch ebenso irrelevant wie Rasse, Geschlecht oder Augenfarbe. Im Zustand der Unparteilichkeit sollte also auch die Kenntnis Ihrer Spezieszugehörigkeit hinter dem Schleier des Nichtwissens ausgeblendet werden. Das heißt: Eine der Tatsachen, die Sie sich als Ihnen unbekannt vorstellen müssen, ist die, welcher Spezies Sie angehören. Aber da wir die Kenntnis unserer Spezies hinter dem Schleier des Nichtwissens ausblenden müssen, müssen wir auch alles ausblenden, was mit der Zugehörigkeit zu einer bestimmten Spezies verbunden ist. Dies bedeutet, dass angeborene intellektuelle Fähigkeiten, die zum Menschsein gehören, ebenfalls ausgeblendet werden müssen. Bestimmte Fähigkeiten zu komplexem rationalem Folgern, ein IQ in einem bestimmten Bereich und so weiter – all diese Eigenschaften müssen hinter dem Schleier des Nichtwissens ausgeblendet werden, denn wir haben keine Kontrolle darüber, ob wir sie besitzen oder nicht. Die Entscheidung wird von der Natur getroffen, nicht von uns.

Es stimmt, dass wir manchmal davon reden, dass wir unsere Intelligenz steigern oder entwickeln. In anderen Situationen sprechen wir von dem Versuch, vernünftig zu sein. Und diese Redeweisen deuten darauf hin, dass Intelligenz und Vernunft Dinge sind, an denen man arbeiten kann, die man entwickeln und sogar steigern kann. Und wenn dies stimmt, dann trifft es einfach nicht zu, dass wir für unsere Vernunft und Intelligenz nicht verantwortlich sind: Wir können sie erwerben oder verdienen, genauso wie wir viele andere Merkmale erwerben oder verdienen können. Daher gibt es keinen Grund, sie hinter dem Schleier des Nichtwissens auszublenden.

Diese Argumentationslinie wird fehlschlagen. Nehmen wir die Intelligenz. Neuesten Studien zufolge lässt sich die

Intelligenz – zumindest wenn man annimmt, dass sie das ist, was IQ-Tests ermitteln – durch Training steigern. Das heißt: Wenn Sie IQ-Tests üben, werden Sie darin Fortschritte erzielen. Jedoch ist dies weder überraschend noch von Belang. Erstens ist jede Intelligenzsteigerung, die Sie durch Training erzielen, streng begrenzt. Arbeiten Sie so hart Sie wollen, Sie werden nicht mehr als eine Steigerung um etwa zwanzig Prozent erreichen. Nun wird vermutlich niemand behaupten, ein IQ-Unterschied von zwanzig Prozent sei ein moralisch relevanter Unterschied. Es ist ja nicht so, dass jemand aufgrund eines IQ, der rund zwanzig Punkte über dem Durchschnitt liegt, mehr Ansprüche oder Rechte hätte als jemand mit durchschnittlicher Intelligenz. Dies deutet stark darauf hin, dass eine Intelligenzsteigerung, ganz gleich wie hoch sie infolge harter Arbeit und Zielstrebigkeit sein mag, jedenfalls moralisch nicht relevant ist.

Zweitens. Wenn Sie Ihre Intelligenz durch harte Arbeit und Übung um zwanzig Punkte steigern, dann ist dies nur möglich, weil Sie bereits ein Intelligenzfundament besitzen, auf dem Sie aufbauen können. Sie werden zum Beispiel keinen IQ von 120 erreichen, wenn Sie nicht schon einen von 100 haben, mit dem Sie arbeiten können. Aber dieses Intelligenzfundament ist nicht etwas, das Sie erworben oder verdient haben. Es ist im Wesentlichen dann vorhanden, wenn Sie als ein biologisch normales Mitglied der menschlichen Spezies geboren wurden und keine allzu schreckliche Kindheit hatten; und keines von beidem haben Sie verdient. Aber dann ist auch die Steigerung Ihres IQ nicht etwas, das Sie vollständig verdient haben.

Kurz gesagt: Wir sollten im Zustand der Unparteilichkeit hinter einem Schleier des Nichtwissens die Kenntnis ausblenden, welcher Spezies wir angehören, und damit auch die Kenntnis all jener Eigenschaften, die damit verbunden sind, dass wir ein biologisch normales Mitglied dieser Spezies sind und nicht allzu viel Pech mit unserem sozialen Umfeld haben. Wenn wir uns dann vorstellen, wir wüssten nicht, wer wir sind, oder gar, was wir sind, stellen wir uns folgende Frage: *Was für eine Welt würde ich mir wünschen?* Da Sie ja nicht wissen, wer oder was Sie sind, wählen Sie, indem Sie für sich selbst wählen, zugleich für jede/n und jedes. Jegliche Voraussetzung für Parteilichkeit oder Voreingenommenheit ist durch die Bedingungen des Zustands der Unparteilichkeit beseitigt. Jede von Ihnen getroffene Wahl, die im Zustand der Unparteilichkeit aus Ihrer Sicht *unvernünftig* ist, ist dann in der realen Welt für Sie *unmoralisch*. Genau dies bedeutet, kurz gesagt, Gerechtigkeit.

Moralische Subjekte und moralische Objekte

Ein Vorzug des Zustands der Unparteilichkeit gegenüber dem Urzustand besteht darin, dass er uns gestattet, die wichtige Unterscheidung zwischen moralischen *Subjekten** und moralischen *Objekten* angemessen zu berücksichtigen. Ein moralisches Objekt ist grob gesagt jedes Wesen, das moralische Rücksicht verdient. Das heißt, ein moralisches Objekt ist jedes Wesen, gegenüber dem Sie moralisch verpflichtet sind, in Ihrem Handeln auf dessen Wohl Rücksicht zu nehmen. Wenn Sie, moralisch gesprochen, die Auswirkung Ihrer Handlungen auf ein Wesen bedenken müssen, ist dieses Wesen per definitionem ein moralisches Objekt. Ein moralisches Subjekt auf der anderen Seite ist ein Wesen, das zu moralischem *Denken* oder *Urteilen* fähig ist. Das heißt, ein moralisches Subjekt ist, wenn es vor einer bestimmten Entscheidung steht, in der Lage, sich zu fragen »Welche Handlung ist hier moralisch richtig?«. Außerdem vermag es zumindest zu versu-

* »Moral agent« wird in diesem Band sonst mit »moralischer Akteur« übersetzt, hier wegen der Verbindung mit »moral patient« (»Objekt der Moral«) als »moralisches Subjekt«. Anm. d. Übers.

chen, die richtige Antwort auf diese Frage zu ermitteln, indem es auf die Situation unparteiische moralische Regeln und Prinzipien anwendet. Man beachte, dass Sie, um ein moralisches Subjekt zu sein, nicht *tatsächlich* unparteiische moralische Prinzipien auf eine Situation anwenden müssen – manche moralischen Subjekte können wirklich egoistische und engstirnige Leute sein. Vielmehr müssen Sie, um ein moralisches Subjekt zu sein, die *Fähigkeit* besitzen, solche Prinzipien anzuwenden und auf dieser Grundlage zu ermitteln, welche Handlung moralisch richtig ist.

Alle moralischen Subjekte sind moralische Objekte, aber nicht alle moralischen Objekte sind moralische Subjekte. Alle menschlichen Wesen sind moralische Objekte. Die meisten sind auch moralische Subjekte. Aber nicht alle. Zu den Menschen, die ausschließlich moralische Objekte sind, gehören: schwer Hirngeschädigte, leicht Hirngeschädigte (in bestimmten Fällen), dauerhaft Geistesgestörte, vorübergehend Geistesgestörte, Altersdemente, Säuglinge und Kleinkinder. Alle diese Arten von Menschen sind unfähig (oder können unfähig sein), unparteiische Moralprinzipien auf eine Situation anzuwenden und dadurch zu ermitteln, was die moralisch richtige Handlungsweise ist. Dennoch sind diese Menschen – das würden wohl die meisten von uns akzeptieren – unzweifelhaft moralische Objekte. Wir sollten, moralisch gesprochen, die Auswirkung unserer Handlungen auf sie bedenken. Wir sollten sie nicht etwa zum Spaß foltern, nur weil sie keine moralischen Subjekte sind. Menschliche moralische Objekte sind die interessante Klasse menschlicher Wesen, die Rechte haben, aber keine Verpflichtungen.

Das Wissen, ob man ein moralisches Subjekt ist oder nicht, ist ebenfalls etwas, das im Urzustand ausgeblendet werden sollte. Ein moralisches Subjekt zu sein, ist eine nicht-erworbene und daher unverdiente Eigenschaft. Ob man die Fähigkeit hat oder nicht hat, eine Situation moralisch zu beurteilen und bei der Ermittlung der richtigen Handlungsweise unparteiliche Moralprinzipien anzuwenden, ist etwas, das außerhalb unserer Kontrolle liegt. Entweder man wird so geboren, dass die entsprechenden intellektuellen Fähigkeiten vorhanden sind, und durchläuft dann einen relativ normalen sozialen Entwicklungsprozess, oder man wird nicht so geboren und/oder durchläuft ihn nicht.

Natürlich ist auch die Tatsache, ob man ein moralisches Objekt ist oder nicht, etwas, worüber man keine Kontrolle hat, und daher sollte auch dieses Wissen im Urzustand ausgeblendet werden. Aber das ist kein Problem, denn wenn man nicht einmal ein moralisches Objekt ist, wird dies überhaupt keine Auswirkung auf die Wahl haben, die man im Zustand der Unparteilichkeit vernünftigerweise treffen sollte. Um zu klären, warum dies der Fall ist, nehmen wir an, Sie befinden sich im Zustand der Unparteilichkeit und das Wissen um all Ihre unverdienten Eigenschaften ist ausgeblendet, darunter das Wissen, welcher Spezies Sie angehören und ob Sie ein moralisches Subjekt oder sogar ein moralisches Objekt sind. Sodann fragen Sie sich: *Was für eine Welt würde ich mir wünschen?* Eine unvernünftige Wahl im Zustand der Unparteilichkeit ist eine unmoralische Wahl in der wirklichen Welt. Werden Sie eine Welt wählen, in der nur Menschen Rechte oder Ansprüche haben? Das wäre unvernünftig, da Sie nicht wissen, welcher Spezies Sie angehören werden. Werden Sie eine Welt wählen, in der nur moralische Subjekte Rechte haben? Das wäre erneut unvernünftig; es könnte sich herausstellen, dass Sie lediglich ein moralisches Objekt sind.

Wie sieht es mit moralischen Objekten aus? Werden Sie eine Welt wählen, in der moralische Objekte gegenüber Wesen, die nicht einmal moralische Objekte sind, bevorzugt werden? Ja, Sie können diese Welt wählen, und Sie können dies vernünftigerweise tun. Denn wenn Sie nicht einmal ein moralisches Objekt sind, macht es überhaupt keinen Sinn, sich den Kopf darüber zu zerbrechen, wie die Welt ist: Es wird für Sie nicht den geringsten Unterschied machen. Wenn Sie ein Fels oder ein Baum oder ein Tennisball sind, dann mag die Welt beschaffen sein, wie sie will, es wird für Sie nicht von Bedeutung sein. In der Tat wird gar nichts von Bedeutung sein. Wenn Sie hingegen ein Bewusstsein oder Interessen haben, dann haben Sie ein Wohl. Das Leben kann dann für Sie besser oder schlechter verlaufen, besser oder schlechter im Sinn des Erlebens. Dann werden Sie zumindest ein moralisches Objekt sein. Das heißt: Obwohl die Eigenschaft, ein moralisches Objekt zu sein, unverdient ist und daher im Zustand der Unparteilichkeit ausgeblendet werden sollte, wird dies die Entscheidungen, die Sie in diesem Zustand vernünftigerweise treffen sollten, in keiner Weise beeinflussen. Stellen Sie die Kenntnis, dass Sie ein moralisches Objekt sind, hinter den Schleier des Nichtwissens. Sie sollten vernünftigerweise genau dieselben Entscheidungen treffen, die Sie treffen würden, wenn Sie im Besitz dieser Kenntnis wären.

Zu Beginn dieses Abschnitts sagte ich, dass einer der Vorteile des Zustands der Unparteilichkeit gegenüber Rawls' Urzustand darin besteht, dass der Zustand der Unparteilichkeit uns gestattet, die Unterscheidung zwischen moralischen Subjekten und moralischen Objekten angemessen zu berücksichtigen. Laut Rawls lässt sich seine Gerechtigkeitskonzeption nur auf Individuen anwenden, die über das verfügen, was er einen »Gerechtigkeitssinn« nennt. Und man hat nur dann einen Gerechtigkeitssinn im Rawls'schen Sinne, wenn man zu moralischem Denken und Urteilen in der Lage ist. Mit anderen Worten: Der Urzustand ist auf rationale, moralische Subjekte beschränkt. Zu dem, was man in Rawls' Urzustand weiß, gehört, dass man ein moralisches Subjekt ist. Und dies bedeutet, dass moralische Objekte außerhalb der Reichweite der Gerechtigkeit liegen, so wie Rawls sie definiert.

Wir haben bereits gesehen, inwiefern viele Menschen moralische Objekte sind, ohne moralische Subjekte zu sein. Wenn wir uns in unserem moralischen Denken von Rawls' Konzeption des Urzustands leiten lassen, dann werden all diese Menschen aus dem Bereich der Moral herausfallen. Es besteht dann keine Möglichkeit, diese Menschen ungerecht zu behandeln. Sie haben keine moralischen Rechte oder Ansprüche, und daher ist es nicht möglich, dass wir durch die Art und Weise, wie wir sie behandeln, ihre Rechte und Ansprüche verletzen. In unserem Umgang mit ihnen ist in der Tat *alles erlaubt, was gefällt*.

Dies erscheint, zumindest auf den ersten Blick, inakzeptabel. Wenn man ein Kleinkind foltert, dann tut man doch ganz offensichtlich etwas moralisch Falsches. Und was man tut, ist, so scheint es, moralisch falsch aufgrund des Schadens, der dadurch dem Kind zugefügt wird. Das Kind hat ein moralisches Recht, keine Folter erdulden zu müssen. Was wir benötigen, um diese äußerst starke Überzeugung, die alle (oder die meisten) von uns haben, zu erklären, ist eine Version des Urzustands, die mehr einschließt. Und genau das ist beim Zustand der Unparteilichkeit gegeben. Aufgrund der Prinzipien der Gleichheit und des Verdienstes wird Ihnen im Zustand der Unparteilichkeit die Kenntnis jeder Eigenschaft, die Sie nicht erworben haben, verwehrt, darunter die Kenntnis Ihrer Spezies, der angeborenen Fähigkeiten, die mit der Zugehörigkeit zu dieser Spezies zusammenhängen, und der Tatsache, ob Sie ein moralisches Subjekt oder ein moralisches Objekt sind. Die Grenzen der Moral sind nach diesem Ansatz die Grenzen derjenigen Dinge, die zu sein man sich vorstellen kann. Es wäre nicht vernünftig, wenn Sie sich Gedanken darüber machen würden, ein Fels zu sein, denn wenn sich die Welt als so beschaffen erweisen sollte, hätte für Sie ohnehin nichts Bedeutung. Aber Sie könnten sich vernünftigerweise Gedanken darüber machen, ein Schwein oder eine Kuh oder ein Hund zu sein. Vom Zustand der Unparteilichkeit aus gesehen sind die Grenzen der Moral somit die Grenzen all jener Wesen, die ein Wohl im Sinne einer Erlebnisfähigkeit haben. Und bei der Entscheidung, wie wir diese behandeln sollten, folgen wir der *goldenen Regel*: Wenn eine Entscheidung im Zustand der Unparteilichkeit unvernünftig ist, dann ist sie in der wirklichen Welt unmoralisch. [...]

Mitleidsethik und Ethik der Fürsorge

JOSEPHINE DONOVAN

Aufmerksamkeit für das Leiden. Mitgefühl als Grundlage der moralischen Behandlung von Tieren

Viele Feministinnen, darunter ich selbst, haben an der zeitgenössischen Theorie des Tierschutzes kritisiert, dass sie sich zum einen auf die Doktrin natürlicher Rechte und zum anderen auf den Utilitarismus stützt. [...]

Zusätzlich zum jüngeren feministischen Denken gibt es jedoch in der westlichen (männlichen) Philosophie seit langem eine bedeutende Strömung, die nicht durch die rationalistische Voreingenommenheit der zeitgenössischen Moraltheorie gekennzeichnet ist, sondern durch das Bemühen, die Ethik im Gefühl zu verankern – in den Empfindungen des Mitgefühls und des Mitleids. [...] Ich werde mich auf eine Theorie »aufmerksamer Liebe« stützen, die in erster Linie von Iris Murdoch (unter dem Einfluss von Simone Weil) ausgearbeitet wurde, im Ansatz aber schon ein Jahrhundert zuvor von der Mitgefühlstheorie vorweggenommen worden war, welche so bedeutende westliche Philosophen wie David Hume, Arthur Schopenhauer, Martin Buber, Edmund Husserl und andere Phänomenologen wie etwa Max Scheler und Edith Stein entwickelt hatten. [...]

Kants Einwand gegen eine Ethik, die in Gefühlsreaktion oder Mitgefühl wurzelt, zeugt von einer Auffassung, nach der Gefühle irrational, unkontrollierbar und unberechenbar sind. Kant scheint mit anderen Rationalisten die Vorstellung zu teilen, dass emotionales Erleben vernünftiges Denken zwangsläufig unmöglich macht. Der Kantianer Tom Regan führt diese Tradition fort, wenn er dem

»Feminismus der Fürsorgeethik« vorwirft, »dem Gebrauch der Vernunft abgeschworen zu haben«[1].

Jedoch haben MitgefühlstheoretikerInnen eine wohldurchdachte Antwortstrategie auf solche Angriffe entwickelt. Sie argumentieren, dass das Empfinden von Mitgefühl sowohl eine komplexe intellektuelle als auch emotionale Betätigung sei. Philip Mercer zum Beispiel stellt in seiner überaus nützlichen Studie *Sympathy and Ethics* (1972) die These auf, dass Mitgefühl in der Tat »ein *kognitives* Element«[2] beinhalte. Wie schon Max Scheler (vgl. unten) ist auch Mercer darauf bedacht, zwischen Empathie (Einfühlung) und Sympathie (Mitgefühl) zu unterscheiden. Während mit ersterer verbunden sein mag, dass man in den Gefühlen eines anderen »sich selbst verliert«, erfordert letztere, dass man eine gewisse Distanz wahrt, um in der Lage zu sein, sich in die Situation des anderen hineinzuversetzen und sie dadurch sowohl intellektuell als auch emotional zu verstehen (Mercer, 9). [...]

Die am besten ausgearbeitete Analyse des Mitgefühls ist immer noch die Abhandlung *Wesen und Formen der Sympathie* (erste Aufl. 1913; dritte, rev. Aufl. 1926) des Phänomenologen Max Scheler. Scheler erhebt das Mitgefühl zu einer Form des Wissens *(Verstehen)*, die er als erkenntnistheoretische Alternative zur Vergegenständlichung der Cartesischen Wissenschaftsmethode vorschlägt. Scheler war auch ein Mitbegründer der phänomenologischen Schule in den Sozialwissenschaften, die sich auf eine Methode »psychologischen Mitgefühls« stützt, bei welcher der Forscher bzw. die Forscherin sich in der Vorstellung in die Realität des Subjekts hineinzuversetzen versucht, anstatt den Menschen als Datenmaterial zu vergegenständ-

1 Tom Regan, *The Thee Generation*, Philadelphia 1991, S. 142. Weitere Nachweise folgen im Text.

2 Philip Mercer, *Sympathy and Ethics: A Study of the Relationship Between Sympathy and Morality with Special Reference to Hume's Treatise*, Oxford 1972, S. 8. Ein weiterer Nachweis folgt im Text.

lichen, um ihn den mathematischen Paradigmata anzupassen.[3] Scheler schlug seine Methode jedoch nicht nur für die Sozialwissenschaften und nicht allein für den Menschen vor. Vielmehr, so behauptet er, »reicht [*sic*] Verständnis und Mitgefühl durch die *gesamte* Lebewelt hindurch … Die Todesangst eines Vogels, seine ›Frische‹ oder ›Mattigkeit‹ usw., sind uns ›verständlich‹ und erregen unser Mitgefühl«[4].

Scheler behauptet, dass Menschen ihre intellektuellen Fähigkeiten des Mitgefühls weiterentwickeln (oder wieder entwickeln) müssten, um die Symbolsprache der Natur entschlüsseln zu können. Menschen müssten lernen, diese Sprache zu lesen, um die belebte Natur, die die Tiere einschließt, wirklich zu verstehen. Scheler stellt fest, dass »wir Erlebnisse … an Tieren verstehen können«, indem wir deren Verhaltens- und Ausdrucksformen beachten; denn diese haben die emotionalen und psychischen Zustände des Tieres als Bezugspunkt. »[Z].B. wenn ein Hund durch Bellen und Mit-dem-Schweife-wedeln … seine Freude ausdrückt …, gibt [es] hier gleichsam eine *universale Grammatik*, die für alle Sprachen des Ausdrucks gilt« (Scheler, 22).

[…] Alle diese TheoretikerInnen entgegnen auf die kantischen Vorwürfe der Irrationalität des Mitgefühls, dass das Mitgefühl ganz im Gegenteil mit der Ausübung der moralischen Vorstellungskraft einhergeht, mit einer intensiven Aufmerksamkeit für die Realität eines Anderen, die sowohl eine ausgeprägte Beobachtungsgabe und ein starkes Konzentrationsvermögen als auch Bewertungs- und Urteilsfähigkeiten erfordert. Es geht darum, die Welt eines

3 Vgl. Floyd Matson, *The Broken Image: Man, Science, and Society*, Garden City (N. Y.) 1966, S. 240; H. Stuart Hughes, *Consciousness and Society: The Reconstruction of European Social Thought 1890–1930*, New York 1961, S. 187–88, 311.

4 Max Scheler, *Wesen und Formen der Sympathie* (1. Aufl. 1913; 3., rev. Aufl. 1926), hrsg. von Manfred S. Frings, Bern/München 1973, S. 59 f. Ein weiterer Nachweis folgt im Text.

Anderen angemessen zu sehen, zu verstehen, worin das Erleben eines Anderen besteht. Dies ist sowohl eine kognitive als auch eine emotionale Anstrengung

[...] Eine Reihe von Theoretikern des 18. Jahrhunderts – darunter Shaftesbury, Hutchinson, Hume und Adam Smith – behaupteten, Menschen hätten eine angeborene Empfindung des Mitgefühls und dieses sei die Grundlage eines Moralbewusstseins. Der dritte Earl of Shaftesbury vertrat die These, es gebe einen angeborenen »moralischen Sinn«, der im Gefühl der Verwandtschaft mit Anderen verwurzelt ist.[5] Francis Hutchinson dehnte Shaftesburys Vorstellung eines angeborenen Moralvermögens aus, indem er einen weiteren Beitrag zu den (von Keith Thomas so genannten) »neuen Sensibilitäten« leistete, die sich im Laufe des Jahrhunderts entwickelt haben und zu denen auch eine Sensibilität gegenüber Tierquälerei gehörte (viele Vereine zur Verhinderung von Grausamkeit entstanden infolge dieser neuen Betonung der Gefühle als einer Richtschnur moralischen Handelns).[6]

David Hume greift die Gedanken seiner Vorgänger auf und betont, es existiere ein »unserer Natur ... eingepflanztes« »natürliche[s] Mitgefühl«[7]. »Würde ein Spaziergänger ebenso gern auf die gichtkranken Zehen eines anderen treten, mit dem er keinen Streit hat, wie auf den harten Stein und das Pflaster?« (Hume, 62 f.). Aus solchen Beispielen, so behauptet Hume,

5 Vgl. Joseph Duke Filanowicz: »Ethical Sentimentalism Revisited«, in: *History of Philosophy Quarterly* 6, No. 2 (April 1989) S. 189–206, für eine [...] erneute Bekräftigung von Shaftesburys System als »einer ernsthaften und lebendigen Option für die zeitgenössische Moraltheorie« (S. 189).

6 Keith Thomas, *Man and the Natural World: A History of the Modern Sensibility*, New York 1983, S. 175–76.

7 David Hume, *An Enquiry Concerning the Principles of Morals* (1777), La Salle (Ill.) 1960, S. 67, 146. – Dt.: *Eine Untersuchung über die Prinzipien der Moral*, übers. und hrsg. von Manfred Kühn, Hamburg 2003. Zitiert nach der deutschen Ausgabe, dort S. 69, 144. Weitere Nachweise folgen im Text. Vgl. auch deutsche Ausgabe in der Übersetzung von Gerhard Streminger, Stuttgart 2002.

»müssen wir a priori schließen, daß es für ein Geschöpf wie den Menschen ebenso unmöglich ist, der Wohlfahrt und dem Unglück seiner Mitgeschöpfe gegenüber vollkommen gleichgültig zu sein, wie es ihm unmöglich ist, nicht unmittelbar und ohne weitere Rücksicht oder Betrachtung das als gut zu bezeichnen, was das Glück fördert, und das als schlecht, was zum Unglück führt, sofern nicht etwas durch eine bestimmte Vorliebe hervorgerufen wurde« (Hume, 67).

Er folgert, dass »die Moralität durch das Gefühl bestimmt ist. Sie definiert die Tugend als *jede geistige Handlung oder Eigenschaft, die in einem Zuschauer das angenehme Gefühl der Billigung hervorruft*, und das Laster als dessen Gegenteil« (Hume, 128). Außerdem: »Der Beifall oder der Tadel ... kann nicht das Werk des Verstandes, sondern nur das Werk des Herzens sein; und es ist weder ein spekulatives Urteil noch eine Behauptung, sondern ein aktives Fühlen oder Empfinden« (Hume, 129).

Die Thesen der Theoretiker des 18. Jahrhunderts, dass es ein angeborenes, natürliches Mitgefühl gibt, haben durch Charles Darwin und in jüngerer Zeit durch die SoziobiologInnen zusätzliche wissenschaftliche Glaubwürdigkeit erhalten. Sie argumentieren, dass natürliche Selektion zum Phänomen des »Altruismus gegenüber Verwandten« geführt habe; bei diesem handelt es sich um eine angeborene Sorge um das Überleben der eigenen Verwandten (und damit der eigenen Gene), die sich bei den meisten Tieren findet.[8] Darwin behauptete in *The Descent of Man* (1871) sogar, dass bei höheren Säugetieren ein solcher Altruismus sich auf Nichtverwandte ausgedehnt habe (Rachels, 157).

In einer neueren interessanten Erweiterung dieser Auffassung, »Animal Liberation and Environmental Ethics«

8 James Rachels, *Created from Animals: The Moral Implications of Darwinism*, Oxford 1990, S. 77, 147–57. Ein weiterer Nachweis folgt im Text. Vgl. auch Helena Cronin, *The Ant and the Peacock: Altruism and Sexual Selection from Darwin to Today*, Cambridge 1991.

(1988), weist J. Baird Callicott darauf hin, dass der *Altruismus gegenüber Verwandten* eine natürliche Grundlage für die menschliche Sorge um Haustiere und die emotionale Bindung an sie darstellt, weil diese, historisch betrachtet, immer schon zur unmittelbaren menschlichen Gemeinschaft gehört haben (und somit in einem gewissen Sinn immer schon »Verwandte« gewesen sind). Es bestehe, so behauptet er, eine Art »evolutionär entstandener und unausgesprochener Gesellschaftsvertrag« zwischen diesen Tieren und Menschen.[9]

Auch Schopenhauer, der Kants Moraltheorie direkt zu widerlegen versucht, behauptet wie Hume, dass die Moral ihre Wurzeln im Mitgefühl habe: »Nur sofern eine Handlung aus [Mitleid] entsprungen ist, hat sie moralischen Werth«[10]. Und Mitleid, so behauptet er, erfordere eine Art einfühlende Identifikation, damit man die Situation des Anderen verstehen könne. Es erfordert, »daß ich bei seinem Wehe als solchem geradezu mitleide, sein Wehe fühle, wie sonst nur meines ... Dies erfordert aber, daß ich auf irgend eine Weise *mit ihm identificirt* sei, d. h. daß jener gänzliche *Unterschied* zwischen mir und jedem Andern, auf welchem gerade mein Egoismus beruht, ... aufgehoben sei« (Schopenhauer, 106). (Es ist anzumerken, dass spätere Mitgefühlstheoretiker, wie etwa Scheler und Mercer, an Schopenhauer beziehungsweise Hume kritisierten, dass diese sich eher auf Einfühlung als auf Mitgefühl stützen und damit im Identifikationsprozess einen Verlust des Selbst billigen, den Scheler und Mercer ablehnen.)

Schopenhauer betont jedoch die emotionale Komponente des Mitleids. Man versteht den Schmerz eines Ande-

9 J. Baird Callicott, »Animal Liberation and Environmental Ethics: Back Together Again«, in: Eugene C. Hargrove (Hrsg.), *The Animal Rights/ Environmental Ethics Debate: The Environmental Perspective*, Albany (N. Y.) 1992, S. 156. [...]

10 Arthur Schopenhauer: *Über die Grundlage der Moral* (1841), hrsg. von Peter Welsen, Hamburg 2007, S. 107. Weitere Nachweise folgen im Text.

ren durch »das alltägliche Phänomen des *Mitleids*, d.h. [die] ganz unmittelbare ... *Theilnahme* ... am *Leiden* eines Andern ... Dieses Mitleid ganz allein ist die wirkliche Basis aller *freien* Gerechtigkeit und aller *ächten* Menschenliebe« (Schopenhauer, 107).

»[G]ränzenloses Mitleid mit allen lebenden Wesen ist der festeste und sicherste Bürge für das sittliche Wohlverhalten« (Schopenhauer, 135). Schopenhauer nimmt ausdrücklich auch Tiere in diese moralische Gemeinschaft auf. Eine auf Mitleid beruhende Ethik zeichne sich dadurch aus, »daß sie auch die *Thiere* in ihren Schutz nimmt, für welche in den andern Europäischen Moralsystemen so unverantwortlich schlecht gesorgt ist. Die vermeinte Rechtlosigkeit der Thiere, der Wahn, daß unser Handeln gegen sie ohne moralische Bedeutung sei, ... ist geradezu eine empörende Rohheit und Barbarei des Occidents« (Schopenhauer, 137 f.).

Schopenhauers Moraltheorie wurzelt in seiner Metaphysik, welche die indische Unterscheidung zwischen dem enthält, was er (in seinem Hauptwerk) den »Willen« und die »Vorstellung« nennt. Der *Wille* ist eine Art undifferenzierte Gesamtheit des Seins, zu der alle Lebewesen gehören. Er liegt dem Schleier der Erscheinungen, dem Schleier getrennter Individuen – der *Maya* oder der *Vorstellung* – zugrunde. Durch die Gesamtheit des Seins sind wir mit allen anderen Wesen verbunden, und durch das Mitleid wissen wir von dieser Verbindung; das Mitleid durchbricht die Schranken der Individuation und des Egoismus (Schopenhauer, 169 f.).

Ähnlich wie Schopenhauer und Hume behaupten auch nachfolgende MitgefühlstheoretikerInnen, das Mitgefühl gehe der Gerechtigkeit logisch voraus; das heißt, es muss zuerst die Erfahrung des Mitgefühls da sein, bevor es irgendwelche Gerechtigkeitsforderungen geben kann. In der Tat ist es das Mitgefühl, welches festlegt, wer unter den Schutz der Gerechtigkeit gestellt werden sollte. [...]

Tom Regan kritisiert an der feministischen »Ethik der Fürsorge«, dass sie kein Mittel bereithalte, um die individuelle Erfahrung der Fürsorge und des Mitgefühls zu universalisieren. »Welche Mittel gibt es in der Fürsorgeethik, die die Menschen dazu veranlassen können, die Ethik ihres Umgangs mit Individuen zu bedenken, die *außerhalb* des bestehenden Kreises der von ihnen geschätzten zwischenmenschlichen Beziehungen stehen?« (Regan, 95). In Wirklichkeit, so behauptet er, »kümmert es die meisten Menschen nicht sehr, was mit [nichtmenschlichen Tieren] geschieht ... ihre Fürsorge scheint ... auf ›Heimtiere‹ oder auf knuddelige oder seltene Exemplare wild lebender Tiere begrenzt zu sein. Was soll dann, wenn man die Fürsorgeethik zugrunde legt, aus denjenigen Tieren werden, die den Menschen egal sind?« (Regan, 96). Kurz: Wie verallgemeinert man die individuellen und partikularen Fälle von Fürsorge und Mitleid, damit alle Geschöpfe in eine Ethik der Fürsorge aufgenommen werden können?

Regan behauptet, dass eine solche Erweiterung nur mit Hilfe logischer Erwägungen möglich sei. Man dehnt die Fürsorge für die eigenen Kinder auf die Kinder der Nachbarn aus, weil es unlogisch und inkonsistent wäre, dies nicht zu tun. »Ob ich mich [emotional um die Nachbarskinder] sorge oder nicht, ich sollte es tun, und es ist die Logik, die mich zur Erkenntnis dieses Sollens führt« (Regan, 140). Das Typische an Regans Ablehnung der Emotion oder des Mitgefühls als Grundlage moralischer Entscheidungsfindung ist offensichtlich. Aber wäre es nicht ebenso wahrscheinlich, dass man, wenn die Nachbarskinder in Not wären, mit ihnen mitfühlen würde und sich so sehr um sie sorgen würde, dass man ihnen hilft? Und wäre es nicht unwahrscheinlich, dass man zunächst innehielte, um zur Bestimmung einer angemessenen moralischen Handlung Prinzipien der Logik und Konsistenz auszuarbeiten, wenn diese Kinder zum Beispiel vor Schmerz schreien würden? (Natürlich kann man nähere

Umstände erdenken, die die Entscheidung, ob man den Kindern helfen sollte oder nicht, beeinflussen würden, aber das ist irrelevant für die Frage, um die es hier geht. Denn diese lautet, ob man auf das Leiden Nichtverwandter auf einer rationalen oder einer emotionalen Grundlage reagiert.)

Es ist eine offensichtliche Tatsache, dass man mit völlig fremden Menschen Mitgefühl empfinden kann und dies auch oft tut. Wenn ich im Fernsehen verfolge, wie Kinder in Somalia hungern, oder wenn ich etwas über die brutale Vergewaltigung von Frauen in Bosnien höre – Menschen, über die ich wenig weiß und die ich mit Sicherheit nicht persönlich kenne –, so *empfinde* ich dennoch Mitgefühl; ihre Not geht mir nahe und ich bin zu dem Versuch motiviert, ihnen zu helfen. Daher behaupte ich – gemeinsam mit Hume und anderen MitgefühlstheoretikerInnen –, dass Mitgefühl sich leicht universalisieren lässt.

Virginia Held behauptet in einer neueren Kritik an der rationalistischen Ethik, dass diese aufgrund ihrer Abhängigkeit von einer Theorie, die sich auf universale, abstrakte »Personen« stützt, die Erfahrung des »bestimmten Anderen«, die persönliche emotionale Beziehung, die man mit einer realen Person hat, vernachlässige. Jedoch, so behauptet sie, brauchen »bestimmte Andere« keine individuellen Personen zu sein, die man persönlich kennt; vielmehr können das auch »reale hungernde Kinder in Afrika [sein], in die man sich einfühlt ... nicht nur diejenigen, denen wir in einem traditionellen Kontext von Verwandtschaft, Nachbarschaft oder Freundschaft nahestehen. Aber bestimmte Andere sind dennoch nicht ›alle vernünftigen Wesen‹ oder ›die größte Zahl‹« (bei Letzterem handelt es sich um Anspielungen auf kantische beziehungsweise utilitaristische Abstraktionen).[11] Es ist eine

11 Virginia Held, »Feminism and Moral Theory«, in: Eva Feder Kittay / Diana T. Meyers (Hrsg.), *Women and Moral Theory*, Totowa (N. J.) 1987, S. 118.

besondere qualitative Erfahrung, die in der zeitgenössischen rationalistischen Theorie fehlt: das emotionale, mitfühlende Verstehen eines anderen Lebewesens. Es ist genau diese »persönliche« Dimension, die MitgefühlstheoretikerInnen wieder in die Moraltheorie zurückbringen würden.

Wir sehen nun, dass MitgefühlstheoretikerInnen Kant widerlegen, indem sie argumentieren, dass Mitgefühl de facto eine Form des Erkennens darstellt, die eine kognitive Dimension beinhaltet. Es ist also weder launisch und unberechenbar, noch führt es zu einer Auslöschung des denkenden oder fühlenden Selbst. Es lässt sich leicht universalisieren, obwohl [...] solche Ausweitungen oft von mächtigen sozialen und politischen Institutionen unterdrückt werden.

Eine Reihe von Feministinnen, darunter ich selbst, haben behauptet, die Ethik der Behandlung von Tieren sollte auf das gegründet werden, was jene früheren TheoretikerInnen als ›Mitgefühl‹ bezeichneten. [...]

Einige Feministinnen haben Carol Gilligans »Ethik der Fürsorge« als Grundlage für eine Theorie des Tierschutzes weiterentwickelt. [...] Obwohl Gilligans Buch *In a Different Voice* (1982) vielfach kritisiert und stark erweitert wurde (vgl. insbesondere Larabee und Kittay und Meyers), bleibt es die klassische Darstellung der Fürsorgeethik. In diesem System gilt:

»Das moralische Problem entsteht nicht aus konkurrierenden Rechten, sondern aus miteinander in Konflikt stehenden Verantwortlichkeiten, und es setzt zu seiner Lösung eine Denkweise voraus, die weniger formal und abstrakt, sondern eher kontextbezogen und narrativ ist. Eine solche Konzeption der Moral, bei der es um die Tätigkeit der Fürsorge geht, stellt das Verständnis von Verantwortung und Beziehungen in den Mittelpunkt der moralischen Entwicklung, während die Konzeption der Moral als Fairness die moralische Entwicklung mit dem Verständnis von Rechten und Regeln verknüpft.«[12]

[...] Fürsorge ist ein wichtiger ethischer Ausgangspunkt, aber um effektiv zu sein, muss sie von einer zutreffenden politischen Sichtweise durchdrungen werden. Eine Reihe von TheoretikerInnen (darunter insbesondere Sara Ruddick und Deane Curtin)[13] haben hierauf aufmerksam gemacht. Als gutes Beispiel dafür, wie ein politischer Rahmen die Fürsorge-Perspektive bereichert, kann man Marylin Friedmans Erörterung der berühmten Heinz-Hypothese ansehen (die unter anderem von Gilligan diskutiert wird). Dabei geht es um einen Mann, Heinz, dessen sterbende Ehefrau nur durch ein spezielles Medikament gerettet werden kann. Die Preise des Apothekers sind so unangemessen hoch, dass Heinz sich das Medikament nicht leisten kann. Die ethische Frage, die in der Hypothese aufgeworfen wird, lautet: Wie würde sich Heinz richtig verhalten? Sollte er das Gesetz befolgen (und seine Frau damit wahrscheinlich sterben lassen) oder sollte er das Medikament stehlen und seine Frau damit retten? Friedman macht darauf aufmerksam, dass die wirkliche Antwort auf diese Frage durch eine politische Analyse eines Systems gegeben werde, welches denjenigen Menschen eine medizinische Versorgung verweigert, die sie sich nicht leisten können, und welches »zulässt, dass sich die meisten Ressourcen der medizinischen Versorgung in Privatbesitz befinden, dass sie auf dem Markt zur Gewinnerzielung privat weiterverkauft werden und dass sie Men-

12 Carol Gilligan, *In a Different Voice: Psychological Theory and Women's Development*, Cambridge 1982, S. 19.

13 Sara Ruddick, »From Maternal Thinking to Peace Politics«, in: Eve Browning Cole / Susan Coultrap-McQuin (Hrsg.), *Explorations in Feminist Ethics: Theory and Practice*, Bloomington 1992, S. 141–56; Deane Curtin, »Toward an Ecological Ethic of Care«, in: *Hypatia* Vol. 6, No. 1 (1991) S. 60–74. Vgl. auch meine eigene Besprechung in *Feminist Theory: The Intellectual Traditions of American Feminism*, rev. Aufl., New York 1992, S. 199–200.

schen, die sich den Marktpreis nicht leisten können, privat vorenthalten werden«[14]. Während die traditionelle kantische Antwort auf das Heinz-Dilemma lautet, dass Heinz nicht stehlen darf (Kant: »[I]ch soll niemals anders verfahren als so, *daß ich auch wollen könne, meine Maxime solle ein allgemeines Gesetz werden.*«[15]), und während die Antwort der Fürsorgeethik lautet, dass er stehlen sollte, weil er in diesem besonderen Kontext für seine Frau verantwortlich sei und weil Diebstahl ein geringeres Übel sei als der Tod, würde die Antwort einer politischen Fürsorgeethik die zusätzliche Dimension enthalten, dass es auch den politischen und ökonomischen Kontext, in dem Menschen moralische Entscheidungen treffen müssen, zu beachten gilt. So wird in diesem Fall das von Konzernen gesteuerte Gesundheitssystem zum Erzhalunken, und der Vorfall sollte motivieren, tätig zu werden, um das System zu ändern. Das ist die wirklich moralische Handlung, die als Konsequenz aus dem Heinz-Dilemma erfolgen sollte. [...]

Zusätzlich zur Beurteilung von Machtbeziehungen bringt eine politische Perspektive auch eine Berücksichtigung von Bedürfnissen mit sich. Auf individueller Ebene muss eine fürsorgende Reaktion eine Bestimmung der Bedürfnisse einer Person oder eines Tieres enthalten. Wie Rita Manning anmerkt, erfordert Fürsorge »die Bereitschaft, ... den Bedürfnissen anderer ungetrübte Aufmerksamkeit zu schenken«[16]. Diese Einstellung, die manche als »aufmerksame Liebe« bezeichnet haben (vgl. unten), geht darüber hinaus, lediglich die Rechte eines Anderen zu respektieren. [...]

14 Marilyn Friedman, »Care and Context in Moral Reasoning«, in: Kittay/Meyers (Hrsg.), *Women and Moral Theory*, a. a. O., S. 202. [...]

15 Immanuel Kant, *Grundlegung zur Metaphysik der Sitten* (1785), hrsg. von Theodor Valentiner, Einleitung Hans Ebeling, Stuttgart 1984, S. 40.

16 Rita Manning, »Just Caring«, in: Cole/Coultrap-McQuin (Hrsg.), *Explorations in Feminist Ethics*, a. a. O., S. 45.

In ihrer Analyse von Gilligans Ethik schlägt Seyla Benhabib (anknüpfend an Jürgen Habermas) eine »kommunikative Ethik der Bedürfnisinterpretationen«[17] vor. Dies impliziert eine Ethik, bei der die Unterdrückten Gelegenheit haben, ihre Bedürfnisse zu äußern, und bei der ethische Entscheidungen in einem dialogischen Verfahren getroffen werden. [...]
Ein solches Gespräch kann nur entstehen, wenn man seine »aufmerksame Liebe« auf den Anderen richtet.

Bei der *aufmerksamen Liebe* handelt es sich um eine Ausübung der moralischen Vorstellungskraft, wie sie von den zahlreichen oben zitierten MitgefühlstheoretikerInnen eindringlich nahegelegt wurde. Der Ausdruck stammt jedoch genau genommen von Simone Weil, die im Jahre 1942 feststellte:

> »Die Fülle der Nächstenliebe besteht einfach in der Fähigkeit, den Nächsten fragen zu können: ›Welches Leiden quält dich?‹ Sie besteht in dem Bewusstsein, dass der Unglückliche existiert, nicht als Einzelteil einer Serie, nicht als ein Exemplar der sozialen Kategorie, welche die Aufschrift ›Unglückliche‹ trägt, sondern als Mensch, der völlig unseresgleichen ist und dem das Unglück eines Tages einen unnachahmbaren Stempel aufgeprägt hat. Hierzu genügt es – aber das ist zugleich auch unerlässlich –, dass man versteht, einen gewissen Blick auf ihn zu richten.
> Dieser Blick ist vor allem ein aufmerksamer Blick.«[18]

Es war Iris Murdoch, die Weils Einsicht zu einer grund-

17 Seyla Benhabib, »The Generalized and the Concrete Other: The Kohlberg-Gilligan Controversy and Moral Theory«, in: Kittay/Meyers (Hrsg.), *Women and Moral Theory*, a. a. O., S. 168. [...]

18 Simone Weil, »Réflexions sur le bon usage des études scolaires en vue de l'amour de Dieu« (1942), in: *Attente de Dieu*, Paris 1950, S. 79. – Dt.: »Betrachtungen über den rechten Gebrauch des Schulunterrichts und des Studiums im Hinblick auf die Gottesliebe«, in: *Das Unglück und die Gottesliebe*, übers. von Friedhelm Kemp, München 1953, S. 108. Zitiert nach der deutschen Ausgabe.

legenden moralischen Idee ausgearbeitet hat, eine Idee, auf die sich zahlreiche Feministinnen gestützt haben, weil sie die für eine Fürsorgeethik notwendige Epistemologie bereitstellt.[19] Murdoch entfaltete diese Idee in mehreren Aufsätzen und in ihrem Buch *The Sovereignty of Good* (1971). Bei der »aufmerksamen Liebe« geht es um eine moralische Umorientierung, die verlangt, dass man sein Aufmerksamkeitsvermögen entwickelt. Es handelt sich um eine Disziplin, die der von großen KünstlerInnen oder Gelehrten ausgeübten ähnelt (Weil verwandte die Idee ursprünglich in einem Aufsatz über die Disziplin beim Lernen und Studieren). Wie andere MitgefühlstheoretikerInnen feststellten, reißt diese Umorientierung solipsistische Barrieren nieder; sie zwingt die Aufmerksamkeit, sich nach außen zu richten, auf andere und darauf, was diese gerade erleben. Murdoch merkt an: »Die Aufmerksamkeit richtet sich wider die Natur, nach außen, weg vom Selbst, das alles auf eine falsche Einheit reduziert, hin zur großen, überraschenden Vielfalt der Welt, und die Fähigkeit, die Aufmerksamkeit so auszurichten, heißt Liebe« (Murdoch, 66). An der Stelle, an der Murdoch darauf hinweist, dass Weil diesen Ausdruck geprägt hat, sagt sie, Weil meine damit »die Idee eines gerechten und liebenden Blickes, der auf eine individuelle Realität gerichtet ist« (Murdoch, 34). Eine solche Aufmerksamkeit, so betont Murdoch, sei »das typische und eigentliche Merkmal eines tätigen moralischen Akteurs« (Murdoch, 34).

Wie Mercer erkennt auch Murdoch: Die Realität eines anderen oder einer anderen wirklich zu sehen, bedeutet, ihn oder sie als ein Subjekt mit Bedürfnissen, die von den

19 Vgl. insbesondere Margaret Urban Walker, »Moral Understandings: Alternative ›Epistemology‹ for a Feminist Ethics«, in: Cole/Coultrap-McQuin (Hrsg.), *Explorations in Feminist Ethics*, a. a. O., S. 165–75; Ellen L. Fox, »Seeing through Women's Eyes: The Role of Vision in Women's Moral Theory«, in: Cole/Coultrap-McQuin (Hrsg.), *Explorations in Feminist Ethics*, a. a. O., S. 111–16; [...] und Iris Murdoch, *The Sovereignty of Good*, New York 1971.

eigenen unabhängig sind, zu konstituieren: »Je mehr ... [man] sieht, dass jemand anderes ... Bedürfnisse und Wünsche hat, die so anspruchsvoll sind wie die eigenen, umso schwerer wird es, eine Person als Sache zu behandeln« (Murdoch, 66).

Den Anderen als ein Subjekt anzuerkennen bedeutet (um Martin Bubers berühmte Unterscheidung zu verwenden), den Anderen als ein *Du* zu verstehen, nicht als ein *Es.* [...]

Die Mitgefühlstheorie der Vergangenheit wird nun, nachdem sie lange Zeit in den Hintergrund gedrängt war, von einer kraftvollen neuen Welle der Moraltheorie verstärkt. Diese wird von den Vertreterinnen einer feministischen Fürsorgeethik vorgebracht, die ihre Ethik aus der Erfahrung der Unterdrückten ableiten und fordern, dass Ethik in einer fürsorgenden Praxis und einer Epistemologie aufmerksamer Liebe gründen sollte. Ein solcher Fokus muss nicht – oder besser: darf nicht – den politischen Kontext, in dem sich unser Moralbewusstsein entwickelt und in dem unsere moralischen Handlungen stattfinden, aus dem Blick verlieren. Aber er verliert auch den individuellen Fall nicht aus dem Blick. Im Gegensatz zum kantischen Rationalismus umfasst er *sowohl* das Persönliche *als auch* das Politische.

[...] [M]enschen, die aufmerksame Liebe üben, *sehen* [...] die zu Fall gebrachte Kuh im Pferch des Schlachthofes; aber sie sehen auch die Agrar- und Milchwirtschaft. Sie sehen den Affen von Silver Spring*; aber sie sehen auch die Pharmaindustrie und die Kooperation mit den Universitäten.

* Alex Pacheco, Mitbegründer der Tierrechtsorganisation PETA, begab sich 1981 in ein Labor für Verhaltensforschung in Silver Spring, Maryland, um die dort herrschenden Zustände zu dokumentieren. Der leitende Forscher Edward Taub nahm in diesem Labor radikale Versuche an Affen vor: Er durchtrennte Nervenbahnen, um bestimmte Gliedmaßen zu lähmen; daraufhin versuchte er mit Hilfe von Elektroschocks und anderen Formen der Schmerzzufügung, die Gliedmaßen wieder zum Bewegen zu bringen.

Eine politische Analyse ist also unentbehrlich – besonders für die Formulierung einer effektiven und angemessenen ethischen Antwort. Aber die Motivation für diese Antwort bleibt die anfängliche Erfahrung des Mitgefühls. Indem wir die nationale Aufmerksamkeit auf die Realität des Leidens individueller Tiere zurücklenken, können wir, denke ich, die Antwort des Mitgefühls zu neuem Leben erwecken und die moralische Vorstellungskraft reaktivieren, so wie es in diesem Aufsatz skizziert wurde. Die Tierschutzbewegung braucht sich nicht länger nur auf abstrakte utilitaristische und rechtstheoretische Forderungen gleicher Gerechtigkeit für Tiere zu stützen. Vielmehr sollte sie erkennen, dass eine praktikable Ethik für die Behandlung von Tieren ihre Grundlage im Mitgefühl finden kann, in einer leidenschaftlichen Sorge um das Wohlergehen der Tiere.

Pacheco wandte sich mit seinen Fotos an die Polizei, die das Labor durchsuchte und Taub festnahm. Gegen Taub wurde ein Gerichtsverfahren wegen Tierquälerei eingeleitet, und es kam zur ersten Verurteilung eines Tierexperimentators in der Geschichte der USA (das Urteil wurde später aufgehoben). Der Fall der »Silver Spring Monkeys« führte zur Verabschiedung eines Tierschutzgesetzes im Jahre 1985. Anm. d. Übers.

Tugendethik

ROSALIND HURSTHOUSE

Die Anwendung der Tugendethik auf unsere Behandlung der anderen Tiere

Die Anwendung der Tugendethik auf moralische Probleme sollte unkompliziert sein. Schließlich läuft sie im Grunde nur darauf hinaus, dass man sich der Begriffe der Tugend und des Lasters bedient, wenn man überlegt, wie man handeln sollte. »Ich darf nicht am Schwanz der Katze ziehen, weil es grausam ist«, könnte ich mir sagen, und das ist gewiss ziemlich einfach. Allerdings stellt sich, wenn man sich als TugendethikerIn in aktuelle Moraldebatten einschaltet, die Anwendung der Tugendethik als sehr schwierig heraus. Natürlich kann es schwierig sein, die Begriffe der Tugend und des Lasters korrekt anzuwenden. Man könnte z. B. ein hohes Maß an praktischer Klugheit benötigen, um zu entscheiden, ob es in einem bestimmten Fall grausam ist, eine schmerzliche Wahrheit auszusprechen, oder nicht. Aber das scheint nicht das Hauptproblem zu sein. Meiner Erfahrung nach besteht das Hauptproblem schlicht darin, den Einstieg zu finden. Wieso? Nun, was ich am schwierigsten fand, als ich begann, die tugendethische Position zur Abtreibung auszuarbeiten, war, die Denkstruktur, welche die anderen beiden Ansätze* dem Problem übergestülpt hatten, abzustoßen. Und ich hatte die gleiche Schwierigkeit, als ich versuchte, über die Anwendung der Tugendethik auf unsere Behandlung der anderen Tiere nachzudenken. Wir können erst anfangen, wenn wir genug Platz geschaffen

* Gemeint sind Konsequentialismus und Deontologie. Anm. d. Übers.

haben, um auf unsere eigene Weise zu denken, und wenn wir die richtigen Fragen gefunden haben, die es zu stellen gilt.

Wider den moralischen Status

Die Frage, von der in der Abtreibungsdebatte nahezu jeder ausging, war: »Was ist der moralische Status des Fötus?«, und ich vergeudete eine Menge Zeit damit, mich zu fragen: »Wie würde ein/e Tugendethiker/in diese Frage beantworten?« (und in der Tat: »Was sagt die Tugendethik über diese Frage?« und »Wie würde ein/e tugendhafte/r Akteur/in diese Frage beantworten?« und sogar »Was wäre die tugendhafte Antwort auf diese Frage?«). Schließlich kam mir die Frage in den Sinn, *warum* wir denn alle versuchten, den moralischen Status des Fötus zu bestimmen, und sobald ich erkannte, warum alle anderen es versuchten, wurde klar, dass TugendethikerInnen sich hierüber nicht zu sorgen brauchten. Denn alle anderen gingen von der Richtigkeit einer bestimmten moralischen Regel oder eines Prinzips aus, wonach die Rechte von Xen zu achten sind oder wonach die Interessen von Xen gleich zu berücksichtigen sind oder wonach es falsch ist, Xe zu töten, und daher mussten sie in der Tat wissen: Sind Föten Xe oder nicht? Aber wir TugendethikerInnen hatten entschieden erklärt, dass die normative Ethik nicht in einem System solcher moralischer Prinzipien bestehen müsse und dass es besser sei, wenn praktisches ethisches Denken sich in Begriffen der Tugendregeln vollzieht.

Die konsequentialistischen und deontologischen Herangehensweisen an das, was an unserer Art, die anderen Tiere (und ebenso die Umwelt) zu behandeln, richtig oder falsch ist, sind genauso strukturiert. Auch hier ist die Frage, die zuerst beantwortet werden muss: »Was ist der moralische Status der anderen Tiere (oder der anderen Lebewesen wie z. B. der Bäume oder sogar der anderen Naturdinge wie z. B. der Felsen und Berge)?«. Auch hier wird angenommen, dass mit dem Nachweis, dass die anderen Tiere (oder eine bestimmte Teilmenge von ihnen) Xe sind, nachgewiesen wäre, dass sie Rechte haben oder dass ihren Interessen dasselbe moralische Gewicht beigemessen werden sollte wie denen anderer Xe, oder dass Verbote, die im Hinblick auf andere Xe gelten, ebenso im Hinblick auf sie gelten. Und auch hier brauchen TugendethikerInnen die Frage nicht zu beantworten.

Wir haben sogar Grund, die Frage zurückzuweisen. An Kants unglücklicher Unterscheidung zwischen *Personen* und *Sachen* wird ein Problem deutlich, das dieser Denkstruktur innewohnt und das die Tugendethik mit ihrer fallorientieren Vorgehensweise gut vermeiden können sollte. Angenommen, die Unterscheidung ist so getroffen worden, dass Xe einander in der Praxis zumeist sehr ähnlich sind. Sagen wir, Xe sind vernunftbegabt oder selbstbewusst oder menschlich. Dann besteht das Problem darin, dass die Nicht-Xe zwangsläufig eine sehr heterogene Klasse sind. Nehmen wir um des Argumentes willen einmal an, dass es dann, wenn ich mit einem X konfrontiert bin, bestimmte Dinge gibt, die ich ihm gegenüber tun muss oder die ich ihm nicht antun darf. Aber was ist, wenn ich mit einem Nicht-X konfrontiert bin? Wo ist meine Handlungsanleitung? Darf ich ihm alles antun, was mir beliebt, wie böse meine Wünsche auch sein mögen? Nun, wenn es sich wirklich um eine Sache handelt wie z. B. ein Stück Altpapier oder eine Handvoll Schlamm, sind böse Wünsche im Hinblick auf diese Sache schwer vorstellbar, und vielleicht lautet die Antwort in der Tat: »Ja, tu, was Dir beliebt.« Jedoch kann das, eben weil die Klasse der Nicht-Xe so heterogen ist, natürlich nicht jedes Mal die richtige Antwort sein. Nicht jedes Nicht-X ist »bloß eine Sache« in einem umgangssprachlichen Sinne, und vieles von dem, was ich gegenüber einem bestimmten

Nicht-X tun oder nicht tun darf oder tun sollte, wird zum Teil davon abhängen, welche Eigenschaften es außer der Eigenschaft, kein X zu sein, besitzt.

Während Debatten über den Status des Fötus sich so ausschließlich mit dem Problem der Abtreibung befassten, lag dieses Problem nicht klar auf der Hand. Was wollte man schließlich mit einem menschlichen Fötus oder Embryo anderes tun, als ihn zu bewahren oder zu töten? Wenn es sich um ein Nicht-X handelte, war es etwas, das man töten konnte, und das war alles, was man wissen wollte. Doch dann stellte sich heraus, dass es andere Dinge gab, die man mit den Föten oder Embryonen tun wollte – zum Beispiel sie zu Versuchszwecken verwenden –, und die Frage »Was darf ich diesem recht besonders gearteten Nicht-X antun, außer es zu töten?« wurde dringlich.

Was passiert, wenn wir uns Debatten über den Status der anderen Tiere zuwenden? Die meisten PhilosophInnen, die über dieses Thema schreiben, sprechen sich zu Gunsten der Tiere aus. Sie klassifizieren sie als Xe und erzeugen damit die komplementäre Version des Problems. Jetzt sind es die Xe, die eine heterogene Klasse bilden. Diese ist zwar nicht so heterogen wie Kants »Sachen«, umfasst aber, so lässt sich argumentieren, immerhin Fische und Vögel, Mäuse, Ratten und Kakerlaken ebenso wie die vertrauten Heimtiere und ganz allgemein Säugetiere, uns eingeschlossen. Diese Heterogenität macht es extrem schwierig, die Einstellung »Alle Xe sind gleich« aufrechtzuerhalten, die im Namen des Antispeziesismus überhaupt erst dazu veranlasst hatte, den anderen Tieren moralischen Status zuzuerkennen.

Bekanntlich stellt sich bei Singer und Regan[1] heraus,

1 Vgl. Peter Singer (Hrsg.), *In Defense of Animals*, Oxford 1985. – Dt.: *Verteidigt die Tiere*, Wien 1986; für umfassende Darstellungen von Regans und Singers Positionen vgl. Tom Regan, *The Case for Animal Rights*, Berkeley 1985, und Peter Singer, *Animal Liberation*, New York ²1990. – Dt.: *Animal Liberation. Die Befreiung der Tiere*, Reinbek bei Hamburg 1996.

dass das Interesse des Kükens an ein paar Jahren einfacher Hennenlust bzw. sein Recht auf Leben als etwas, das inhärenten Wert besitzt, sehr wenig Sicherheit gibt, wenn es mit meinen bewusst reflektierten, zukünftigen, komplexen Lustempfindungen bzw. meinem Lebensrecht konfligiert. Die quasi-Kantische Unterscheidung zwischen Personen und Nicht-Personen wird nun innerhalb der Klasse von Wesen vorgenommen, denen man moralischen Status zuspricht, und wenngleich Singer und Regan beide plausibel behaupten können, dass sie dennoch den Speziesismus vermeiden (wegen ihrer Einstellung zu geistig behinderten Menschen), vermeiden sie nicht einen »Tier-Elitismus« (wie man es bezeichnen könnte). In ihren Systemen sind manche Tiere gleicher – sie haben einen höheren moralischen Status – als andere. Einige MoralphilosophInnen, die innerhalb derselben Struktur arbeiten, haben dies ausdrücklich hervorgehoben.[2]

[...] Angesichts dieser Probleme kann die Tugendethik die Frage des moralischen Status von Tieren ohne schlechtes Gewissen zurückweisen. Als Hilfsmittel in der Abtreibungsdebatte hatte der Begriff des moralischen Status sinnvolle Verwendungsweisen. Meiner Ansicht nach war die Vorgehensweise, dem Embryo oder Fötus einen bestimmten moralischen Status zuzuschreiben, ein ungeschickter (und oftmals schrecklich ungenauer) Versuch, die – wie ich sie nannte – »richtige Einstellung zu den bekannten biologischen Tatsachen« über die Art und Weise unseres Entstehens zu erfassen, und das ist die Sache wert. Jedoch ist diese Vorgehensweise im Kontext der Ethik unserer Behandlung der anderen Tiere schlicht nutzlos. Es gibt nicht *eine* bekannte Menge von Tatsachen über *die* anderen Tiere, sondern eine ganze Anzahl von Mengen von (weitgehend unbekannten) Tatsachen über verschie-

2 Zum Beispiel Donald VanDeVeer, »Interspecific Justice«, in: *Inquiry* 22 (1979) S. 55–70; und Mary Anne Warren, »Difficulties with the Strong Animal Rights Position«, in: *Between the Species* 2 (1987) S. 163–173.

dene Spezies, eine weitere Anzahl von Mengen über einzelne Tiere, und eine weitere Anzahl über Gruppen – Heimtiere, Zootiere, die Tiere, die wir essen, die Tiere, an denen wir Versuche durchführen usw. Fragen über moralisch richtige und falsche Handlungen gegenüber Tieren stellen sich in vielen verschiedenen Kontexten, in viel zu vielen, als dass diese Fragen durch eine pauschale Statuszuschreibung geklärt werden könnten. [...]

Anthropozentrismus

[...] TugendethikerInnen haben mit KonsequentialistInnen immer eine Art Antiabsolutismus geteilt. Sie stimmen mit ihnen darin überein, dass viele Handlungsweisen – zu lügen, zu töten, Fleisch zu essen – unter manchen Umständen moralisch richtig, unter anderen falsch sind, wobei die TugendethikerInnen »je nach den Umständen« hinzufügen, nicht »je nach den Folgen«. Dies könnte einen überzeugten Tierrechtler veranlassen, Einspruch zu erheben – wie Regan gegen Singer Einspruch erhebt –, dass jemand, der an das Thema mit dem tugendethischen Ausdruck »grausam« herangeht, nicht wirklich begriffen hat, worum es geht. »Das grundlegende moralische Unrecht«, sagt Regan, »ist nicht der Schmerz, ist nicht das Leiden ... [obwohl] diese Dinge das Unrecht verschlimmern. Das grundlegende Unrecht« besteht darin, Tiere »als *unsere Ressourcen*«[3] anzusehen. Hieraus erklärt sich, warum er darauf besteht, dass die anderen Tiere inhärenten – und nicht lediglich instrumentellen – Wert haben. Können sich auch TugendethikerInnen an Regan ein Beispiel nehmen?

Nun, wir sollten das besser nicht dadurch tun, dass wir die pauschale Zuschreibung von inhärentem oder intrinsi-

3 Tom Regan, »The Case for Animal Rights«, in: Peter Singer (Hrsg.), *In Defense of Animals*, Oxford 1985, S. 13. – Dt.: »In Sachen Rechte der Tiere«, in: *Verteidigt die Tiere*, Wien 1986, S. 29.

schem Wert übernehmen, denn das wird uns geradewegs auf das Terrain des moralischen Status zurückführen – und damit zu den bekannten Problemen, ob Xe denselben Wert haben wie Nicht-Xe oder ob sie mehr Wert haben als Nicht-Xe. Wir können die Redeweise, dass Dinge intrinsischen Wert haben, zu der Redeweise umformen, dass sie es wert sind, dass wir sie um ihrer selbst willen erstreben oder besitzen oder bewahren (oder erschaffen, schützen, aufrechterhalten, erneuern, wünschen, lieben ...), und es gibt keinen Grund, weshalb TugendethikerInnen mit Regan nicht darin übereinstimmen sollten, dass das Gut* der anderen Tiere von dieser Art ist und somit in diesem Sinne intrinsischen Wert hat.

Da wir nicht durch das Erfordernis gebunden sind, moralischen Status zuzuschreiben und eine ihn begründende Eigenschaft zu finden (wie z. B. die, das empfindende Subjekt eines Lebens zu sein), gibt es für uns keinen Grund, dort stehen zu bleiben. Die Literatur zur Umweltethik hat uns überzeugend darauf aufmerksam gemacht, dass Spezies und das Gut von Pflanzen und Ökosystemen ebenfalls »intrinsischen Wert« haben – das heißt, um es in unseren Begriffen zu sagen: Auch sie sind es wert, dass wir sie um ihrer selbst willen, und nicht bloß unseretwegen, erstreben oder bewahren, schützen, wünschen und so weiter.[4]

Jedoch wird häufig angenommen, dass es der Tugendethik (oder jedenfalls der Aristotelischen oder eudämonistischen Tugendethik) besonders schwerfällt, den anderen Tieren – ganz zu schweigen von Pflanzen und Ökosystemen – intrinsischen Wert in *irgendeinem* robusten Sinne zuzuschreiben, weil sie, wie man denkt, als »den grundlegenden« oder »höchsten« Wert das *menschliche* Gedeihen

4 Eine Erörterung der Thematik der Wildtiere gehört, denke ich, nicht in das Gebiet der »Tier«-Ethik, sondern in das Gebiet der »Umwelt«-Ethik. [...]
* ›Good‹ wird in diesem Kontext als ›Gut‹ (nicht ›Wohl‹) übersetzt, da die Autorin sich auf das aristotelische *agathon* bezieht. Anm. d. Übers.

oder das gute *menschliche* Leben *(eudaimonia)* oder die *menschliche* Tugend betrachtet. Dadurch, so die Annahme, ist die Tugendethik auf anstößige Weise »anthropozentrisch« ausgerichtet, da sie den Rest der Natur höchstens als eine Ressource für *uns* ansieht.[5]

Dies ist ein Fehler (oder eine Reihe von Fehlern), aber es lässt sich schwer lokalisieren, wo er entsteht. Beginnen wir, indem wir *eudaimonia* – d. h. das menschliche Gedeihen oder das gute menschliche Leben – unabhängig von der Tugend betrachten. Zumindest ein Teil des Problems entsteht dadurch, dass die Rolle, welche die *eudaimonia* in der eudämonistischen Tugendethik spielt, missverstanden wird und dass versucht wird, diese Rolle dadurch zu bestimmen, dass *eudaimonia* »als der höchste Wert gilt«.

Gemäß der antiken griechischen Ethik ist mein höchstes, leitendes Ziel – und das höchste Ziel jedes anderen – in der Tat das *menschliche* Gedeihen, ein gutes *menschliches* Leben. Doch dies ist, wie Julia Annas häufig hervorgehoben hat,[6] nicht an sich schon eine Form von Egoismus, und – wie wir jetzt hinzufügen können – es privilegiert auch in keiner Weise den Wert *menschlichen* Wohlergehens oder *menschlichen* Lebens. Es ist nicht egoistisch kraft dessen, dass es mich dazu anweist, über *mein* Gedeihen, *mein* gutes Leben, nachzudenken. Ich muss darüber nachdenken, wie ich *mein* Leben leben sollte, wie ich es gestalten sollte, einfach deshalb, weil es nur *mein* Leben ist, das ich leben kann, und nicht weil ich der Ansicht sein müsste, dass es zwangsläufig erhaltenswerter ist als ihres. Die antike Tugendethik ist nicht chauvinistisch, indem sie sagt, dass mein Ziel – und das jedes anderen – im menschlichen Ge-

5 Vgl. zum Beispiel Holmes Rolston III, »Environmental Virtue Ethics: Half the Truth but Dangerous as a Whole«, in: Philip Cafaro und Ronald Sandler (Hrsg.), *Environmental Virtue Ethics*, New York 2005, S. 61–74.

6 Mehrfach, aber vgl. insbesondere *The Morality of Happiness*, Oxford 1993, S. 127–128, 223, 322–325.

deihen besteht, darin, ein gutes menschliches Leben zu leben. Dies stellt nicht das Leben von Menschen über das Leben anderer Tiere oder bringt mich dazu, ein menschliches Leben deswegen zu wählen, weil es wertvoller ist. Ich habe keine Wahl. Da ich ein Mensch bin, gibt es keine andere Art von Leben, das ich leben könnte.

Bisher ist der Inhalt der menschlichen *eudaimonia* unspezifiziert geblieben. Wenden wir uns nun der (menschlichen) Tugend zu. Wie Annas ebenfalls betont hat,[7] könnte der antike Eudämonismus eine egoistische Form annehmen (und tat dies auch) – und zwar dann, wenn *eudaimonia* als das Leben der Lust angesehen wird. Zweifellos würde jemand, der nur für die Lust (egoistischer Art) lebt, in der Tat den Rest der Natur, ebenso wie andere Menschen, für nichts Besseres als Ressourcen halten. Doch ganz anders verhält es sich, wenn wir die *eudaimonia* als das tugendhafte Leben betrachten. Ebenso wie die Ausübung von Tugenden wie z. B. Barmherzigkeit, Großzügigkeit, Gerechtigkeit und der quasi-Tugend der Freundschaft notwendig impliziert, dass man sich *nicht* auf sich selbst und seine eigene Tugend konzentriert, sondern auf die Rechte, Interessen und das Gut anderer Menschen, so liegt in der Ausübung von Mitleid und in der Vermeidung einer Reihe von Lastern, dass man sich auf das Gut der anderen Tiere als etwas konzentriert, das es wert ist, erstrebt, bewahrt, geschützt usw. zu werden.

Es ist ein Gemeinplatz unserer Gedanken über Tugend – nicht nur des Denkens philosophischer TugendethikerInnen, sondern auch des Alltagsdenkens, das sich im gängigen Gebrauch zeigt –, dass die Ausübung von Tugenden wie Barmherzigkeit, Freundschaft, Mut, Ehrlichkeit und Gerechtigkeit, wenn man Pech hat, schließlich zur Aufopferung des eigenen Lebens führt. Dies verdeutlicht nicht nur, dass die eigenen tugendhaften Einzelhandlun-

7 Ebd.

gen nicht direkt auf die eigene *eudaimonia* oder die eigene Tugend abzielen, sondern auch, dass es nicht die Tugendethik *per se* ist, die behauptet, dass eine derartige Selbstaufopferung von der Tugend nicht gefordert werden könnte, wenn das, was auf dem Spiel steht, »nur« ein anderes Tier wäre oder das Überleben einer Spezies oder eines Ökosystems. Es ist nicht die Tugendethik, die sagt, dass solche Dinge es nicht wert sind, dass wir für sie sterben; es ist unsere alltägliche Verwendung des Ausdrucks »lohnend« sowie der Begriffe der Tugend und des Lasters.

Die alltägliche Verwendung des Vokabulars von Tugend und Laster ist in der Tat weitgehend anthropozentrisch (Mitleid und Grausamkeit sind die offenkundigen Ausnahmen), und wir kennen den Grund: Er besteht darin, dass das westliche ethische Denken jahrhundertelang anthropozentrisch gewesen ist. Deshalb gilt dasselbe für unsere alltägliche Verwendung von Begriffen wie »Pflicht«, »Verpflichtung«, »Rechte« sowie »richtig« und »falsch«, wenn man diese Begriffe auf Handlungen bezieht. Das Problem des traditionellen Anthropozentrismus ist eines, mit dem sich alle PhilosophInnen, die unsere Einstellungen zu den anderen Tieren und zum Rest der Natur ändern wollen, konfrontieren müssen, und nicht eines, das der Tugendethik eigentümlich wäre.

Singer und Regan sind zu Recht dadurch berühmt geworden, dass sie vielen von uns vor Augen geführt haben, dass mit unserer Nutzung einiger der anderen Tiere zu Nahrungs- und Versuchszwecken eine große Menge überflüssigen Leidens verbunden ist. Wenn wir uns einmal dazu gebracht haben, diese Tatsache anzuerkennen, passt sich die übliche Verwendung der Begriffe »grausam« und »mitfühlend« ganz unproblematisch ein. Jedoch benötigen wir, wie NaturschützerInnen beharrlich fordern, eine substantielle Änderung unserer Sichtweise, um überhaupt weiterzukommen – in Begriffen der Tugendethik:

eine klar gesehene und affektive Anerkennung der Tatsache, dass Menschen – und somit Menschen*leben* – nicht nur miteinander verflochten sind, sondern auch mit dem Rest der Natur. Dann – und nur dann – werden wir die Tugendethik auf unser Handeln richtig anwenden.

LAWRENCE C. BECKER

Der Vorrang menschlicher Interessen

Meine Absicht hier besteht darin, Gründe zur Verteidigung der These vorzutragen, dass – für Menschen – menschliche Interessen den moralischen Vorrang vor vergleichbaren tierlichen Interessen haben.[1] [...]

Das Argument ist in groben Zügen schlicht folgendes: Es gibt bestimmte Charaktereigenschaften, die Menschen haben sollten – Eigenschaften, die das Wesen moralischer Vortrefflichkeit oder Tugend ausmachen. Manche dieser Eigenschaften ordnen die Präferenzen nach der »sozialen Distanz« – das heißt, sie geben den Interessen derjenigen Wesen, die uns in den sozialen Beziehungen »näher« stehen, den Vorrang vor den Interessen derjenigen, die »weiter weg« sind. Tiere sind normalerweise »weiter weg« von uns als Menschen. Wenn man also die Ansicht vertritt, dass Menschen die für Tugend konstitutiven Eigenschaften besitzen sollten, dann vertritt man folglich die Ansicht, dass Menschen (normalerweise) die Interessen von Mitgliedern der eigenen Spezies vorrangig behandeln sollten.

Das ist der Umriss des Arguments, und es wird sehr viel an Ausfüllung notwendig sein, um es überzeugend zu machen. Ich möchte jedoch von vornherein klarstellen, dass keine noch so detaillierte Ausfüllung dieses Argument in eine Verteidigung der These verwandeln wird, dass Menschen Tieren moralisch überlegen sind (was immer das bedeuten mag). Das Argument wird auch nicht bestreiten, dass die Interessen von Tieren bei der moralischen Entscheidungsfindung zu berücksichtigen sind und dass diese Interessen diejenigen von Menschen häufig

1 Ich werde meistens der Konvention folgen, Menschen aus der mit »Tiere« bezeichneten Klasse auszuschließen.

überwiegen können. Mein Argument ist keine Verteidigung der Tierquälerei, die man in der Massentierhaltung und in vielen wissenschaftlichen Versuchen vorfindet. [...]

Annahmen über Tugend

Ich beginne mit einigen Annahmen über moralische Tugend. [...]

Die erste lautet, dass moralische Tugend im Grunde eine Sache der Charaktereigenschaften ist. Sie wird definiert durch einen Komplex von Neigungen und Dispositionen, auf eine bestimmte Weise zu fühlen, sich etwas vorzustellen, zu überlegen, zu wählen und zu handeln. Eine gute Person zu sein, bedeutet nicht nur, nach Prinzip zu handeln oder das Richtige zu tun, und es aus den richtigen Gründen und meistens zu tun. Eine gute Person zu sein heißt, jemand zu sein, für den moralisch richtiges Verhalten »im Charakter« liegt. Die gute Person ist unter anderem eine, deren Reaktionen, Antriebe, Neigungen und Initiativen gewöhnlich – *vor* einer überlegten Bewertung der Alternativen – auf moralisch gute Gefühle, Überlegungen, Entscheidungen und Verhaltensweisen gerichtet sind.

Die zweite Annahme über moralische Tugend oder moralischen Charakter ist, dass sie/er manchmal spontane, nicht kalkulierte Verhaltensweisen hervorruft. [...] Die gute Person ist eine, die *manchmal* handelt, ohne die Folgen abzuwägen oder die Rechte und Pflichten von Menschen zu prüfen oder in irgendeiner anderen Weise zu überlegen, was zu tun ist. Manchmal besitzt eine gute Person – *als notwendige Folge moralischer Tugend* – einfach nicht kalkulierte Gefühle, Überzeugungen, Erwartungen und Präferenzen, und handelt dementsprechend.

Die dritte Annahme, die ich in Bezug auf moralische Vortrefflichkeit mache, ist, dass die Charaktereigenschaften, welche sie definieren, ein kohärentes System bilden, das sowohl durch Erfordernisse des Wohlergehens als auch durch Verpflichtungen eingeschränkt wird. Kohärenz wird angenommen, um die Probleme zu vermeiden, die durch Konflikte zwischen Charaktereigenschaften entstünden: Wenn man unter allen Umständen die Wahrheit sagt, kann dies mit Erfordernissen des Taktes kollidieren. Aber da diese Dinge in die Dispositionen eingehen, die Tugend definieren, nehme ich an, dass man ein grobes Gleichgewicht finden kann, das im Prinzip ein sowohl taktvolles als auch ehrliches Verhalten zulässt. Einschränkungen, welche durch Erfordernisse des Wohlergehens und durch Verpflichtungen auferlegt werden, vermeiden, so nimmt man an, die Probleme, die durch Fanatismus entstehen. Loyalität kann ein Bestandteil der Tugend sein, aber nicht, wenn sie blind ist gegenüber den Folgen für das Wohlergehen oder gegenüber der Verletzung von Rechten und Pflichten oder gegenüber den Forderungen der Gerechtigkeit im Allgemeinen.

Die vierte Annahme lautet, dass die Fähigkeit, Freundschaften zu entwickeln und zu erhalten, ein notwendiger Bestandteil moralischer Vortrefflichkeit ist. [...]

Schließlich nehme ich an, dass die Eigenschaften, welche die moralische Vortrefflichkeit definieren, »offene«, aber stabile und unzweideutige Gefühle, Überzeugungen, Erwartungen und Präferenzen hervorrufen. Die Gefühle, Überzeugungen usw. müssen in dem Sinne offen für Veränderung sein, dass die moralische Person *überzeugbar* sein muss. Starre Einstellungen sind, im Gegensatz zu stabilen, nicht Bestandteil moralischer Vortrefflichkeit. Aber die Person, die in quälender Unsicherheit über jede Handlung, jedes Gefühl, jede Präferenz lebt, oder die durch jede *Andeutung* eines Irrtums in einen Zustand völliger Verwirrtheit fällt, ist ebenfalls kein Beispiel für moralische Vortrefflichkeit. Deshalb müssen die Eigenschaften, die den moralischen Charakter ausmachen, stabil sein, und deshalb müssen die Überzeugungen, Einstellungen usw., welche die Charaktereigenschaften hervorrufen, unzweideutig sein.

Mit diesen wenigen Annahmen über moralische Vortrefflichkeit im Hintergrund möchte ich nun für eine bestimmte Begünstigung von Mitgliedern unserer eigenen Spezies argumentieren.

Soziale Distanz und Präferenzen

Wenn schwierige Entscheidungen zu treffen sind, wird von mir gewöhnlich erwartet, dass ich die Interessen meiner Familie über diejenigen meiner Freunde stelle, die von Freunden über die von Nachbarn, die von Nachbarn über die von Bekannten, die von Bekannten über die von Fremden usw. Im Allgemeinen entspricht die erwartete Präferenzordnung typischen Unterschieden hinsichtlich der Intimität, wechselseitigen Abhängigkeit und Reziprozität in menschlichen Beziehungen. Solche Unterschiede sind konstitutiv für das, was man »soziale Distanz« nennen könnte – ein ungenaues Amalgam relevanter Tatsachen über tolerierbare räumliche Anordnungen, die Häufigkeit und Natur zulässiger sozialer Interaktionen sowie Rollen in sozialen Strukturen.[2]

Es gibt von diesen erwarteten Präferenzen natürlich Ausnahmen in verschiedenen Dimensionen. Eine sind Verpflichtungen: Ich habe womöglich Vereinbarungen mit

2 Der Begriff der sozialen Distanz ist schwammig. So, wie er in der Sozialpsychologie gebraucht worden ist, hat er hauptsächlich mit tolerablen Ebenen sozialer »Verbundenheit« zu tun: Würden Sie einen ... heiraten? Würden Sie einen ... als nahen angeheirateten Verwandten akzeptieren? Als Zimmerkameraden? Als Nachbarn? Als Mitglied Ihres Clubs? Die Antworten auf solche Fragen sollen eine Skala der sozialen Distanz ergeben – bezogen insbesondere auf Rasse, Nationalität, soziale Klasse und Religion. Vgl. Carolyn Wood Sherif, *Orientation in Social Psychology*, New York 1976, für einen Überblick über diese Materie. [...]

Fremden getroffen, die die üblichen familiären Bindungen überwiegen. Eine weitere Ausnahme ist die Verhältnismäßigkeit: Zum Beispiel überwiegen die trivialen Interessen eines Freundes nicht die Überlebensbedürfnisse eines Bekannten. Eine weitere Dimension von Ausnahmen hat mit Abweichungen von typischen Beziehungsmustern zu tun: Wenn meine Familie mich missbraucht und ausgestoßen hat, wohingegen einige Freunde mich aufgenommen haben, könnte man erwarten, dass ich die übliche Präferenzordnung umdrehe. (Betroffene Menschen erklären dies manchmal, indem sie sagen: Diese Freunde sind meine *wahre* Familie.)

Zusätzlich zu den Ausnahmen bestehen die allgemein bekannten begrifflichen Probleme, die jede derartige Präferenzordnung aufwirft. Wer ist mein Nachbar? Hängt es hauptsächlich von der Geographie ab oder von der sozialen Organisation? Ist eine Familie eine biologische Einheit oder eine soziologische? Wo liegen die Grenzen zwischen Freundschaft und bloßer Bekanntschaft, wo zwischen Bekanntschaft und dem Fehlen einer solchen?

Schließlich wird die Aufstellung einer solchen Präferenzordnung durch Prinzipien der Gerechtigkeit eingeschränkt: Ähnliche Fälle müssen immer noch ähnlich behandelt werden; Entscheidungen sollten nicht willkürlich sein. Und in bestimmten stark reglementierten Fällen verlangen wir, dass der Entscheidungsprozess nicht verdeckt oder manipuliert stattfinden sollte und dass er auch keine rückwirkende Gesetzgebung oder eigeninteressierte Rechtsprechung einschließen darf.

Ich möchte die Wichtigkeit all dieser Dinge nicht kleinreden. Aber es geht mir hier um zwei andere Punkte, um die moralische Rechtfertigung (wenn es eine gibt), die man für jede beliebige Ordnung von Präferenzen nach der sozialen Distanz geben kann, und die damit verbundenen Folgen für unsere Behandlung von Tieren. [...]

Tugend und soziale Distanz

Untersuchen möchte ich die Vorstellung, dass bestimmte Charaktereigenschaften, die konstitutiv für moralische Vortrefflichkeit sind, Präferenzen nach sozialer Distanz mit sich bringen. Ich denke dabei an die Eigenschaften der Reziprozität (d. h. der Disposition, auf Gutes auf ebenso gute Weise zu reagieren) und der empathischen Identifikation mit anderen. (Es gibt zweifellos weitere Eigenschaften, für die dasselbe Argument angeführt werden könnte. Ich beanspruche für meine Liste keine Vollständigkeit.)

Reziprozität

Reziprozität ist ein überall anzutreffendes soziales Phänomen – und eines, das nicht nur als Praxis vorkommt, sondern das faktisch in jeder bekannt gewordenen Gesellschaft als Verhaltensnorm gilt.[3] Dass man auf Gutes mit ebenso Gutem antwortet, ist – zumindest bei vielen üblichen sozialen Austauschverhältnissen – ein vorgeschriebenes wie auch vorhersagbares menschliches Verhalten.[4] Man kann daraus klarerweise schließen, dass die *Disposition*, Gutes zu erwidern (wenn man das Problem angemessener Motive beiseite lässt) ganz allgemein als ein Bestandteil moralischer Tugend angesehen wird.

Außerdem scheint klar, dass sich die Einbeziehung einer derartigen Disposition in eine Theorie moralischer Tugend rechtfertigen lässt. Sie hat einen offensichtlichen sozialen Nutzen, den ihr Fehlen oder ihr Gegenteil nicht hätte. Sie ist zum Beispiel notwendig, um Geselligkeit, Freundschaften und bestimmte Arten kooperativer Bemühungen aufrechtzuerhalten. Aus diesen – und vielleicht weiteren – Gründen ist es auch plausibel zu denken, dass rationale Vertragspartner eine Welt wählen würden, in der

3 Vgl. zum Beispiel Alvin Gouldner, »The norm of reciprocity: a preliminary statement«, in: *American Sociological Review* 25 (1960) S. 161–178.

4 Der Ausgleich von Übel durch Übel ist ein viel komplexeres Thema.

die Menschen eine derartige Disposition hätten, und nicht eine, die sich nur dadurch unterschiede, dass es eine solche Disposition dort nicht gibt. Die Theorie der Rechte insistiert auf der wechselseitigen Achtung, auf ausgewogenem Austausch usw., was typische Merkmale von Reziprozität sind. Und die Reziprozität ist offensichtlich auch in Aristotelische Beschreibungen des moralischen Charakters eingebettet. Kurz: Wenn sich irgendwelche Charaktereigenschaften als notwendige Bestandteile moralischer Tugend vernünftig rechtfertigen lassen, dann gehört die Reziprozität dazu.

Empathische Identifikation

Ein ähnliches Argument kann angeführt werden für die Fähigkeit und Neigung, Situationen aus anderen Blickwinkeln zu sehen, das Erleben anderer empathisch zu verstehen und tatsächlich zu teilen. (Ich schließe hier auch die Fähigkeit ein, sich mit Charakteren in der narrativen Kunst zu identifizieren und durch solche Identifikation stellvertretend Erfahrungen zu machen.) Neben ihrem Nutzen bei der Lösung von Konflikten ist Empathie eine Voraussetzung, um das Nutzenkalkül anzuwenden. Wie sonst können wir den Nutzen für andere einschätzen? [...]

Verhältnis zur sozialen Distanz

Es ist, denke ich, leicht zu sehen, dass sowohl die Disposition, auf Gutes mit Gutem zu reagieren, als auch die Disposition, sich in jemanden einzufühlen, gewöhnlich zu *Verteilungen* führen, die nach der sozialen Distanz geordnet sind. Angesichts der Begrenztheit der Ressourcen, mit denen man Gutes erwidern kann, und der Begrenztheit der Energie, Zeit und Vorstellungskraft bei der einfühlenden Identifikation werden diejenigen, die uns am nächsten stehen, unvermeidlich einen unverhältnismäßig großen Anteil erhalten, und zwar sowohl der Güter, die wir verteilen, als auch der Aufmerksamkeit, die wir ihnen zuwenden. Aber ziehen wir es vor, die Interessen derjenigen zu befriedigen, die uns näherstehen? Das heißt: Angenommen, wir haben die Dispositionen, Gutes zu erwidern und uns einzufühlen, ordnen wir dann infolge dieser Tatsache die *Präferenzen* (ebenso wie tatsächliche Verteilungen) nach der sozialen Distanz? Ich denke ja, und zwar aus folgenden Gründen.

Betrachten wir zuerst die Reziprozität.

(1) Je geringer die soziale Distanz zwischen Menschen ist, umso komplexer und umfassender ist der Austausch zwischen ihnen. Folglich ändert sich die Schwierigkeit zu entscheiden, wer wem etwas schuldig ist oder wann in einer Beziehung ein Gleichgewicht erreicht worden ist, umgekehrt zur Distanz. Solche Kalkulationen sind praktisch unmöglich innerhalb einer Kernfamilie und extrem schwierig sogar für enge Freunde. In solchen Beziehungen wäre es für jeden Beteiligten nahezu immer vernünftig, sich entweder in der Schuld oder hintergangen zu fühlen, ganz gleich, welche Entscheidungen getroffen werden – zumindest wäre das möglich, wenn Menschen versuchen würden, streng darüber Buch zu führen, wer wem was schuldig ist. Das Potential für ein andauerndes schlechtes Gewissen – und den sich daraus ergebenden Zusammenbruch enger Beziehungen – liegt auf der Hand. Mit gutem Grund betreiben wir daher *überhaupt keine* »Reziprozitätsbuchführung« in engen Beziehungen – solange die Beziehungen stabil und mehr oder weniger ausgewogen bleiben.

(2) Dies scheint im Hinblick auf die moralische Vortrefflichkeit eine in hohem Maße rechtfertigbare Position zu sein. Wenn die Fähigkeit, Freundschaften zu entwickeln und zu erhalten, ein Bestandteil der moralischen Vortrefflichkeit ist und wenn die Bestandteile der moralischen Vortrefflichkeit ein kohärentes Ganzes bilden müssen (was ich beides hier annehme), dann muss die Disposition zu reziprokem Handeln mit der Fähigkeit, Freundschaften zu entwickeln und zu erhalten, vereinbar sein.

Somit ist – zumindest in engen Beziehungen – die Disposition erforderlich, auf strenge Buchführung zu verzichten.

(3) Jedoch verändert sich die erforderliche Disposition mit zunehmender sozialer Distanz, unter anderem weil das Potential für eine vernünftige Meinungsverschiedenheit über Soll und Haben abnimmt. Viele Arten des Austauschs mit Fremden sind klar abgegrenzt und daher von berechenbarem Wert. Und viele der Güter, die wir von Fremden empfangen, sind so indirekt, dass der Ausgleich dafür gleichermaßen indirekt sein kann (z. B. dadurch, dass wir gesetzestreue, produktive Bürger sind). Daher wird die Stabilität relativ entfernter Beziehungen nicht durch eine stärker rechnerische Herangehensweise bedroht.

(4) Schließlich stehen wir normalerweise *immer* mehr »in der Schuld« von Familienangehörigen als von Freunden, mehr in der Schuld von Freunden als von Bekannten – und sei es lediglich aufgrund der bloßen Häufigkeit der Austauschhandlungen. Je mehr Transaktionen in einer Beziehung stattfinden, umso wahrscheinlicher ist es, dass es »Unerledigtes« geben wird. Wenn man all dies zusammen nimmt – die Tatsache, dass es, je enger die Beziehung ist, umso wahrscheinlicher ist, dass wir »in der Schuld« stehen, und die Tatsache, dass wir, je enger die Beziehung, umso weniger abschätzen können, wie tief wir in der Schuld von jemandem stehen –, folgt, dass es für tugendhafte Menschen immer vernünftig ist zu denken, dass alles, was sie geben müssen, mit größerer Wahrscheinlichkeit denjenigen »geschuldet« ist, die näherstehen, als jenen, die weiter entfernt sind. Verteilungspräferenzen werden somit aufgrund der Disposition zu reziprokem Handeln entsprechend der sozialen Distanz geordnet sein.

Etwas Ähnliches könnte man über Empathie sagen. Wir identifizieren uns am meisten mit denjenigen, die uns nahestehen. Das heißt: Deren Interessen sind für uns auf eine Weise »real«, in der es die Interessen entfernterer Menschen nicht sind. Die empathische Identifikation mit dem Leiden (oder der Lust) von Menschen, von deren Existenz sogar wir nur indirekt wissen (durch die Beschreibungen anderer), muss zwangsläufig eine imaginative, dünne und zweifelhafte Beschaffenheit haben. Im Gegensatz dazu haben die Interessen derjenigen, die uns nahestehen, – die Interessen, die uns direkt mitgeteilt werden – eine Lebendigkeit, Unmittelbarkeit und *Un*bezweifelbarkeit, die eine mithilfe der Vorstellungskraft konstruierte Empathie niemals erreichen kann. Es ist gewiss plausibel anzunehmen, dass die empathische Identifikation insofern, als sie ein Verhalten »zugunsten« der Interessen anderer hervorruft, bewirken wird, dass wir diejenigen, mit denen unsere Empathie stark ist, jenen vorziehen, mit denen unsere Empathie schwach ist. Daraus ergeben sich Präferenzen, die nach der sozialen Distanz geordnet sind.

Soziale Distanz über Speziesgrenzen hinweg

Ich habe bis hierhin argumentiert, dass der tugendhafte Mensch – infolge bestimmter Charaktereigenschaften, die konstitutiv für Tugend sind – Präferenzen nach sozialer Distanz ordnet. Ich möchte nun argumentieren, dass die soziale Distanz von uns zu Mitgliedern anderer Spezies, wenn man von bestimmten Ausnahmen absieht, größer ist als diejenige zu Mitgliedern unserer eigenen Spezies. Die Konsequenz – für tugendhafte Menschen – ist eine systematische Bevorzugung der Interessen von Menschen vor den Interessen anderer Tiere. Das Argument ist ziemlich einfach.

Erster Schritt

Die soziale Distanz nimmt in dem Maße ab, in dem die Quantität und »Unmittelbarkeit« sozialer Interaktion zunimmt. Dies ist bloß eine Sache der Definition. Wenn ich mit jemandem *direkt* interagiere – ohne Zwischeninstanzen – und wenn ich das häufig tue, ist die soziale Distanz zwischen uns (bei im Übrigen gleichen Bedingungen) geringer, als wenn die Interaktionen indirekt und nicht häufig wären.[5] Das ist ein Teil dessen, was mit »sozialer Distanz« gemeint ist. (Ich sage »Teil«, weil es andere Möglichkeiten gibt, wie die soziale Distanz zunehmen oder abnehmen kann.)

Zweiter Schritt

Abhängigkeit ist, wenn sie von einer oder mehreren der Parteien als solche anerkannt wird, ein Beziehungsmerkmal, das die soziale Distanz typischerweise reduziert – indem die Abhängigkeit sowohl die Quantität als auch die Unmittelbarkeit von Interaktionen erhöht. Die abhängige Person bemüht sich darum, »nah« zu bleiben; die Person, von der sie abhängt, muss sich immer wieder mit den Forderungen der anderen Person befassen – selbst wenn sie dies nur tut, indem sie die Forderungen zurückweist. Je abhängiger also ein Wesen von einem anderen ist, umso geringer ist tendentiell die soziale Distanz zwischen den beiden.[6] [...]

Dritter Schritt

Tiere sind normalerweise in unseren Beziehungen zu ihnen viel weniger von uns abhängig als diejenigen Menschen (Kleinkinder usw.), mit denen die Tiere (hinsichtlich ihrer Interessen, Intelligenz usw.) vergleichbar sind. Sieht

5 Der Satzteil »bei im Übrigen gleichen Bedingungen« ist hier entscheidend. Schließlich sind die Interaktionen im Nahkampf direkt und unmittelbar. Und wenngleich es zwischen Feinden bisweilen eine Bindung gibt, die man wohl als »Nähe« beschreiben könnte, ist die Beziehung dieser Bindung zur sozialen Distanz, so wie ich den Ausdruck verwende, sicherlich nicht leicht zu erklären.

6 Es ist erwähnenswert, dass *Zuneigung* zwischen Parteien keineswegs zwangsläufig eingeschlossen ist. Zuneigung ist eine Art von »Nähe« in Beziehungen, aber nicht die einzige. Vgl. zum Beispiel Helen Mayer Hacker, »Women as a minority group«, in: *Social Forces* 30 (1951) S. 60–69.

man von Romulus und Remus ab, sind hilflose Menschen für ihr Überleben, ihre Gesundheit und ihr Glück in einem Maße von anderen Menschen abhängig, wie es vergleichbare Tiere nicht sind. Die soziale Distanz von menschlichen Erwachsenen zu menschlichen Kleinkindern ist somit typischerweise geringer als die Distanz zu vergleichbaren Tieren.

Letzter Schritt

Infolgedessen – aufgrund der in der moralischen Vortrefflichkeit implizierten Ordnung der Präferenzen nach sozialer Distanz – werden wir typischerweise die Menschen bevorzugen. (Ich sage »typischerweise«, weil in besonderen Fällen – wie etwa bei Heimtieren, verwundeten oder verkrüppelten Tieren und denjenigen Tieren, die unter den Handlungen von Menschen unmittelbar leiden – dieselbe Art von Abhängigkeit bestehen kann.) […]

Varianten des Speziesismus

Um die bisherige Argumentation zusammenzufassen: Ich habe argumentiert, dass bestimmte Bestandteile moralischer Tugend Präferenzen nach sozialer Distanz ordnen und dass die soziale Distanz normalerweise über Speziesgrenzen hinweg zunimmt. Das Ergebnis ist die Folgerung, dass der moralische Charakter uns dazu disponiert, die Interessen von Menschen denen von Tieren vorzuziehen. Aber wie weit? Hier lohnt es, einige mögliche Varianten des Speziesismus zu unterscheiden, um zu sehen, welche Art die Argumentation unterstützt. […]

Absoluter Speziesismus

Wenn man die Auffassung vertritt, dass *jedes beliebige menschliche Interesse jedes beliebige nichtmenschliche Interesse oder jede beliebige Summe nichtmenschlicher In-*

teressen überwiegt, dann heißt das, dass man diejenige Auffassung vertritt, die ich als die absolute Version des Speziesismus bezeichnen werde. Der Grund für die Bezeichnung sollte klar sein. Diese Version weigert sich, irgendein tierliches Interesse (gleich, wie gewichtig es ist) über irgendein menschliches Interesse (gleich, wie geringfügig es ist) zu stellen. Sie lehnt es ebenfalls ab, eine *Summe* tierlicher Interessen, wie groß sie auch sein mag, über auch nur ein einziges geringfügiges menschliches Interesse zu stellen. Ein absoluter Speziesist würde zum Beispiel die Ansicht vertreten, dass es moralisch sei, wenn ein Mensch Millionen von Tieren das schlimmste Leiden zufügt, das man sich vorstellen kann, um eine Laune zu befriedigen (solange diese Handlung nicht die Erfüllung irgendeines vergleichbaren oder größeren menschlichen Interesses behindert).

Als völlig allgemeines Prinzip ist dies ein Strohmann. Niemand verteidigt es ernsthaft. Keine akzeptable Moraltheorie könnte es verteidigen, und meine Argumentation in diesem Aufsatz bildet keine Ausnahme. Genau diejenigen Charaktereigenschaften, die eine Präferenzordnung nach sozialer Distanz implizieren, implizieren auch die Unterordnung *einiger* menschlicher Interessen unter tierliche Interessen. Schließlich sind die Dispositionen, reziprok zu handeln und sich einzufühlen, nicht nur bezogen auf Mitglieder unserer eigenen Spezies wirksam. Sie sind vielmehr in jeder »Beziehung« – im Sinne der obigen Definition dieses Ausdrucks – wirksam. Und die Dispositionen müssen Präferenzen ebenso nach der Ebene der Signifikanz[7] wie nach der sozialen Distanz anordnen – andernfalls würde die Empathie ihren Nutzen bei der Festsetzung

7 Unter einem signifikanten Interesse verstehe ich grob gesagt eines, dessen Befriedigung nötig ist für das biologische Überleben, die körperliche Gesundheit, die physische Sicherheit, das körperliche Wohlbehagen, die Lust (einer Art, die durch die Befriedigung grundlegender Triebe entsteht) und psychisches Wachstum, geistige Entwicklung und seelische Gesundheit. Es

von Verhaltensprioritäten verlieren, und Reziprozität (als *proportionaler* Ausgleich von Gut für Gut) wäre unmöglich. Dass wir es für erforderlich halten, Tieren gegenüber reziprok zu handeln und uns empathisch mit ihren Interessen ebenso wie mit denen von Menschen zu identifizieren, lässt also zwangsläufig die *Möglichkeit* zu, menschliche Interessen unterzuordnen. Der absolute Speziesismus ist ausgeschlossen.

Entschiedener Speziesismus

Die absolute Position kann auf verschiedene Weise abgeschwächt werden. Wenn man etwa die Ansicht vertritt, dass jegliches *signifikante* menschliche Interesse jedes beliebige nichtmenschliche Interesse oder jegliche *Summe* nichtmenschlicher Interessen überwiegt, vertritt man das, was ich als »entschiedene« Version des Speziesismus bezeichnen werde. Hier ist die Zahl tierlicher Interessen nicht wichtig, denn selbst ein einziges »signifikantes« menschliches Interesse wird jede (noch so große) Zahl nichtmenschlicher Interessen überwiegen. (Es folgt daraus auch, dass ein geringfügiges menschliches Interesse jede beliebige Summe geringfügiger tierlicher Interessen überwiegt.)

Was als signifikantes Interesse gilt, ist hier natürlich eine zentrale Frage. Irrelevant ist hier jedoch die *Ebene* der Signifikanz. Diese entschiedene Position behauptet, dass jedes signifikante menschliche Interesse jede beliebige Summe nichtmenschlicher Interessen überwiegt. Genauso, wie gemäß dieser Position beliebig viele Tiere für das Überleben eines einzigen Menschen geopfert werden dür-

ist die Hypothese aufgestellt worden (die zum Teil in sozialpsychologischen Studien bestätigt wurde), dass eine grobe Hierarchie signifikanter Interessen besteht, die allen empfindungsfähigen Wesen, die wir untersucht haben, gemeinsam ist. Aber genau abgegrenzte Hierarchien sind – insbesondere unter Interessen, die man als ›geringfügig‹ bezeichnen könnte – wahrscheinlich unmöglich.

fen, dürfen sie auch für die Gesundheit oder das Glück oder die psychische Entwicklung geopfert werden.

Ich kann für eine solche Position keinerlei Stützung finden – weder durch die hier vorgebrachte Tugendargumentation noch durch die Standardtheorien der Moral. Die Dispositionen, reziprok zu handeln und sich einzufühlen, *müssen*, wie ich zuvor feststellte, die Ebene der Signifikanz berücksichtigen. Und vorausgesetzt, sie sind in allen unseren Beziehungen zu anderen Wesen wirksam – und nicht nur in unseren Beziehungen zu anderen Menschen –, ist die Vorstellung, dass signifikante menschliche Interessen *niemals* durch signifikante tierliche Interessen überwogen werden können, unplausibel. Tatsache ist, dass für Menschen, die wir als tugendhaft ansehen, tierliche Interessen oftmals durchaus nichttriviale menschliche Interessen überwiegen. Wenn wir gute Gründe haben, diese (teilweise) Tugendtheorie zu akzeptieren – und ich denke, wir haben solche Gründe –, dann müssen wir die Konsequenz akzeptieren, dass tugendhafte Menschen die »entschiedene« speziesistische Position zurückweisen werden.

Schwacher Speziesismus

Die Situation ist jedoch anders, wenn die speziesistische Position noch weiter abgeschwächt wird. Die Minimalposition – die als »schwacher« Speziesismus bezeichnet werden könnte – besagt schlicht, dass dann, wenn menschliche und tierliche Interessen gleichwertig sind (sowohl hinsichtlich der Signifikanzebene als auch hinsichtlich der Anzahl), die menschlichen Interessen überwiegen sollen. Da dies die Minimalversion des Speziesismus ist, müssen meine Argumente, falls sie den Speziesismus überhaupt stützen (was sie, wie ich denke, tun), zumindest diese Version stützen.

Jedoch erwähnte ich vorher, dass es Ausnahmen gibt – hervorgerufen durch genau diejenigen Charaktereigenschaften, die typischerweise Präferenzen für Menschen erzeugen. Häufig entwickeln sich zwischen Menschen und Tieren Beziehungen, die die typische Präferenzordnung umkehren (genauso wie Freunde sich bisweilen näherstehen können als Familienangehörige). Dies ist jedoch kein Indiz für eine Inkonsistenz im moralischen Charakter oder für ein Problem, das gelöst werden müsste. Ganz im Gegenteil: Es ist ein völlig konsistenter Ausdruck der Charaktereigenschaften der Reziprozität und Empathie.

Was jedoch ein Problem ist, und zwar ein gravierendes, ist die Frage, wie man die Gleichwertigkeit von Signifikanzebenen definieren soll – insbesondere für Fälle, in denen die Menschen ein Selbstbewusstsein haben und zweckorientiert sind, während die Tiere es nicht sind. Ist eine Bedrohung des »Lebens« eines Menschen im Sinne des Satzes »Mein Leben war vorbei, als ich in den Ruhestand ging« gleichwertig mit einer Bedrohung der biologischen Existenz eines Tieres, das keine solche »berufliche Karriere« hat? Das heißt: Würde eine tugendhafte Person es zwangsläufig so sehen? Ich weiß es nicht. Sind die Tafelfreuden (während des gesamten Lebens eines Menschen) gleichwertig mit dem Leben der Tiere, die benutzt werden, um wohlschmeckendes Essen zu liefern? Bis auf solche Fragen einige Antworten gegeben werden können, ist es schwer zu sagen, wie weit genau eine speziesistische Position durch meine Argumente gerechtfertigt wird.

Gemäßigter bis starker Speziesismus

Ähnliches gilt für eine ganze Reihe von Positionen – zwischen der schwachen und der entschiedenen Version des Speziesismus –, die versuchen, die *Anzahl* betroffener Interessen grob zu gewichten. Wie *viele* Tiere dürfen für ein menschliches Leben geopfert werden? Zehn? Zehntausend? Hier wirkt die Bemühung um Präzision lächerlich und anstößig. Und in der Tat ist sie unnötig, *wenn wir*

bereit sind, jeweils das als moralisch richtig zu akzeptieren, dem tugendhafte Menschen im Allgemeinen zustimmen.[8]

Tugend anstelle von Prinzip

Und das ist schließlich die Empfehlung, zu der ich in dieser Sache komme: dass wir uns auf das kollektive Urteil derer unter uns verlassen sollten, welche die moralische Vortrefflichkeit (bzw. das, was wir als solche verteidigen können) am besten repräsentieren. Diese Überlegung legt uns, so meine ich, auf irgendeine Version von Speziesismus fest – nicht auf die absolute oder entschiedene Variante, aber vermutlich auf eine im gemäßigten bis starken Bereich.

Der Grund, weshalb ich diesen Weg empfehle, ist einfach. Die speziesistischen Tendenzen, die ich beschrieben habe, folgen (zum Teil) aus der moralischen Vortrefflichkeit. Die Tatsache, dass wir keinen Grund für Speziesismus finden können, wenn wir die Folgen betrachten oder die moralisch relevanten Merkmale von Tieren im Hinblick auf manche Menschen, ist irrelevant. Wenn wir wollen, dass Menschen tugendhaft *sind* – dass sie nicht bloß nach Prinzip handeln, sondern die für Tugend typischen Charaktereigenschaften haben –, dann führt dies zu einer Version von Speziesismus im Verhalten der Menschen. Da sich das Problem der Bestimmung gleichwertiger Signifikanzebenen der Analyse so sehr widersetzt (schließlich ist das allgemein bekannte Problem zwischen*menschlicher* Nutzenvergleiche nur ein Teil davon), scheint es vernünf-

8 Ein lehrreicher Versuch, die Gründe auszuarbeiten, weshalb man jegliche von »kompetenten moralischen Richtern« getroffenen Entscheidungen als *gerecht* akzeptieren kann, findet sich bei John Rawls, »Outline of a decision procedure for ethics«, in: *Philosophical Review* 66 (1951) S. 177–197. [...]

tig, ein jedes Verhalten als moralisch zu akzeptieren, das aus den Charaktereigenschaften folgt, welche die moralische Vortrefflichkeit ausmachen. *Ein* Grund, weshalb wir nicht sehr sicher sein können, wohin uns das führen wird (z. B. im Hinblick auf den Vegetarismus), besteht darin, dass uns keine modernen Analysen der Tugend vorliegen, die in ihrer Subtilität und Detailliertheit mit denen vergleichbar wären, die wir für Nutzen, Pflicht, Verpflichtung und Rechte haben. Wir brauchen solche Analysen, und ich hoffe, dass die von mir vorgelegte Argumentation, wenn sie sonst nichts bewirkt, wenigstens dieses Erfordernis offensichtlicher macht.

[...]

Multikriterielle Ansätze

MARY MIDGLEY

Die Begrenztheit der Konkurrenz und die Relevanz der Spezieszugehörigkeit

[...]

Das Modell des Rettungsbootes

Das Problem der Konkurrenz stellt sich vielen Menschen mehr oder weniger wie folgt dar: Müssen wir wirklich alle unsere längst verlorenen Cousins und Cousinen anerkennen und sie in das humanitäre Rettungsboot hieven, das bereits unter der Last des Menschengeschlechtes im Sinken begriffen ist? Oder können wir noch einmal einen Blick in das Regelheft werfen und die Verwandtschaft für zu entfernt erklären, sodass wir berechtigt sind, die ganze Bande untergehen zu lassen?

[...] Jede [dieser beiden Extremlösungen] versucht, unsere moralischen Beziehungen zu unseren Mitgeschöpfen einem einzigen einfachen Modell entsprechend zu standardisieren. Unsere sozialen Fähigkeiten sind viel zu komplex, als dass sie das zulassen würden. Wir haben zu unterschiedlichen Mitgeschöpfen naturgemäß unterschiedliche Einstellungen. Dies ist sowohl innerhalb als auch außerhalb unserer eigenen Spezies von entscheidender Bedeutung. Unser Sozialleben, unsere Interessen und unser Mitgefühl können und müssen sich auch auf Wesen außerhalb unserer eigenen Spezies erstrecken, aber auf unterschiedliche Weise. Auch Tiere sind nicht einfach ›Tiere‹. Sie sind Elefanten oder Amöben, Heuschrecken oder Fische oder Hirsche. Später [...] werde ich die Auswirkung dieser mannigfaltigen Unterschiede auf zwei ganz verschiedene Arten moralischer Ansprüche betrachten, die für Tiere entstehen können – soziale Ansprüche (für einzelne Geschöpfe) und ökologische Ansprüche (für ganze Populationen und Arten). Eine sensiblere und realistischere Herangehensweise an die Speziesgrenze wird, so glaube ich, zeigen, dass beide Arten von Ansprüchen zwar wirklich existieren, sie aber (ebenso wie jede andere Art moralischen Anspruchs) in einer bestimmten Konfliktsituation nicht unbedingt vorherrschen müssen.

Die beiden eben erwähnten Lösungen sind jedoch Extrempositionen, Programme des absoluten Ausschlusses und der absoluten Aufnahme. Sie sind drastische Antworten auf das Rettungsboot-Dilemma, das wir gerade betrachten. Nun verlangt dieses Dilemma an sich nicht prinzipiell nach einer drastischen Antwort. Es beansprucht, lediglich eine Sache der Konkurrenz und der Ökonomie zu sein, indem es einfach mit Ressourcenknappheit argumentiert. Es gibt (so behauptet das Dilemma) nicht genug von allem für die Menschen. Gäbe es genug, wäre es (so räumt das Dilemma ein) vielleicht nett, auch Tieren etwas zu geben. Wie die Dinge stehen, müssen die Tiere jedoch (so folgert das Dilemma mit Bedauern) entweder alles oder nichts bekommen, und die vernünftige Antwort lautet, dass sie nichts bekommen sollen. [...] Wir sollten also am besten einen kurzen, aber scharfen Blick auf das Modell des Rettungsbootes werfen. Dieses Modell ist, wie wir sofort sehen, kein Unbekannter. Es ist in allgemeinem Gebrauch, nicht um die Ansprüche jener bedürftigen, fernen Menschenmengen, die es hier gegen Tiere zu verteidigen scheint, zu schützen, sondern um sie anzugreifen.[1] In der Tat ist – um sofort zum Punkt zu kommen – dieses Mo-

1 Die »Rettungsboot-Ethik«, die darin besteht, armen Ländern Unterstützung vorzuenthalten, wurde vorgeschlagen von Garrett Hardin in »Living on a Lifeboat«, in: *Bioscience*, Oktober 1974, und ausführlicher in *The Li-*

dell unangemessen für die meisten Situationen, in denen es auf menschliche Angelegenheiten angewendet wird.

Es verhindert häufig Großzügigkeit, Gerechtigkeit, Einfallsreichtum und sogar aufgeklärtes Eigeninteresse. Es neigt dazu, Arglist hervorzurufen. Der springende Punkt ist der, dass wir normalerweise nicht in Rettungsbooten sitzen. In einem Rettungsboot (zumindest in einem randvollen) gibt es nur *eine* Wahlmöglichkeit, und Mitlebewesen können sich den Bootsinsassen nur in *einer* Eigenschaft zeigen – als »potentielle Begünstigte«,[2] das heißt (dunkler ausgedrückt) als Konkurrenten um einige wenige feststehende, nicht erweiterbare Ressourcen. Ich bin versucht zu sagen, dass das Leben *nie* so ist. Das wäre eine Übertreibung, aber gewöhnlich geht die Übertreibung auf solch ungeheure Weise in die umgekehrte Richtung, dass sie sich lohnt. Rettungsboot-Situationen sind, so wird angenommen, Situationen, in denen unser Einfallsreichtum *nichts* bewirken kann, um entweder vorhandene Ressourcen zu erhöhen oder um sie besser zu verteilen. [...]

Natürlich gibt es ernstzunehmende und sehr schwierige Fragen im Hinblick darauf, für wie groß wir unsere Gruppe halten sollen und wie wir es in jedem Stadium anstellen sollen, zwischen der Gruppe und ihren Nachbarn zu vermitteln. Innerhalb des Menschengeschlechtes ist Konkurrenz wirklich vorhanden, und es ist schon immer beschwerlich gewesen, mit ihr zurechtzukommen. Das Modell des Rettungsbootes ist jedoch unannehmbar, weil es

mits of Altruism, Bloomington, Indiana, 1977. Bedeutung und Status dieser Ethik werden gut erörtert von Peter Singer in seinem Werk *Practical Ethics*, Cambridge 1979. – Dt.: *Praktische Ethik*, Stuttgart 1984, Kapitel 8. Seine Anmerkungen verweisen auf weitere Literatur, die diesen Vorschlag ins rechte Licht rückt und ihn auch zu den Ansprüchen der Tiere in Beziehung setzt.

2 »Der Utilitarismus ... scheint unsere Beziehungen zu unseren Mitmenschen auf ungerechtfertigte Weise zu vereinfachen. Er besagt letztlich, dass die einzige moralisch signifikante Beziehung, in der meine Nächsten zu mir stehen, die ist, dass sie durch mein Handeln potentiell begünstigt sind« (William David Ross, *The Right and the Good*, Oxford 1930, S. 19).

uns davon entbindet, uns mit diesen Problemen überhaupt auseinanderzusetzen. Es zieht eine scharfe Grenze, an der die Bemühungen um weitere eingehende Verhandlung einfach enden werden. Trevor Huddleston hat gesagt, das Sprichwort »Nächstenliebe beginnt zu Hause« (»charity begins at home«) sei vielleicht der katastrophalste Satz, der jemals geprägt wurde. Nicht aufgrund seiner wörtlichen Bedeutung, sondern aufgrund des unausgesprochenen Gedankens, der gewöhnlich damit verbunden ist – nämlich, dass sie dort auch enden sollte. Das Sprichwort macht zwei Feststellungen, von denen die erste unstrittig ist. Diese besagt, dass unsere Kräfte faktisch begrenzt sind. Konkurrenz ist im Allgemeinen wirklich vorhanden (wenngleich das natürlich nicht in jedem besonderen Fall so sein mag). Die zweite Annahme lautet, dass diejenigen, die uns am nächsten stehen, spezielle Ansprüche auf diese begrenzten Kräfte haben – Ansprüche, die proportional zur Distanz schwächer werden. Wenn also diese die einzigen Ansprüche wären, von denen wir wüssten, dann müssten die (physisch oder sozial) Entferntesten immer am Ende der Schlange stehen. Dieses Prinzip der Nähe oder der Verwandtschaft ist verwendet worden, um eine Vielzahl verschiedener Verhaltensweisen zu verteidigen, die man im weiten Sinn als eigennützig bezeichnen kann, vom Ausschluss von Tieren, den wir gerade erörtern, über diverse Formen politischer Engstirnigkeit bis hin zum eigentlichen Egoismus, der keine Ansprüche zulässt außer die eigenen. Ich werde argumentieren [...], dass die angemessene Umgangsweise mit diesem Prinzip darin besteht, Nähe als einen völlig realen und wichtigen Faktor in unserer Psychologie – und somit auch in unserer Moral – anzuerkennen, es jedoch abzulehnen, Nähe als den einzigen oder wichtigsten Faktor zu behandeln. Wir unterliegen auch anderen Ansprüchen. Nähe allein kann niemals einen leichten Sieg davontragen.

Wie relevant ist die Familienzugehörigkeit?

[...] Das moralische Universum ist nicht bloß ein System konzentrischer Kreise, in dem innere Ansprüche äußere Ansprüche immer überwiegen müssen. Die Quelle des Problems liegt in Wirklichkeit nicht darin zu lernen, dass man auf normale Weise *Mein* und *Dein* sagt, und auch nicht darin, dass ich *meine* Ansprüche zulasse, sondern darin, nicht den nächsten Schritt zu tun – einen, der in der Entwicklung von Kindern offenkundig und sehr wichtig ist –, nämlich den Schritt, dass ich *Deine* Ansprüche begreife und lerne, wie Konflikte geschlichtet werden können. Der barmherzige Samariter half dem verletzten Fremden, weil er erkannte, dass es sich um einen ernsthaften Notfall handelt, der einen starken Anspruch eigener Art verursacht, wer auch immer ihn hat. Indem der Samariter dies tat, handelte er, wie Christus bemerkte, *als Nächster* dessen, der unter die Räuber gefallen war. Der Samariter ist kein Mensch, dem es anerzogen wäre, sich für solche Begriffe wie *Nächstenliebe* zu gut zu sein, und auch keiner, der dächte, dass jeder immer sein Nächster ist. Er ist jemand, der diese Idee so gründlich verstanden hat, dass er weiß, wie sie bei gegebenem Anlass auszudehnen ist. Nahezu jeder erkennt ein ähnliches Prinzip an, wenn es um Naturkatastrophen wie zum Beispiel Erdbeben geht, und die meisten Kulturen haben Regeln, die spezielle Pflichten gegenüber Gruppen wie Fremden, Bittstellern, Geistesgestörten und Ähnlichen vorschreiben. Die Schwierigkeit liegt nur in der mangelnden Flexibilität dieser Regeln und darin, dass die leicht gefühlten, gewohnten Ansprüche der Nähe eine Tendenz haben, diese Regeln außer Kraft zu setzen. Aber das ist etwas völlig anderes als ein allgemeines Gesetz, das besagt, dass Nähe immer den Vorrang haben muss.

Ich möchte zu bedenken geben, dass – im Gegensatz zu den Ansichten mancher Verfechter des Egalitarismus –

diejenigen, die das Modell des Rettungsbootes verwenden, zu Recht annehmen, dass wir in Fällen ernsthafter, scharfer Konkurrenz, bei der es um Leben und Tod geht, in der Tat spezielle, vorrangige Pflichten haben können, die auf Verwandtschaft und anderen Formen sozialer Nähe beruhen. Zu Recht retten wir aus einem brennenden Gebäude – oder auch bei einer weniger schlimmen Katastrophe – zuerst unsere Nächsten und Liebsten. Theoretiker, die dies bestreiten und Unparteilichkeit als den Kern der Tugend verherrlichen, sind verwirrt. Und dies gilt für die Nähe zur eigenen Spezies ebenso wie für andere Arten von Nähe. Aber es kann keinesfalls bedeuten, dass diejenigen, die weiter weg von uns sind, immer zu weit hinten in der Schlange stehen, als dass sie erreicht werden könnten. Es gibt hierfür zwei Gründe. Erstens ist nicht immer scharfe Konkurrenz gegeben. (In der Tat ist sie für uns im wohlhabenden Westen sogar eine ziemliche Seltenheit.) Und zweitens gibt es eine Menge anderer Ansprüche, welche die Nähe gelegentlich überwiegen können.

Ohne Zweifel werden viele Menschen dieses Argument, soweit es für die menschliche Spezies gilt, im Grundsatz akzeptieren, aber denken, dass es nicht über die Speziesgrenze hinaus reichen kann. Warum nicht? [...]

Die Existenz von Konflikten

[...] Es gibt Fälle, in denen die Konkurrenz zwischen Menschen und anderen Spezies unvermeidbar und drastisch ist. Fleischverzehr ist, wenn wir ihn für notwendig halten, ein solcher Fall, aber er ist nicht der einzige und sollte nicht zum entscheidenden Problem gemacht werden. Menschen, die die Absicht haben zu überleben, *müssen* Pflanzenschädlinge aller Arten (nicht nur Insekten, sondern auch Nagetiere, Vögel, ja sogar Hirsche, Paviane und Elefanten) töten – und sei es, indem man sie verhungern lässt –, und dies träfe sogar in einer Welt von Dschainas zu. Das Gleiche gilt noch offensichtlicher für Krankheitserreger und Parasiten – ein Merkmal des Lebens, das unbeachtet blieb, als die Dschain-Philosophie entwickelt wurde. Tierliebhaber haben manchmal, denke ich, ihre Position geschwächt, indem sie all dies allzu sehr vernachlässigten – indem sie redeten, als ob der Vegetarismus alle diese Konkurrenzprobleme lösen würde. Sie haben sich die Dinge [...] auch dadurch extrem schwer gemacht, dass sie auf sehr pauschale, apriorische Weise nach Art der Französischen Revolution davon sprachen, dass alle Tiere gleich seien, und dadurch, dass sie den ›Speziesismus‹ als eine irrationale, mit dem Rassismus vergleichbare Form von Diskriminierung denunzierten. Dieses Gleichheitsdenken lässt sich kaum überzeugend auf Heuschrecken, Hakenwürmer und Spirochäten anwenden; es entstand, ohne auf diese sonderlich zu achten. [...] Worauf es mir im Moment ankommt, ist einfach, dass Differenzierungsvermögen – im Sinne der Fähigkeit, zwischen verschiedenen Falltypen intelligent zu unterscheiden – für die ganze Frage absolut notwendig ist. Wir können über unsere Pflichten gegenüber Tieren-im-Allgemeinen genauso wenig sinnvoll nachdenken wie über unsere Pflichten gegenüber Menschen-im-Allgemeinen. Der Trick, sich auf Konkurrenz zu berufen, um sie alle über einen Kamm zu scheren, wird nicht funktionieren. Unsere tatsächlichen Konkurrenzbeziehungen zu verschiedenen Tierarten unterscheiden sich enorm. Und andersartige Beziehungen können stets gewichtiger sein als Konkurrenzbeziehungen. Die ausschließliche Fixierung auf Konkurrenz bewirkt außerhalb unserer eigenen Spezies genauso Verzerrungen wie innerhalb unserer Spezies. [...]

Die Komplexität moralischer Ansprüche

Zum Modell des Rettungsbootes sollte wohl noch ein Wort gesagt werden. [...] Um an diesem Problem zu arbeiten, [...] lässt es sich nicht vermeiden, die Dinge komplizierter zu machen. Wir könnten es zum Beispiel mit einer Reihe von konzentrischen Kreisen versuchen (Abbildung [1]). Aber sofort sehen wir, dass die Reihenfolge der Kreise keineswegs sicher ist. An jeder Stelle könnte es sein, dass wir die Reihenfolge umdrehen wollen. Es könnte sogar sein, dass wir mit jeder Reihenfolge unzufrieden sind. Ständig fallen

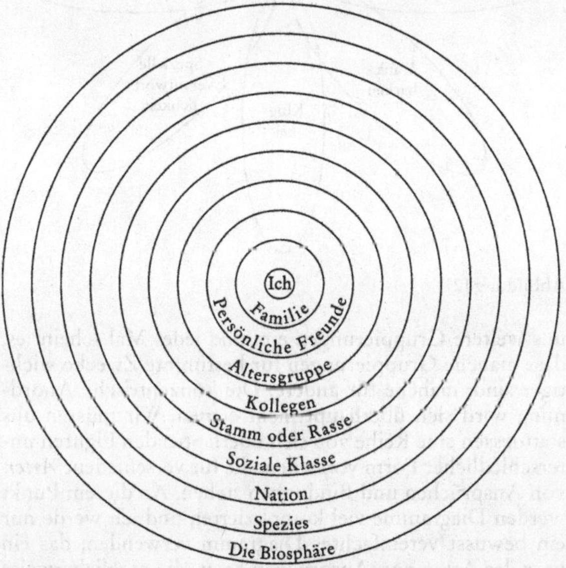

Abbildung [1]

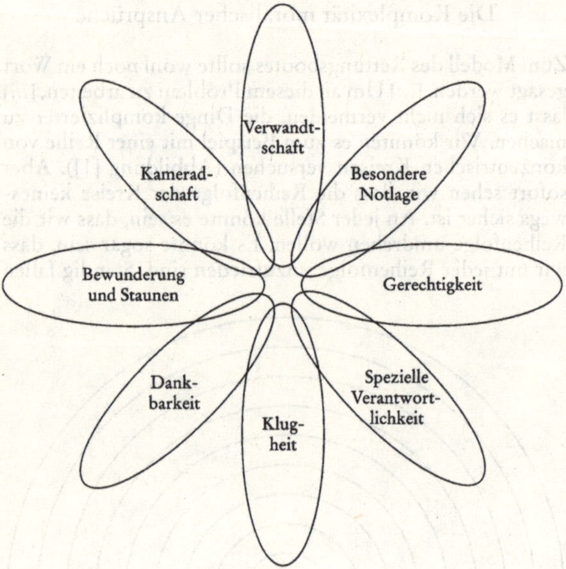

Abbildung [2]

uns weitere Gruppierungen ein, und jedes Mal scheint es, dass manche Gruppierungen für bestimmte Zwecke wichtiger sind, manche für andere. Die konzentrische Anordnung wird sich überhaupt nicht eignen. Wir müssen uns stattdessen eine Reihe von sich überlappenden Figuren unterschiedlicher Form vorstellen, die für verschiedene *Arten* von Ansprüchen und Bindungen stehen. An diesem Punkt werden Diagramme viel komplizierter, und ich werde nur ein bewusst vereinfachtes Diagramm verwenden, das ein paar der Arten von Ansprüchen zeigt, die möglicherweise unser Problem betreffen (Abbildung [2]).

Es gibt offensichtlich keine einfache Formel zur Bestimmung des Vorranges unter diesen verschiedenen Arten von Ansprüchen, und Moralphilosophien wie der Utilitarismus, die versuchen, die Aufgabe einfach aussehen zu lassen, können uns nur hinters Licht führen. Jede Kultur und jedes Individuum muss einen Orientierungsplan, ein ziemlich komplexes Prinzipiensystem, ausarbeiten, um diese Arten von Ansprüchen untereinander in Beziehung zu setzen; dies tun sie auch. Gewiss machen Überschneidungen die Ansprüche tendenziell stärker. Aber sie legen nicht zwangsläufig Prioritäten fest, weil relativ isolierte Ansprüche manchmal, wenn sie sehr stark sind, schwächere Ansprüche überwiegen müssen, die dem Zentrum des Netzes näher kommen, weil sie institutionalisiert sind. Dies geschieht besonders oft im Falle der »besonderen Notlage«. Mit diesem Ausdruck meine ich jedes gravierende Unglück, wie zum Beispiel das, welches der Samariter im Fall des verletzten Reisenden erkannte. Im politischen Maßstab handelt es sich um die Art von Ansprüchen, die [...] aus der »absoluten Armut« vieler Menschen in der Dritten Welt entstehen – das heißt, nicht einfach aus irgendeiner Art von Ungleichheit, sondern aus echter hoffnungsloser Mittellosigkeit.[3] Mit »spezieller Verantwortlichkeit« meine ich Ansprüche, die aus unseren eigenen Handlungen entstehen und aus den Handlungen derer, mit denen wir uns identifizieren. Dies sind solche Ansprüche, die jemand erfüllen muss, der zum Beispiel über das Leben einer anderen Person in einem solchen Grad die Führung übernommen hat, dass er sie dazu bewegt, ihren Wohnort oder ihren Beruf zu wechseln. In politischen Zusammenhängen betrifft diese Art von Anspruch zum Beispiel eine Kolonialmacht, die zu ihrem eigenen Vorteil die Lebensart ihrer Untertanen unumkehrbar verändert hat, oder auch einen Großkapitalisten, der das Gleiche getan

3 Vgl. Peter Singer, *Practical Ethics*, a. a. O., Kapitel 8 [...].

hat. Diese beiden Arten von Ansprüchen können ohne Blutsverwandtschaft, Bekanntschaft oder Bewunderung entstehen und gelegentlich stark genug sein, um alle diese Gesichtspunkte zu überwiegen. (So können die Bemühungen des Samariters dazu führen, dass er zu spät zum Abendessen bei seinem verehrten Onkel kommt, oder sogar dazu, dass er das Geld, das für das Geschenk für den Onkel vorgesehen war, ausgibt, ohne dass die Bemühungen dadurch ungerechtfertigt oder falsch würden.)

Wie sieht es nun mit Tieren aus? Diese beiden Anspruchstypen können, so scheint es, auch in ihrem Fall entstehen. Sie können in schrecklicher Not sein und sie können in diese Not durch menschliches Handeln gebracht worden sein. Wenn dies der Fall ist, ist es nicht offensichtlich, warum das Fehlen naher Verwandtschaft, Bekanntschaft oder der Bewunderung, die der menschlichen Vernunft geschuldet ist, den Anspruch gänzlich aufheben sollte. Und wir verhalten uns auch nicht so, als würde dies den Anspruch offensichtlich aufheben. Jemand, der sieht, wie ein verwundeter Hund vor Schmerz sich krümmend auf der Straße liegt, nachdem er von einem Auto angefahren wurde, wird wohl nicht bloß denken, dass er etwas unternehmen will, sondern auch, dass er etwas unternehmen sollte. Wenn er ihn selber angefahren hat, werden die Gründe dafür noch stärker erscheinen. Es gibt keinen Grund zu der Annahme, dass seine Gründe, so zu denken, von anderer Art wären als die Gründe, die entstünden, wenn er (wie der Samariter) einen verwundeten Menschen sehen würde. Und er würde womöglich auch meinen, dass es in beiden Fällen etwa gleich gerechtfertigt wäre, zu spät zur Party des Onkels zu kommen. Es wäre eine ziemlich merkwürdige Reaktion auf eine solche Situation, wenn jemand (der nicht gerade zu einer Mission um Leben und Tod aufbrach) vorbeifahren und das menschliche oder tierliche Verkehrsopfer mit der Begründung ignorieren würde, dass seine Mitleidsressourcen beschränkt seien und dass es woanders möglicherweise bedauernswertere Fälle gebe. Der Grund, weshalb dies merkwürdig wäre, besteht darin, dass Mitleid nicht als derart hydraulisch behandelt zu werden braucht, d.h. als eine seltene und unersetzliche Flüssigkeit, die nur für außergewöhnlich beeindruckende Fälle verwendbar ist. Mitleid ist eine Gewohnheit oder Kraft des Geistes, die mit dem Gebrauch wächst und sich entwickelt. Solche Kräfte sind (wie es etwa bei der Intelligenz offensichtlich ist) magische Flüssigkeiten, die wachsen, wenn man sie ausgießt. Effektive Nutzer gehen nicht sparsam mit ihnen um. Unter den humanitären Reformern, die sich für Tiere im stärksten Maße eingesetzt haben, sind viele, wie zum Beispiel Voltaire, Wilberforce, Shaftesbury, Bentham, Mill, Bernard Shaw, die auch in vorderster Front für die Rechte von Menschen gekämpft haben. Solche Menschen haben der Verzweiflung, die zu einem Rettungsboot-Denken führt, stets widerstanden; genau auf diese Weise haben sie Dinge erreicht, die zu ihrer Zeit ganz und gar unmöglich erschienen. [...]

Die Relevanz der Spezieszugehörigkeit

[...] Fragen zur Moralität der Bevorzugung von Spezies sind gewiss in den Kontext der anderen Präferenzen zu stellen, die Menschen für diejenigen haben, die ihnen am nächsten stehen. Diese Präferenzen führen in der Tat zu Problemen. Dadurch, dass sie die menschliche Wohltätigkeit einschränken, können sie schreckliches Elend verursachen. Auf der anderen Seite sind sie auch ein ganz und gar zentraler Bestandteil menschlichen Glücks, und es scheint unwahrscheinlich, dass wir ganz ohne sie leben könnten. Sie sind die Wurzel, aus der die Wohltätigkeit hervorwächst. Die Moral zeigt eine beständige Spannung zwischen Maßnahmen, mit denen die Heiligkeit dieser speziellen Ansprüche geschützt werden soll, und Gegenmaßnahmen, mit denen Gerechtigkeit für Außenstehende gewährleistet und das Mitgefühl auf sie ausgeweitet werden soll. Diese Spannung zu behandeln, indem wir bestimmte Prioritäten ausarbeiten, ist unser übliches moralisches Geschäft. Bei der Behandlung von Spezieskonflikten erscheint die Idee, jegliche Diskriminierung als *speziesistisch* zurückzuweisen, als verführerisch einfache Anleitung, als Allzweckformel. Ich möchte die Ansicht äußern, dass diese Idee nicht einfach ist und dass wir der Versuchung widerstehen müssen. [...]

Die natürliche Vorliebe für die eigene Spezies existiert tatsächlich. Sie ist nicht wie das Rassenvorurteil ein Produkt der Kultur. Man findet sie in allen menschlichen Kulturen, und in Fällen echter Konkurrenz neigt sie dazu, sehr stark zu wirken. Wir können jedoch immer noch fragen, wie weit sie uns führt. Ist sie ein unwiderstehliches Motiv, das uns zwingt, Außenstehende aus der Berücksichtigung auszuschließen? Um zu beweisen, dass dies der Fall ist, müssten wir zeigen, dass die unterscheidende Einstellung zu unserer eigenen Spezies eine weitaus stärkere emotionale Neigung ist als unsere unterscheidende Einstellung zu unserem eigenen Stamm oder unseren eigenen Kindern; denn niemand bezweifelt, dass unsere Pflicht uns manchmal auffordern kann, Interessen unseres Stammes oder unserer Familie denen von Außenstehenden unterzuordnen. Sie müsste so stark sein, dass alle Versuche, die Rücksicht auf Tiere auszudehnen, als etwas Unnatürliches zum Scheitern verurteilt wären. [...]

Ich denke, es ist wichtig hervorzuheben [...], dass Speziesbande wirklich existieren, denn wenn wir sie nicht beachten, ist die häufig anzutreffende Ausschlusshaltung unserer eigenen Spezies schwer zu verstehen. Bei uns ebenso wie bei anderen Lebewesen scheint in der Tat eine tiefe emotionale Neigung vorhanden zu sein, zuerst denjenigen um uns herum Beachtung zu schenken, die denen ähneln, die uns aufzogen, und andere weitaus weniger zu beachten. Und dies, nicht irgendein abstraktes Werturteil, scheint in der Tat die hauptsächliche Wurzel dessen zu sein, dass wir andere Lebewesen relativ wenig beachten, also dessen, was man als »Speziesismus« bezeichnet. [...] Diese angeborene Neigung ist, wenn sie auch tatsächlich existiert, keineswegs so stark, einfach und ausschließend, wie bisweilen angenommen wird, und sie hat weder die Kraft noch die Autorität, den absoluten Ausschluss anderer Spezies zu rechtfertigen. [...]

Ansprüche sind von verschiedener Art. Solche, die die eigene Gemeinschaft begünstigen, sind gewiss stark, aber sie sind nicht die einzig starke Art. Und die Speziesgrenze [...] wird auch gar nicht von allen menschlichen Gemeinschaften in ein und derselben Weise akzeptiert. Aber noch wichtiger als das ist, dass all diese Gemeinschaften selbst Multi-Spezies-Gemeinschaften sind. Es ist eine der besonderen Fähigkeiten und Zierden unserer Spezies, andere Arten nicht zu ignorieren, sondern viele verschiedenartige Lebewesen aufzunehmen, sie zu domestizieren und mit ihnen zu leben. Kein anderes Tier tut das auch nur im entferntesten in einem so großen Maßstab. Vielleicht sollten wir dieses besondere menschliche Talent ernster nehmen und zu verstehen versuchen, wie es wirkt. [...]

ROGER SCRUTON

Die Quellen moralischen Denkens

[...] Das mentale Leben von Menschen befindet sich auf einer anderen Ebene als das der anderen Tierarten, mit denen wir tagtäglich zu tun haben. Ebenso wie Hunde und Katzen haben wir ein Bewusstsein. Wie sie besitzen wir Sinneseindrücke, Gefühle und Wünsche. Wie sie haben wir Überzeugungen und einen sich ändernden Informationsschatz. Aber im Gegensatz zu ihnen besitzen wir ein Selbstbewusstsein sowie die Fähigkeit, zwischen dem Selbst und dem Anderen zu unterscheiden. Wir haben eine Vorstellung von der Vergangenheit und der Zukunft ebenso wie von der Gegenwart, vom Möglichen und Unmöglichen ebenso wie vom Wirklichen. Bei unserem Handeln und Denken unterscheiden wir zwischen der Welt, wie sie wirklich ist, und der Welt, wie sie erscheint, und stets unterscheiden wir unsere eigenen Interessen und Wünsche von denen anderer Menschen und anderer Tiere.

Wir Menschen treffen freie Entscheidungen auf der Grundlage einer bewussten Beurteilung von Alternativen. Wir bewerten und kritisieren unsere Handlungen gegenseitig. Wir üben über unser Leben eine Souveränität aus, die zu respektieren wir von anderen verlangen und die wir im Gegenzug ebenso respektieren müssen. Wir sind für unsere Handlungen verantwortlich und versuchen, unsere Konflikte nicht gewaltsam, sondern einvernehmlich zu lösen. Kurz: Wir sind moralische Wesen. Eben deshalb ist uns der Begriff eines Rechts von Nutzen. Ein Recht ist ein Veto in den Händen seines Besitzers, und wir verleihen Rechte, um die Souveränität des Individuums zu schützen. Solange dieser Schutz nicht geboten wird, kann das Individuum nicht sicher sein, dass Verhandlung die klügste

Strategie im gesellschaftlichen Zusammenleben ist. Daher sind Rechte ein grundlegendes Instrument bei dem Versuch, eine Regierung auf der Grundlage von Zustimmung zu errichten: Wo Rechte nicht respektiert werden, ist keine Zustimmung anzunehmen.

Hunde, Katzen und Pferde sind keine moralischen Wesen, und sie so zu behandeln, als seien sie es, ist nicht nur sinnlos, sondern auch grausam. Es bedeutet, Forderungen an sie zu stellen, die sie unmöglich verstehen können. Katzen müssten das Recht auf Leben respektieren und Hunde das Recht auf Achtung der Privatsphäre. Und beide müssten für ihre Handlungen zur Rechenschaft gezogen und für ihre Fehler bestraft werden.

Verfechter der Tierrechte machen auf Kleinkinder und geistig behinderte Menschen aufmerksam, um zu beweisen, dass es Rechte ohne Pflichten geben kann. Aber das Beispiel beweist gerade das Gegenteil. Kleinkinder und geistig Behinderte haben ein unvollkommenes Verständnis von Pflicht, deswegen werden ihnen nur sehr grundlegende Rechte zugeschrieben oder sogar (im Falle einiger ungeborener Menschen) überhaupt keine Rechte. Und wir schreiben Kleinkindern und geistig Behinderten deshalb Rechte zu, weil sie zur selben Art gehören wie du und ich: einer Art von Wesen, die unter normalen Bedingungen zu vollwertigen Mitgliedern der moralischen Gemeinschaft heranwachsen. Hunde und Katzen können nicht Teil einer solchen Gemeinschaft sein: Sie sind nicht die Art von Wesen, die Streitigkeiten durch Dialog beilegen können, die Souveränität über ihr Leben ausüben und die Souveränität anderer respektieren können, die dem Ruf der Pflicht folgen oder in einer Vertrauenssache Verantwortung übernehmen können. Sie geben keinerlei Urteil ab. Aus diesem Grund sind sie auch so angenehme Heimtiere. Selbst der Schlimmste von uns kann das Herz eines Hundes gewinnen.

Zwar haben Tiere keine Rechte; daraus folgt aber nicht,

dass wir sie so behandeln können, wie es uns beliebt. Es ist überflüssig zu erwähnen, dass die Frage der Grundlage des moralischen Urteils eine der tiefreichendsten und unklarsten Fragen der Philosophie darstellt. Daher rührt die verständliche Neigung unter Tierbefreiungsverfechtern, diese Frage zu meiden – oder stattdessen irgendeine Art von Benthamschem Utilitarismus anzunehmen, der all die schwierigen metaphysischen und erkenntnistheoretischen Fragen, die durch gewöhnliche moralische Argumentation aufgeworfen werden, umgeht. Wenn wir Moral in eine Kosten-Nutzen-Bilanz umformulieren, können wir leicht folgern, dass Tiere Teil der Gleichung sind. Aber wir sind auch gezwungen zu folgern, dass die Rechte von Menschen verhandelbare Interessen und deren Pflichten vorläufige Faustregeln sind. Beide Ergebnisse sind in sich paradox und bilden den Kern der vernichtenden und meiner Ansicht nach unumstößlichen Einwände, die Philosophen gegen die utilitaristische Konzeption der Moral vorgebracht haben. Moralisches Urteilen sollte nicht als eine Art ökonomischer Abwägung betrachtet werden, sondern als etwas, das ökonomischer Abwägung Grenzen setzt. Die Moral sagt uns, wo die Kalkulation aufhört. Diejenigen, die die Rechte von Menschen zu verhandelbaren Interessen degradieren, haben keine Schwierigkeit, von Tierrechten überzeugt zu sein, aber nur deshalb, weil das, was sie unter einem Recht verstehen, nichts weiter als ein aufhebbarer Anspruch ist.

Das Rechte-Pflichten-Kalkül wurzelt in unserer Natur als moralische Wesen und in der Notwendigkeit, die Grundregeln für ein auf Verhandlung beruhendes Zusammenleben zwischen Fremden aufzustellen. Es teilt uns mit, dass Rechte zu achten und Pflichten zu befolgen sind. Es verleiht allen am moralischen Dialog Beteiligten einen gleichen moralischen Status und erlegt uns eine Verpflichtung auf, unser Verhalten im Falle von Kritik zu rechtfertigen. Es geht mit einer Gruppe von Begriffen einher, die das Weltbild und die Gefühle derer, die diese Vorstellungen besitzen, vollständig verwandeln: Begriffe wie Gerechtigkeit, Verdienst und Strafe, die unseren zwischenmenschlichen Handlungen zugrunde liegen. Aber wie wichtig dieses Kalkül als Quelle des Moralempfindens auch sein mag, es ist nicht die einzige Quelle und es wäre ohne die Motive, auf die es sich stützt, machtlos.

Das erste dieser Motive und die größte Quelle unserer moralischen Pflichten gegenüber Tieren ist Mitgefühl. Tiere zeigen zwar mitgefühlsähnliche Reaktionen im Sinne von Reaktionen, die von den Gefühlsregungen der Menschen in ihrer nächsten Nähe ausgelöst werden, besitzen aber kein Mitgefühl. Denn Mitgefühl beruht auf einer Vorstellung des Selbst und des Anderen und auf der Unterscheidung zwischen ihnen. Es handelt sich beim Mitgefühl um eine Disposition, die Gefühle eines anderen Wesens ernstzunehmen, und drückt sich aus in wohltätigen Gesten, die dazu bestimmt sind, das Leiden des Anderen zu mildern und das Glück des Anderen zu fördern. Es ist nicht Mitgefühl, das den Bienenstaat oder die Herde zusammenhält, sondern das Gesetz der Spezies, das für uns undurchsichtig ist, auch wenn wir glauben, dass wir es erklären können. […]

Es gibt neben den bereits erwähnten noch zwei andere Quellen moralischen Urteilens. Die erste ist unsere Einstellung zu Tugend und Laster. Wir fühlen uns angezogen von solchen Charakterzügen, die die moralische Gemeinschaft aufrechterhalten, und fühlen uns abgestoßen von solchen Eigenschaften, die die Gemeinschaft untergraben. Wir haben eine klare Vorstellung von einer sympathischen, liebenswürdigen oder bewundernswerten Person und ebenso von einer gemeinen und verachtenswerten Person, der wir besser aus dem Weg gehen sollten. Diese Vorstellungen sind keineswegs willkürlich; sie entstehen aus genau denselben sozialen und rationalen Einstellungen, die unsere Beurteilungen menschlichen Handelns speisen. Obwohl unsere Vorstellungen von Tugend und Laster flexibel sind und sich mit den sozialen Bedingungen ändern, haben sie einen stabilen Kern, der auf der Erfahrung der Gesellschaft selbst beruht.

Schließlich ist da noch die Quelle des Moralempfindens, die in der Literatur zwar überaus häufig vernachlässigt wird, die aber unsere Beziehungen zur Tierwelt in vielerlei Hinsicht am direktesten betrifft. Ich benutze zur Bezeichnung dieser Quelle den Ausdruck »Pietät«, womit ich nicht die Befolgung dieser oder jener religiösen Doktrin meine, sondern die grundlegende Anerkennung unserer Zerbrechlichkeit und Abhängigkeit, und die Geisteshaltung des Respekts vor der Welt und den darin lebenden Kreaturen, eine Haltung, von der auch Religionen in hohem Maße inspiriert sind. Dies, so glaube ich, ist das, was die Römer mit *pietas* meinten, und es ist die Haltung, die so viele Menschen – von Umweltgruppen bis hin zu Landschaftsmalern, von Naturschützern bis hin zu Tierschutzaktivisten – zurückzugewinnen versuchen, in einer Welt, in der die Auswirkungen menschlicher Überheblichkeit so erschreckend offensichtlich sind. Auch in einem Zeitalter, das sie nicht unter diesem altehrwürdigen Namen kennt, ist Pietät allgegenwärtig, ein unentbehrliches Motiv für die Lebenden und eine Garantie für die noch nicht Geborenen. Ich vermute, das tiefste Motiv für den Vegetarismus ist die Wahrnehmung der pietätlosen Art vieler unserer Handlungen, durch die wir unseren Appetit nach dem Fleisch anderer Tierarten beliefern, befriedigen und zur Schau stellen.

Wenn Tiere Rechte hätten, dann wären den Dingen, die wir ihnen antun könnten, absolute Grenzen gesetzt. Wir dürften sie zum Beispiel nicht töten, für unsere Zwecke züchten, ohne ihre Einwilligung abrichten oder gefangen nehmen. Wir dürften sie gewiss nicht zu Nahrungszwecken aufziehen, schon gar nicht unter solchen Bedingungen, die in der industrialisierten Welt zur Normalität geworden sind. Aber das moralische Problem kommt gerade deswegen auf, weil Tiere keine Rechte haben, so dass die Prinzipien, die verhindern sollen, dass wir andere Menschen angreifen, nicht dazu dienen können, Tiere zu schützen. Wie also sollte man Tiere behandeln?

Die einzige Antwort ist einfach: Es kommt darauf an. Sobald wir die Vorstellung, dass Tiere Rechte haben, beiseite legen, verschiebt sich der moralische Akzent auf Menschenpflichten. Unsere Pflichten gegenüber Tieren – wie auch gegenüber Menschen – entstehen aus den uns verbindenden Beziehungen und aus den Verantwortlichkeiten, die diese Beziehungen implizieren. Tiere, die wir für unsere Zwecke züchten oder halten, sind keine Ehrenmitglieder der moralischen Gemeinschaft – anders als Heimtiere oder »vierbeinige Begleiter«. Dennoch erlegt uns der Gebrauch, den wir von den Nutztieren machen, eine reziproke Pflicht der Fürsorge ihnen gegenüber auf. Wenn diese Tiere moralische Wesen wären, dann dürften wir sie moralisch gesehen nicht in der Weise nutzen, wie wir es tun – genauso wie wir keine Menschen versklaven oder sie zu Nahrungszwecken züchten dürften. Und wenn das Leben eines zu Nahrungszwecken gezüchteten Tieres eine einzige lange Qual wäre, von der die einzige Erlösung am Ende die Schlachtung ist, sollten wir ohne Zweifel folgern, dass diese Praxis unmoralisch ist. Utilitaristen mögen anderer Meinung sein – denn ein Utilitarist kann jedes Ausmaß an Leiden rechtfertigen, wenn dadurch das größere Glück erzielt wird. Aber das ist gerade einer der Punkte, die falsch am Utilitarismus sind. Ein weiterer Punkt ist folgender: Solange wir keine Pflichten spezifiziert haben, kann das moralische Urteilen nicht anfangen; aber Pflichten können nicht durch das Prinzip des größten Glücks zugewiesen werden. Ihre Basis liegt in der Vergangenheit, nicht in der Zukunft, und sie können nicht außer Kraft gesetzt werden, nur weil sich irgendein Gut erzielen lässt, indem man sie missachtet. [...]

URSULA WOLF

Die Mensch-Tier-Beziehung und ihre Ethik

1. Rechte und moralischer Status

Das derzeit geltende deutsche Tierschutzgesetz formuliert den Zweck, »aus der Verantwortung des Menschen für das Tier als Mitgeschöpf dessen Leben und Wohlbefinden zu schützen« (§ 1 Satz 1). Diese Absicht wird aber durch eine Reihe von Klauseln unterlaufen, die die Zufügung von Leiden unter den Vorbehalt eines unbestimmten und auf den Menschen zentrierten Rechtsbegriffs stellen.[1] Das gilt für § 1 Satz 2 (»Niemand darf einem Tier ohne vernünftigen Grund Schmerzen, Leiden oder Schäden zufügen«) ebenso wie für die Kriterien der »Unerläßlichkeit« (§ 7 Abs. 2) und »ethischen Vertretbarkeit« (§ 7 Abs. 3), welche die Genehmigung von Tierversuchen rechtfertigen. Einem Menschen darf man Leiden nicht schon dann zufügen, wenn man einen *vernünftigen* Grund, das heißt einen Zweck oder Nutzen, den man verfolgt, anführen kann. Der einzige akzeptable Grund wäre das Vorliegen eines moralischen Konflikts, also ein konkurrierender Grund mit höherem *moralischem* Gewicht.

Die begrifflichen Spannungen im Tierschutzgesetz und die Probleme seiner Umsetzung sind weithin anerkannt und haben zur Aufnahme des Staatsziels Tierschutz in das Grundgesetz geführt. Wie es in der Begründung des Gesetzesentwurfs heißt, soll dies einem Bewusstseinswandel Rechnung tragen, der den »Schutz des einzelnen Tieres« verlangt.[2] Wo es um menschliche Individuen

1 Das betont Jörg Luy, »Tierschutzethik aus amtstierärztlicher Sicht«, in: Interdisziplinäre Arbeitsgemeinschaft Tierethik (Hrsg.), *Tierrechte. Eine interdisziplinäre Herausforderung*, Erlangen 2007, 198–205.

2 Gesetzesentwurf vom 23. 4. 2002, Drucksache 14/8860.

geht, wird ein solcher Schutz sowohl im Recht wie in der Moral durch Rechte gewährt. Diese definieren aus der Sicht der moralischen Akteure Schranken der Willkür, aus der Perspektive der Objekte der Moral Schutzzonen, die, wie Ronald Dworkin es ausdrückt, Trümpfe sind, welche Individuen geltend machen können, damit sie nicht dem Nutzen anderer oder der Allgemeinheit geopfert werden können.[3] Solche Schutzzonen sind durchaus nicht absolut. So könnte man dem Individuum ein Recht auf ein Leben in freier Entfaltung seiner Fähigkeiten zuschreiben, aber dieses Recht ist begrenzt durch die Existenz des gleichen Rechts bei allen anderen Individuen. Entscheidend ist nur, dass die Begrenzung nicht in einem Zweck- oder Nutzenargument liegen kann, sondern nur im Verweis auf ein gleichwertiges oder gewichtigeres Recht.

Ein Tierschutzrecht, welches ernsthaft den Schutz des einzelnen Tiers zur Absicht hat, muss Tieren gegenüber unter Moral eben das verstehen, was wir auch Menschen gegenüber als Moral verstehen: die Anerkennung und den Schutz dessen, was den Individuen durch grundlegende moralische Rechte zugesprochen wird. Gleichlaufend mit dem öffentlichen Bewusstseinswandel haben sich entsprechend auch in der Tierethikdebatte mehr und mehr Konzeptionen durchgesetzt, die den Begriff der Tierrechte ins Zentrum stellen.

Allerdings ist der Begriff eines moralischen Rechts (im Unterschied zu dem eines juridischen Rechts) strittig und seine Grundlage unklar.[4] Ich werde daher im Folgenden den Begriff eines moralischen Rechts, wie es inzwischen

3 Ronald Dworkin, *Taking Rights Seriously*, Harvard 1978, dt.: *Bürgerrechte ernstgenommen*, Frankfurt a. M. 1984, S. 433. Dworkin redet an dieser Stelle gleichermaßen von politischen wie moralischen Rechten.

4 Die wichtigsten Begründungen menschlicher Naturrechte zählt Cohen auf in Carl Cohen/Tom Regan, *The Animal Rights Debate*, Lanham 2001, S. 32–34.

verschiedene Autoren tun, funktionalistisch verstehen; auf diese Weise lässt er sich voraussetzungsfrei und außerdem möglichst breit verwenden. Ein moralisches Recht ist dann das, was die Moral Individuen verleiht;[5] es konstituiert sich durch das, was Moral ist, nämlich Rücksicht auf Individuen, die nach ihrem Guten streben. Noch anders: Der Rechtsbegriff ist eine Abkürzung dafür, dass ein Wesen aufgrund der moralischen Normen durch die moralischen Akteure so und so behandelt werden muss bzw. so und so nicht behandelt werden darf; er markiert das Gewicht, das moralische Normen im Unterschied zu anderen Regeln und Zielen des Handelns, z. B. den vernünftigen Gründen, haben.

Die folgenden Überlegungen setzen den funktionalistischen Begriff moralischer Rechte und die zugrunde liegende Rechtekonzeption voraus. Sie setzen ebenfalls das gesellschaftliche Bewusstsein voraus, welches ein ethisches Mindestmaß, eine fest umrissene Grenze dessen, was wir Tieren antun dürfen, fordert. Eine solche Grenze ist genau das, was der funktionalistische Rechtsbegriff konstituiert. Folglich bedeutet die Umsetzung dessen, was man heute mehrheitlich vom Schutz der Tiere erwartet, dass wir Tieren in einem prinzipiell gleichen Sinn Rechte gewähren, wie wir das bei Menschen tun. Aber könnte man nicht für eine durchgängig schwächere Gewichtung der Tiere immer noch so argumentieren, dass systematische *Konflikte* zwischen den moralischen Ansprüchen von Menschen und Tieren bestehen und dass im Konfliktfall der menschliche Anspruch immer überwiegt?

Um die Stichhaltigkeit dieser Argumentation beurteilen zu können, müssen wir uns kurz vor Augen führen, welche Wesen wie zur Moral gehören. Als Adressaten, als Subjekte oder Akteure, die moralische Normen befolgen können und sollen, kommen nur Wesen mit der Fähigkeit

5 Ernst Tugendhat, *Vorlesungen über Ethik*, Frankfurt a. M. 1993, S. 346.

in Frage, moralische Sätze zu verstehen und im Handeln umzusetzen. Doch der Kreis der Objekte der Moral, also derjenigen Wesen, die unter den Schutz der moralischen Normen fallen, braucht nicht auf diese Wesen beschränkt zu sein. Vielmehr reichen die Objekte der Moral nach üblicher Vorstellung so weit, wie die Normen ihrem Inhalt nach anwendbar sind. Aber drehen wir uns jetzt nicht im Kreis? Denn müssen wir, um die Inhalte der Moral bestimmen zu können, nicht vorher wissen, *was* es ist, worauf sich moralische Rücksicht bezieht?

Um Verwirrung zu vermeiden, möchte ich drei Aspekte der Moral unterscheiden: Form, Motivation, Inhalt. Begriffe wie der der Norm, des Sollens, der Pflicht usw. konstituieren die Form der Moral. Diese Form gehört zu jeder Moral, gleich welchen Inhalts. Fragen wir uns, was diese Form von der eines Rechtssystems unterscheidet, wo ähnliche Begriffe zentral sind, dann liegt das Kennzeichnende der Moral in der Art ihrer Verankerung in den Subjekten, in der spezifischen Motivation. Dazu gehören soziale oder auch religiöse Sanktionen (Reaktionen von Gunst oder Unwillen bei den Mitmenschen, Gewissen, Scham und Schuldgefühle, Bestätigung oder Schwächung des Selbstwerts usw.), altruistische Affekte wie Liebe, Mitleid, Mitgefühl und auf das soziale Ganze bezogene Affekte wie Gemeinschaftsgefühl, wobei diese Affekte sich zu moralischen Einstellungen, zu Tugenden verfestigen.[6] Für aufgeklärte und an Selbstbestimmung interessierte Subjekte muss man einen Primat der positiven Gefühle zugunsten des anderen Individuums und der Gemeinschaft vor den negativen Gefühlen der Angst vor Sanktionen annehmen, weil nur dann, wenn man das Wohl des anderen und das Gedeihen der Gemeinschaft

6 Diese Beschreibung stützt sich auf John Stuart Mill, *Utilitarianism* (1863), – Dt.: *Der Utilitarismus*, übers. und hrsg. von Dieter Birnbacher, Stuttgart [2]2006, Kap. 3.

will, die Moral zu etwas wird, was man in das eigene Wollen aufnehmen kann.[7]

Was die Normen vorschreiben bzw. die Subjekte im Charakter internalisiert haben, nenne ich den Inhalt der Moral. Dieser kann in verschiedenen Gesellschaften verschieden sein. Beschränken wir uns jetzt auf aufgeklärte und autonome Subjekte: Hier ist der Kurzschluss verbreitet, die Form ohne Einbeziehung des motivationalen Aspekts zu betrachten und aus dieser reduzierten Form auf den Inhalt der Moral zu schließen. So argumentiert eine Reihe von Autoren, die Moral im engeren Sinn sei nicht auf Tiere anwendbar, weil diese das Gerüst von Rechten, Pflichten usw. weder verstehen noch sich handelnd daran beteiligen können. Doch ein solches Gerüst kann schon zwischen Menschen allenfalls ein Zwangsrecht konstituieren, und nicht ein Moralsystem. Letzteres ist, wenn wir nicht auf höhere Werte zurückgreifen können, nur dadurch möglich, dass uns positiv am anderen und an der Gemeinschaft liegen kann. Der Kern dafür ist, wie Aristoteles sagt, die Freundschaft, und ein Freund ist jemand, dem man um seiner selbst willen das Gute wünscht, dem man wünscht, dass es ihm in seinem Leben gut geht.[8] Diesen fundamentalen Sinn hat auch das Mitleid bei Schopenhauer, wenn er sagt, dass es uns im Mitleid um das Wohl und Wehe eines anderen Wesens geht.[9]

Dass es jemandem in seinem Leben gut geht, heißt aber schon beim Menschen nicht *nur*, dass er als Moralsubjekt geachtet wird, sondern ebenso, dass es ihm in den anderen wichtigen Aspekten seines Lebens gut geht, also mit Bezug auf Gesundheit, Ausstattung mit Lebensmitteln, Freiheit

7 Siehe dazu Wolf, »Tugend und Glück. Was Platon und Aristoteles lehren«, in: R. Stäblein, (Hrsg.), *Glück und Gerechtigkeit. Moral am Ende des 20. Jahrhunderts*, Frankfurt a. M. 1999, S. 27–40.

8 Aristoteles, *Nikomachische Ethik*, übers. von Ursula Wolf, Reinbek 2006, S. 254 (Reclam-Ausgabe S. 215).

9 Arthur Schopenhauer, »Preisschrift über die Grundlage der Moral«, in: *Werke*, hrsg. von Ludger Lütkehaus, Zürich 1988, Bd. 3, 562, 564.

zur Betätigung usw. Der Inhalt der moralischen Rücksicht muss sich auf *alle* diese Aspekte beziehen und kann nicht auf denjenigen Teilbereich des Wohls beschränkt bleiben, in dem wir moralische Subjekte sind. Diese Beschränkung lässt sich zu einem Teil vielleicht dadurch erklären, dass sie zu den klassischen negativen Rechten auf Freiheit von Eingriffen (den so genannten Abwehrrechten) führt, denen eindeutige individuelle Pflichten entsprechen. Ein Recht auf Bedingungen, die ein gutes Leben ermöglichen, ist dagegen häufig an den Staat und nicht an das Individuum adressiert. Häufig, aber nicht immer: Wo sich ein abhängiges Wesen, z. B. ein kleines Kind, das nicht seine eigenen Lebensbedingungen sichern kann, in unserer Obhut befindet, haben wir Pflichten der Fürsorge,[10] die über die Rücksicht hinausgehen.

Wenn die Moral sich inhaltlich nicht nur auf den Aspekt der Achtung als Moralwesen, sondern ebenso auf andere Lebensbereiche bezieht, die sich teilweise auch bei Tieren finden, dann gibt es ohne Vorurteile keinen Grund, den Inhalt der Moral nicht entsprechend auszudehnen. Die moralische Rücksicht muss dann so weit reichen, wie sie reichen kann. Auf Steine kann man keine Rücksicht nehmen, weil es ihnen nichts ausmacht, was man mit ihnen tut. Rücksicht nehmen kann man auf alle Wesen, denen dies etwas ausmacht, d. h. die empfinden und leiden können, die ein subjektives Wohl haben. Und das sind neben »normal« entwickelten erwachsenen Menschen auch Kleinkinder, geistig Behinderte und Tiere.

Dass Wesen, die Eigenschaften bzw. Fähigkeiten haben, durch die es ihnen subjektiv gut oder schlecht gehen kann, moralische Rechte haben, wird nun häufig so verstanden, als würden diese Eigenschaften oder Fähigkeiten ihnen einen *besonderen Status* oder Stellenwert verleihen, das

10 Dass die Fürsorge zur Moral unter Menschen ebenso gehört wie die wechselseitige Rücksicht zwischen rationalen moralischen Akteuren betont MacIntyre, *Dependent Rational Animals*, London 1999.

heißt, sie in irgendeinem Sinn wertvoll machen. Das kommt der Vorstellung von Naturrechten verdächtig nahe. In Wirklichkeit handelt es sich bei den genannten Merkmalen um gewöhnliche empirische Fähigkeiten, die dafür bestimmend sind, dass ein Wesen sinnvollerweise Gegenstand von Rücksicht sein kann, oder anders gesagt, die seine Zugehörigkeit zu den Objekten der Moral ausmachen.

Die heute im Fokus der Tierethikdebatte stehende Frage, ob Tiere den *gleichen* moralischen Status haben wie Menschen oder einen schwächeren, sollte man daher nach dem Gesagten besser in eine andere übersetzen: wie verschiedene moralische Normen, die wir alle unterschreiben, zu gewichten sind, wo ein Konflikt auftritt; ob wir dabei mit *heterogenen* Quellen der Moral zu rechnen haben, die durch die Verschiedenheit ihrer Inhalte in unauflösliche Konflikte geraten können, oder nur mit der Auseinanderlegung *eines* moralischen Standpunkts in Handlungsnormen für verschiedene Lebensbereiche, die unter ungünstigen Umständen oder aufgrund der Begrenztheit unserer Möglichkeiten manchmal nicht zugleich erfüllbar sind.

Wie können wir vorgehen, um diese Fragen zu beantworten? Es liegt nahe, in einem ersten Schritt zu sehen, in welchen Beziehungen wir zu Tieren stehen können und welche moralischen Probleme darin jeweils enthalten sind. Ich gebe daher zunächst eine Art kurze Phänomenologie der Mensch-Tier-Beziehung und versuche dabei zugleich eine grobe Systematik der enthaltenen moralischen Beziehungen zu entwickeln (2.). Sodann frage ich, ob wir die verschiedenartigen Beziehungen nur mithilfe mehrerer Moralkonzeptionen erfassen können oder welche anderen Möglichkeiten der Ordnung der unterschiedlichen moralischen Dimensionen denkbar sind (3.).

2. Formen der Mensch-Tier-Beziehung

Zunächst kann man unterscheiden: a) unsere Beziehung zu Tieren, die in der menschlichen Gemeinschaft leben, b) unsere Beziehung zu frei lebenden Tieren.

a) Tiere in der menschlichen Gemeinschaft

Hier sind nochmal zwei Fälle zu unterscheiden, (i) Tiergefährten und (ii) Nutztiere.

(i) *Zusammenleben.* Das erste Tier, das sich dem Menschen zugesellte, war vermutlich der Wolf bzw. Hund;[11] er gehört zu denjenigen Tieren, die als Gefährten und/oder Helfer mit dem Menschen zusammenleben und/oder zusammenarbeiten. Tiergefährten sind zunächst, wie alle Tiere, die wir aus ihrem natürlichen Kontext herausgenommen haben, nicht in der Lage, ihre eigenen Lebensbedingungen zu sichern. Auf sie ist also nicht nur negativ Rücksicht möglich in den Hinsichten, in denen sie handeln und leiden können. Vielmehr haben wir ihnen gegenüber Pflichten der Fürsorge, der Gewährleistung von Nahrung, Schutz usw. Das ist nicht alles. Tiergefährten sind, wenn nicht Mitglieder der menschlichen Gemeinschaft im engeren Sinn, so doch eine Art »Ehrenmitglieder« der moralischen Gemeinschaft,[12] gegen die wir spezielle Verpflichtungen haben, auch wenn sie selbst keine Pflichten im engeren Sinn haben können. Es ist inzwischen weithin anerkannt, dass es in der Moral neben allgemeinen Verpflichtungen gegen beliebige Wesen, etwa niemandem Leiden zuzufügen oder nicht unnötig in die Freiheit eines anderen einzugreifen, spezielle Verpflichtungen gibt, die man nur gegenüber bestimmten Wesen hat. Sie gehen aus konkreten Handlungen hervor, welche Bindun-

11 Vgl. P. Dinzelbacher, *Mensch und Tier in der Geschichte Europas*, Stuttgart 2000.

12 Diese Formulierung verwendet Roger Scruton, *Animal Rights and Wrongs*, London ³2000, S. 83.

gen erzeugen. Eine spezielle Verpflichtung generiert man z. B., wenn man ein Versprechen äußert, aber auch dann, wenn man durch sein Verhalten Erwartungen erzeugt oder wenn solche Erwartungen durch die Art der Interaktion entstehen, wie es zwischen Menschen in Nahbeziehungen der Verwandtschaft, Freundschaft, Nachbarschaft usw. der Fall sein kann.

Das ist nun ebenso mit Bezug auf Tiergefährten möglich. Jemand hat eine spezielle Verpflichtung gegenüber seinem eigenen Hund, wie er sie gegenüber einem fremden Hund nicht hat, weil der eigene Hund durch das Zusammenleben besondere Erwartungen aufgebaut hat. Zwar kann das eigene Tier nicht darüber enttäuscht sein, dass man ein fremdes Tier gleich gewichtet, aber es kann unter Mangel an Zuneigung und Beachtung durch »seinen« Menschen leiden, die es aus Gewohnheit erwartet, also ein Leiden, das mit der Wechselseitigkeit der Beziehung zusammenhängt und nicht einfach mit Hinsichten des Leidens, die das Tier für sich hat.

Wir können also im Fall der Tiergefährten, wo die stärkste Beziehung vorliegt, die zwischen Mensch und Tier denkbar ist, folgende Aspekte unterscheiden: erstens die Normen, die verbieten, das Wohl zu verletzen (und hier sind wiederum verschiedene Teilaspekte zu beachten, keine Schmerzen oder Angst zufügen, nicht am aktiven Lebensvollzug hindern usw.); zweitens die Fürsorgepflichten gegen abhängige Wesen (füttern, Unterkunft gewähren usw.); drittens die speziellen Verpflichtungen, deren konkreter Inhalt sich aus dem Verhalten ergibt, mit dem wir Erwartungen erzeugt haben (z. B. das Tier zu beachten, zu loben, mit ihm zu spielen, es zu streicheln usw.).

(ii) *Nutzung*. Als Nutztiere werden insbesondere diejenigen Tiere gehalten, die der Nahrungsgewinnung dienen, sowie Tiere, die zu wissenschaftlichen Zwecken verwendet werden. Ebenso wie Tiergefährten fallen auch Nutztiere unter die Reichweite der moralischen Normen, die das Wohl von Wesen schützen, und auch für sie gilt, dass die Halter ihnen gegenüber Fürsorgepflichten haben. Da zwischen Halter und Nutztier keine individuelle Interaktion zu bestehen braucht, entstehen hier jedoch nicht in derselben Weise spezielle Verpflichtungen. Man könnte eine besondere Art von Verpflichtung allerdings darin sehen, dass eine quasi vertragsartige Beziehung zwischen ungleichen Partnern vorliegt, dass wir als Gegenleistung für den erbrachten Nutzen den Lebensunterhalt der Tiere sichern.[13] Doch das trifft insofern nicht zu, als das Huhn in der Legebatterie keinen Begriff davon hat, dass wir eine Art Nutzungsvertrag mit ihm geschlossen haben. Tiere können zwar (im Fall (i)) ein implizites Verständnis einer konkreten wechselseitigen Beziehung, aber nicht ein Verständnis einer formalen Vertragsbeziehung entwickeln. Es bestehen hier also erstens negative Pflichten und zweitens Fürsorgepflichten. Letztere hätten wir auch dann, wenn ein Tier, das wir in die Abhängigkeit gebracht haben, keinen Nutzen bringt. Das Modell eines Quasi-Vertrags ist daher entbehrlich.

b) Freilebende Tiere

Auch hier kann man mehrere Beziehungen unterscheiden: (iii) dass wir zu einem frei lebenden Tier in eine Beziehung der Nutzung treten, z. B. bei der Jagd, (iv) dass eine Situation der Gemeinsamkeit oder meist eher des Konflikts zwischen unseren Interessen und denen der frei lebenden Tiere in unserer Umgebung vorliegt und (v) dass keine konkrete Berührung besteht, vielmehr nur die Beziehung der Koexistenz auf der Erde.

(iii) *Nutzung*. Menschen haben schon früh Tiere anderer Spezies gejagt, um sie zu essen, ihr Fell zu verwerten oder

13 Das hatte ich angenommen in Ursula Wolf, »Leben mit Tieren. Die Hauptformen und ihre ethischen Implikationen«, in: *Mensch und Tier. Geschichte einer heiklen Beziehung*, hrsg. vom ZDF-Nachtstudio, Frankfurt a. M. 2001, S. 40–59.

sie auf andere Weise zu nutzen. Das ist sicher weniger problematisch als die Nutzung von Tieren in der industriellen Tierhaltung oder in der Forschung, weil die Tiere bis zum Zeitpunkt des menschlichen Eingreifens ein Leben in Freiheit hatten. Anwendbar ist hier die Norm, nicht ohne Grund Leiden zuzufügen. Da ein Tier, das gejagt wird, Angst empfindet, spricht alles gegen diese Art der Tiernutzung. Wo es um das Töten frei lebender Tiere geht und dieses überraschend und schmerzlos geschehen kann, tritt die Frage auf, ob für Tiere das Tötungsverbot gilt.

Es besteht prinzipiell kein Grund, für frei lebende Tiere zu sorgen. Indirekte Gründe dafür, eine gewisse Fürsorge auch gegenüber frei lebenden Tieren zu übernehmen, ergeben sich allerdings unter (iv) und (v).

(iv) *Interessenkonflikt.* Gruppen von Menschen haben immer mit Tieren in ihrer Umgebung um Lebensraum und Nahrung konkurriert, ebenso wie das Gruppen von Menschen mit anderen menschlichen Gruppen und die einen Tierspezies mit den anderen tun. Hier liegt das vor, was man einen Interessenkonflikt nennt. Der korrekte moralische Umgang mit einem solchen Konflikt besteht darin, eine gerechte Lösung zu suchen, einen Kompromiss, den alle Beteiligten akzeptieren können. Wo die andere Seite Tiere sind, stoßen wir auf das Problem, dass wir mit ihnen nicht einen Kompromiss aushandeln können, bei dem jede Seite ein Stück weit nachgibt und jede ihre Interessen so weit befriedigen darf, wie es mit der Interessenverfolgung durch die anderen vereinbar ist. Wir können daher nur ihre Interessen mit in die Überlegung aufnehmen und müssen ihnen dann den gefundenen Kompromiss aufzwingen.

Nun können Tiere anders als Menschen nicht darunter leiden, dass die anderen sie nicht als Wesen mit dem gleichen Anspruch auf ein erfülltes eigenes Leben anerkennen und in Diskurse über die Lösung von Interessenkollisionen einbinden. Darunter hingegen, dass wir im Kollisionsfall einem Tier die Lebensgrundlagen wie Nahrung oder Raum nehmen, kann es sehr wohl leiden. Auch hier ist also nur das Verbot der Leidenszufügung anwendbar, mit dem Unterschied, dass hier anders als in (iii) eine gewisse Leidenszufügung unvermeidlich ist, wenn wir nicht umgekehrt auf unsere Interessen verzichten wollen. Vielleicht kann man unterscheiden zwischen kurzfristigem Leiden und dauerhafter Verhinderung des Wohls. Wenn wir z. B. durch die Bebauung eines Grundstücks einigen Tieren ihren Lebensraum nehmen, scheint das zumutbar, solange es nur einen vorübergehenden Schrecken erzeugt und die Tiere auf die Umgebung ausweichen können. In diesem Zusammenhang können auch gewisse Fürsorgepflichten entstehen, wo es für die betroffenen Tiere schwierig ist, andere Nahrungsquellen oder Lebensräume zu finden, nämlich die Pflicht, ihnen dabei – zumindest anfänglich – zu helfen.

(v) *Koexistenz*. Im Prinzip kann man sich zwischen der Spezies Mensch und einer anderen Spezies eine Beziehung der bloßen Koexistenz auf der Erde ohne Berührung vorstellen. Faktisch allerdings hat die Menschheit die Erde und die Natur so sehr verändert, dass dies vermutlich Auswirkungen auf alle Spezies hat, dass die Ausdehnung und Lebensform der Menschheit die Ressourcen an Raum und Nahrung für die Tiere immer weiter reduziert, die klimatischen Bedingungen verschlechtert usw. Diese Auswirkungen betreffen inzwischen die Tierwelt im Ganzen, ohne dass immer im Detail klar ist, welche Tiere von einer menschlichen Praxis betroffen sind und zurückgedrängt werden. Hier lässt sich anders als in (iv), wo die Interessen bestimmter Menschen mit denen bestimmter Tiere in Konflikt stehen, nicht mehr eine konkrete Verpflichtung einzelner Menschen feststellen. Man kann hier nur noch gemeinsam allgemeine Maßnahmen der Fürsorge ergreifen, Schutzgebiete für Tiere einrichten, möglichst viele Nischen für Wildtiere bewahren usw. Soweit das ein moralisches Erfordernis ist, betrifft es einzelne (wenn auch unbestimmte) Tiere, denn diese sind es, die unter der Verunmöglichung eines guten Lebens leiden. Zwar kann man auch die Erhaltung von Spezies für wichtig halten, aber eine Spezies kann nicht unter etwas leiden und hat kein subjektives Wohl, auf das sich moralischer Schutz und moralische Fürsorge beziehen könnten. Unter heutigen Bedingungen ist also der Versuch, das Leben von Wildtieren nicht unerträglich zu machen, meist verbunden damit, dass wir im Bereich (iv) individuell, im Bereich (v) kollektiv eine gewisse Fürsorge ergreifen, allerdings nicht umfassend wie im Fall der gezähmten Tiere, sondern als akute Hilfe, die Bedingungen herstellt, unter denen die Tiere weiterhin frei leben können.

3. Dimensionen der Moral

In der Beschreibung der verschiedenartigen Mensch-Tier-Beziehungen sind uns folgende moralische Aspekte begegnet: negative Rücksicht auf das Wohl von Tieren oder kurz Rücksicht auf Tierrechte; Fürsorge für Tiere; spezielle Verpflichtungen gegenüber Tieren. Um ein vollständiges Bild der Moral zu erhalten, müssen wir noch diejenigen Aspekte hinzunehmen, die allein im Verhalten zwischen Subjekten der Moral vorkommen. Dies ist insbesondere die Achtung der moralischen Akteure füreinander. Gibt es noch weitere Dimensionen der Moral, und wie kann man diese auffinden?

In Absetzung von klassischen Moraltheorien, die nur *ein* Grundprinzip ins Zentrum stellen, nehmen heutige Autoren oft mehrere Dimensionen der Moral an. Roger Scruton[14] nennt in der Reihenfolge ihres Gewichts das moralische Gesetz im Sinne Kants (oder das System von

14 Das Moralgesetz, das Scruton in Kapitel 6 seines in Anm. 12 angeführten Buchs als erste Quelle der Moral nennt, ersetzt er in dem hier abgedruckten Artikel durch das Rechte-Pflichten-Kalkül.

Rechten und Pflichten), Tugend, Mitgefühl und Pietät. Steve Sapontzis[15] unterscheidet zwischen moralischem Charakter, Leidensverminderung und Fairness. Mary Midgley[16] trennt Leidensverminderung und Mitgefühl auf der einen und spezielle Verpflichtungen auf der anderen Seite, Alasdair MacIntyre[17] unterscheidet zwischen der Moral der unabhängigen vernünftigen Akteure und der Moral der Fürsorge. Mary Anne Warren[18] stellt, orientiert am Begriff des moralischen Status, gleich sieben moralische Prinzipien auf, wozu auch ein Prinzip der Achtung vor dem Leben und ökologische Rücksichten gehören. Lassen sich diese teils ähnlichen, teils divergierenden Einteilungen in eine Ordnung bringen?

Moralisches Gesetz, Fairness und Moral vernünftiger Akteure können wir zu einem Punkt zusammenziehen. Dieser Punkt gehört einerseits zur Form der Moral, andererseits ergibt er auch einen Teil des Inhalts. Zur Form der Moral gehört, dass die Realisierung der moralischen Normen etwas ist, das die moralischen Akteure wechselseitig voneinander fordern und worauf ihre Beziehung wechselseitiger Anerkennung gegründet ist. Für den Inhalt der Moral folgt daraus, dass der moralische Akteur alle anderen als moralische Subjekte anerkennen muss, sofern dies wesentlicher Bestandteil des guten Lebens derartiger Wesen ist. Dieser Teil des Inhalts ist auf Tiere nicht anwendbar.

Sodann können wir Tugend und moralischen Charakter gleichsetzen. Sie betreffen die moralische Motivation, haben aber, wie oben erläutert, auch mit der Form und dem Inhalt der Moral zu tun. Denn die Form wird nur dann selbstbestimmt realisiert, wenn sie mit positiven Motiven

15 Steve F. Sapontzis, *Morals, Reason and Animals*, Philadelphia 1987, Kap. 6.

16 Mary Midgley, *Animals and Why They Matter*, Athens (Georgia) 1983, Kap. 2.

17 Alasdair MacIntyre, *Dependent Rational Animals*, a. a. O.

18 Mary Anne Warren, *Moral Status. Obligations to Persons and Other Living Things*, Oxford 1997, Kap. 1–6.

verbunden ist, die dauerhaft in Tugenden verankert sind. Diese Motive waren, dass einem am Wohl anderer Wesen und der guten Beschaffenheit der Gemeinschaft liegt.

Die Seite der Motivation hat also zugleich Auswirkungen auf den Inhalt der Moral, und zwar derart, dass sie dem ebenfalls mehrfach genannten Punkt der Leidensvermeidung bzw. Leidensverminderung und dem Mitgefühl entspricht. Anders formuliert: Die moralischen Normen müssten inhaltlich so beschaffen sein, dass sie sicherstellen, dass das Wohl aller Wesen, die ein solches haben, Mensch wie Tier, beachtet wird. Wie ist das genau zu verstehen?

Der Grundbereich der Moral besteht nach üblicher Sicht in negativen Pflichten, in den Normen, die verbieten, das Wohl anderer zu verhindern oder zu verringern (durch Zufügung von Schmerzen, Angst, Stress, Freiheitsentzug, Beraubung sozialer Kontakte, und bei moralischen Akteuren auch Missachtung) und zusätzlich in Normen, die Hilfe im akuten Notfall und in der eigenen Umgebung verlangen. Das gilt für alle zentralen Hinsichten des Wohls. Die Befolgung der negativen Normen ist gegenüber allen verpflichtend, ob nah oder fern, Mensch oder Tier.

Die Beschränkung auf die Hilfe im Notfall setzt voraus, dass wir es mit Wesen zu tun haben, die für sich selbst sorgen und ihr eigenes Leben leben können. Viele, die diese Fähigkeiten grundsätzlich haben, leben allerdings unter Bedingungen, die die Aussicht auf ein gutes Leben durchkreuzen. Dann müsste es auch die positive Pflicht zur Schaffung von Minimalbedingungen geben, unter denen ein gutes Leben möglich ist. Diese Pflicht kann jedoch nur eingeschränkt Bestandteil der individuellen Moral sein. Nach gängiger Auffassung bestehen Hilfspflichten in der Umgebung, sind aber sonst schwächer als negative Pflichten und diesen nachgelagert. Denn wären sie stark, müsste das Individuum, das unter ihnen steht, auf die Realisierung seines eigenen guten Lebens verzichten. Daher nimmt man üblicherweise an, dass Individuen zwar verpflichtet sind, einen *gewissen* Beitrag zur Verbesserung der Bedingungen für alle zu leisten (z. B. in der Form von Spenden), die Höhe solcher individuellen Pflichten bleibt aber unbestimmt, und es korrespondieren ihnen daher auch aufseiten der Hilfsbedürftigen keine einklagbaren Rechte gegen Individuen. Wenn wir sagen wollen, dass letztere einen moralischen *Anspruch* auf minimale Bedingungen des Wohls haben, dann müsste der Adressat die Allgemeinheit sein. Das aber führt aus der Moraltheorie heraus in Fragen der politischen Philosophie, die hier nicht weiterverfolgt werden können.

Den moralischen Rechten derjenigen Menschen und Tiere, die nicht in der Lage sind, für ihr Leben selbst zu sorgen, und die dennoch ein subjektives Wohl haben und dadurch Objekte der Moral sind, entsprechen dagegen häufig individuelle Pflichten der Fürsorge.[19] Nach üblicher Vorstellung sind z. B. die Eltern verpflichtet, für Neugeborene zu sorgen, und dem Halter obliegt die Fürsorgepflicht für diejenigen Tiere, die in seinem Besitz sind. Was hier vorliegt, sind spezielle Verpflichtungen, die sich aus einer Beziehung zwischen Individuen ergeben.

Spezielle Verpflichtungen beschränken sich allerdings nicht auf den Bereich der Fürsorge. Was sie sind und wie man sie begründet, ist strittig.[20] Sie entstehen offenbar, wo zwei (oder mehr) Individuen eine Beziehung eingehen, wobei dies explizit oder implizit geschehen kann. Wo die eine Person der anderen ein Versprechen gibt, erzeugt sie

19 Bei abhängigen Wesen, zu denen niemand in einer solchen Beziehung steht, etwa behinderten Menschen, die keine näheren Angehörigen haben, müsste der Anspruch auf Fürsorge an die Allgemeinheit bestehen, also wiederum ein Problem der politischen Gerechtigkeit darstellen. Dieses kann hier beiseite bleiben, da mit Bezug auf die Fürsorge für Nutztiere und Tiergefährten gilt, dass diese Tiere in einer Beziehung zu bestimmten Menschen stehen, die sie besitzen.

20 Einen Überblick über die Debatte gibt Diane Jeske, »Special Obligations«, in: *Stanford Encyclopedia of Philosophy*, Stanford 2002.

eine Verpflichtung, das Versprechen einzuhalten. Wo zwei Personen sich anfreunden und kooperieren, entstehen wechselseitige Erwartungen künftiger Kooperation. Wenn jemand ein Kind erzeugt, geht er die spezielle Verpflichtung ein, es großzuziehen. Wie der letzte Fall zeigt, braucht das Wesen, gegen das man die Verpflichtung übernimmt, kein Verständnis davon zu haben, so dass es spezielle Verpflichtungen ebenso gegen Tiere geben kann. Durch das Eingehen bestimmter Beziehungen werden offenbar positive Verpflichtungen zur Förderung des Wohls, die man einfachhin nicht hätte, gegenüber ausgewählten Anderen erzeugt. Während es ohne weiteres möglich ist, die negativen Normen gegenüber allen Beliebigen zu erfüllen, wäre eine Moral, die von allen die positive Förderung des Wohls aller fordert, nicht praktikabel, erstens weil die Individuen überfordert würden, zweitens weil sie ohne Kenntnis der Interessen das Wohl der anderen nur unter Verletzung von deren Wollen fördern könnten. Diese Lücke wird ein Stück weit kompensiert durch ein Netz spezieller Verpflichtungen: Diese haben nicht alle gegen alle, aber jeder gegen einige in der Nähe, und durch diese Nähe, durch die Beziehung der Kommunikation oder Interaktion, ist eine gegenseitige Unterstützung bei der Erlangung des guten Lebens möglich.

Von den oben aufgezählten Aspekten der Moral bleiben jetzt noch Gesichtspunkte übrig wie Achtung vor dem Leben, Rücksicht auf das Ökosystem, Pietät. Auch diese lassen sich wiederum unter einem Punkt zusammenfassen. Orientieren wir uns an dem Begriff der Pietät, so ist diese so etwas wie Ehrfurcht vor dem, woraus wir hervorgegangen sind, der Natur und dem Reich der Lebewesen.[21] Diese Ehrfurcht scheint in einem Zusammenhang mit der

21 Man könnte auch von einer Einstellung der Demut reden, so David E. Cooper, »Intervention, humility and animal integrity«, in: Alan Holland / Andrew Johnson (Hrsg.), *Animal Biotechnology and Ethics*, London u. a. 1998.

Moral zu stehen oder gewisse moralische Rand- oder Grenzphänomene zu betreffen. Sie scheint jedoch primär eine Einstellung zu sein, in der man sich das Eingebettetsein in das Ganze bewusst macht, und nicht mit klar fassbaren inhaltlichen Normen verbunden, über die weitgehend Einigkeit bestünde.[22] Eine wörtliche Umsetzung dieser Einstellung in Normeninhalte würde bedeuten, dass wir uns aller Handlungsmöglichkeiten berauben. Und darüber, wie weit man sich von dieser Einstellung konkret leiten lassen sollte, gehen die Meinungen weit auseinander. Es scheint daher wenig sinnvoll, sie zur Moral im engeren Sinn zu rechnen, wo wir gemeinsame Handlungsregeln etablieren wollen. Im Zusammenhang der Tiere heißt das, dass die Fragen, die ganze Tierspezies betreffen, nicht im engeren Sinn moralische, sondern ökologische sind, also im jetzigen Kontext, wo es um *moralischen* Tierschutz geht, ausgeklammert werden können.

Es bleiben für die Moral die Gesichtspunkte der Leidensvermeidung, der Fürsorge und der speziellen Verpflichtungen. Diese sind systematisch so verbunden, dass sie alle in verschiedener Perspektive auf das Wohl oder gute Leben der Wesen bezogen sind, die ein solches haben können. Der Inhalt der Moral besteht durchweg darin, das individuelle Wohl nicht zu verhindern bzw. teilweise auch zu ermöglichen. Unterschiede ergeben sich aus der Verschiedenheit der Fähigkeiten, der Lebensbedingungen und der Beziehungen der Individuen. Insofern dies keine Werteigenschaften, sondern gewöhnliche empirische Eigenschaften und Relationen sind, erscheint es mir nicht sinnvoll, einen unterschiedlichen moralischen Status, und das heißt Wert oder Rang, verschieden ausgestatteter We-

22 Wenn man absieht von Regeln wie dem Umgang mit toten Menschen, die man als eine Art Nachklang der Anerkennung der Lebenden betrachten könnte. Wie Scruton (*Animal Rights and Wrongs*, a. a. O., S. 65) sagt, ist diese Einstellung nicht der Vernunft zugänglich und gehört in eine Schicht unterhalb der Moral, die schwer fassbar ist.

sen anzunehmen. Objekt der Moral sind alle Wesen, die überhaupt ein subjektives Wohl haben, und sie sind das alle gleichermaßen. Unterschiede ergeben sich durch die genannten Eigenschaften, weil ein Wesen nur dort, wo es die relevante Eigenschaft hat, unter die passende Norm fällt. Dass ein Kind ein Recht auf Schulbildung hat, ein Tier nicht, dass ein Haustier ein Recht auf Fütterung hat, ein Wildtier nicht, liegt nicht daran, dass sie einen unterschiedlichen moralischen Wert haben, sondern daran, dass sie unterschiedliche Fähigkeiten haben oder in unterschiedlichen Beziehungen zu uns stehen.

Nun ist zwar eine Rangordnung unpassend im Vergleich der moralischen *Objekte* untereinander, hingegen spielt sie eine Rolle bei der Beurteilung moralischer *Handlungen*. Denn die Aspekte der Moral können in komplexen konkreten Situationen miteinander in Konflikt geraten, und ebenso können die verschiedenen inhaltlichen Seiten des Wohls Ansprüche enthalten, die sich nicht miteinander vereinbaren lassen. Ein Beispiel für Letzteres ist die in der Medizinethik diskutierte Frage, ob man einen Patienten vor einer schlimmen Information über seinen Gesundheitszustand bewahren oder ihn in seiner Autonomie respektieren muss. Einen Konflikt zwischen den Ansprüchen verschiedener Individuen konstatieren viele Autoren mit Blick auf die Zulässigkeit von Tierversuchen. So soll das Verbot, Tieren Leiden zuzufügen, mit unseren speziellen Hilfsverpflichtungen gegenüber Mitgliedern der eigenen Spezies zusammenstoßen. In solchen Entscheidungssituationen ist jeweils die Frage, welche Handlung die bestmögliche oder am wenigsten schlechte ist.

Welche Kriterien haben wir, hier eine Gewichtung vorzunehmen? Scruton sieht im Konfliktfall generell (also auch innerhalb der Menschen) eine Priorität der Forderungen des Moralgesetzes, gefolgt von Forderungen der Tugend, dann des Mitgefühls und schließlich der Pietät. Für andere Autoren zählen Menschen deswegen immer mehr als Tiere, weil wir spezielle Verpflichtungen gegen Menschen als Mitglieder der eigenen Spezies haben (z. B. Becker und Brody in diesem Band).[23]

Wenn sich als einziger inhaltlicher Bezugspunkt der Moral das Wohl der Individuen erweist, dann gibt es jedoch in denjenigen Bereichen des Wohls, die Tiere mit uns teilen, keinen Grund, unterschiedlich zu urteilen (siehe Freys Beitrag in diesem Band). Wenn wir ihnen hier, z. B. in Bezug auf das Verbot der Leidenszufügung, einen schwächeren Status zuweisen, dann betrachten wir sie nicht wirklich als Objekte der Moral, denn die formale und motivationale Seite der Moral sehen solche Unterschiede nicht vor. Der Ausweg, im Bedarfsfall einen Konflikt anzunehmen, der zugunsten der menschlichen Seite zu entscheiden ist, lässt sich, wie Midgley klar sieht, nicht immer verfolgen, weil wir mit Bezug auf Tiere nur selten in der Situation des überfüllten Rettungsboots sind, auf dem wir uns nur in Sicherheit bringen können, wenn wir die Tiere bzw. ihre Interessen über Bord werfen.

Doch wie verhält es sich dort, wo in der Tat ein Konflikt besteht? Könnte man hier argumentieren, dass tierliche Interessen grundsätzlich hinter menschlichen Ansprüchen zurücktreten müssen, weil zwischen Menschen das moralische Gesetz gilt oder weil wir innerhalb der eigenen Spezies nähere Verpflichtungen haben? Auch hiergegen hat Midgley überzeugende Einwände. So weist sie darauf hin, dass es Situationen gibt, in denen wir trotz der größeren Nähe der Mitglieder der eigenen Spezies die Pflicht, einem Tier kein Leiden zuzufügen oder ihm in einem Notfall zu helfen, ohne Zögern höher gewichten würden als eine Verpflichtung gegenüber einem Menschen. Man wird Ver-

23 Dem Vorschlag, das Moralgesetz, die wechselseitigen Anerkennungsbeziehungen und Verpflichtungen zwischen Moralsubjekten, nach dem Modell spezieller Verpflichtungen zwischen Wesen der eigenen Spezies zu verstehen, müsste man genauer nachgehen. Das wäre ein Thema der Moralphilosophie allgemein, das ich hier nicht aufnehmen kann.

ständnis dafür aufbringen, wenn eine Person auf dem Weg an einem überfahrenen schwer verletzten Hund vorbeikommt und diesem hilft, obwohl sie so zu spät oder gar nicht zur Geburtstagsfeier ihres Onkels kommt, dem sie ihren Besuch versprochen hatte. Eine Pflicht, die die Hilfe im Notfall betrifft, kann also eine spezielle Verpflichtung und zugleich eine Forderung des moralischen Gesetzes zwischen Menschen überwiegen.[24] Das Beispiel zeigt auch klar, woran das liegt, nämlich an der Schwere des Leidens gegenüber der Geringfügigkeit des Versprechensinhalts in diesem Fall. Oder genauer: am Gewicht des Leidens des Hundes mit Bezug auf sein Wohl gegenüber dem Gewicht des Bedauerns des Onkels für dessen Wohl.

Der Bezugspunkt der Abwägung im Fall moralischer Konflikte kann also nur das Wohl der von einer Situation oder Handlung betroffenen Wesen sein, und die Frage muss lauten, wie groß jeweils die Bedeutung des Leidens, der Kränkung, der Freiheitseinschränkung usw. für das Wohl der verschiedenen Beteiligten ist. Wo ein Leiden im grundlegenden physischen Sinn das Wohl eines Wesens schwer und lange vermindert, müsste die Forderung, dieses Leiden nicht zuzufügen bzw. – wo wir konkret mit seinem Vorliegen konfrontiert sind – Nothilfe zu leisten, m. E. andere Ansprüche, sollten sie zufällig in Konflikt damit stehen, überwiegen. Zwischen dem Leiden, das wir Tieren in Tierversuchen zufügen, und der Hilfe für kranke Menschen, die wir von solchen Versuchen erhoffen, besteht kein solcher Konflikt.[25] Denn zum einen ist ein Tierversuch nicht ein Mittel der Hilfe im konkreten Notfall. Außerdem bringen wir die Tiere erst in eine

24 Siehe Midgley, *Animals and Why They Matter*, a. a. O., S. 31.

25 Dieses Argument (das ich ausführlich entwickle in Ursula Wolf, *Das Tier in der Moral*, Frankfurt a. M. ^{2}2004, Kap. IV 4.–5.) beschränkt sich auf Tierversuche, in denen Tieren Leiden entsteht. Es sagt nichts darüber aus, ob es moralisch legitim ist, Tiere in Versuchen (oder zu anderen Zwecken) angstfrei und schmerzlos zu töten (vorausgesetzt das ist möglich). Ob das Tötungsverbot auf Tiere anzuwenden ist, hängt zunächst davon ab, ob zum Wohl der Tiere ein Aspekt gehört, der dieses Verbot erfordert. Wenn

Situation, in denen ihnen Leiden entsteht. Inhalt der individuellen Moral ist aber gerade der Schutz des Wohls von Individuen, die ein subjektives Wohl haben können, und nicht eine utilitaristisch kalkulierte Glückssumme, in der Individuen zugunsten der Summe geopfert werden können.[26] Auch in diesem Zusammenhang, also um sichtbar zu machen, dass Individuen gerade Grenzen der Kalkulation sind, bietet sich der Begriff eines moralischen Rechts an. Denn die Abwesenheit unerträglicher physischer Leiden und schwerer physischer Schäden, die die Ausübung des eigenen Lebens verhindern, scheint die Vorbedingung jeder Art von Wohl zu sein.

Eine nähere Erläuterung von Abwägungsverfahren würde die Diskussion konkreter Konfliktfälle unter Kenntnis der genauen Situationsfaktoren verlangen. Absicht dieses Beitrags sollte aber nur die grundsätzliche Erläuterung der Moral mit Bezug auf Tiere sein. Dabei hat sich gezeigt, dass die Komplexität und Multikriterialität der Moral nicht daher rührt, dass es verschiedene heterogene Quellen für den Inhalt der Moral gibt,[27] sondern auf

wir annehmen, dass dieser Aspekt im Verfügen über ein explizites Bewusstsein vom eigenen Leben besteht, wird das Tötungsverbot für die meisten Tiere – mit Ausnahme vielleicht von Primaten und Delfinen – nicht gelten. Andererseits hat man den Eindruck, dass die grundlose Tötung von Tieren nicht zum Tierschutzgedanken passt. Wenn das nicht aus dem Inhalt der moralischen Rücksicht folgt, dann dürfte die Unvereinbarkeit eher zur motivationalen Seite der Moral gehören. Wenn wir Tieren gegenüber eine Haltung der Rücksicht einnehmen und wollen, dass ihnen kein unnötiges Leiden zugefügt wird, dann liegt darin, dass uns das Wohl der Tiere wichtig ist, und dieses Interesse am guten Leben der Tiere impliziert ein Interesse an ihrem Leben. Wer eine motivationale Einstellung des Mitgefühls mit Tieren hat, hat damit implizit auch eine Motivation zur Bewahrung des Lebens von Tieren.

26 Dazu auch Scruton, *Animal Rights and Wrongs*, a. a. O., S. 60.

27 Wie ich angenommen habe in Ursula Wolf »Für Tiere nur Mitleid? Überlegungen zu den Quellen der Moral«, in: Nico Scarano / Mauricio Suárez (Hrsg.), *Ernst Tugendhats Ethik. Einwände und Erwiderungen*, München 2006, S. 77–90.

Für eine klärende Diskussion über die erste Fassung dieses Artikels danke ich Ursula Baumann, Walter Pfannkuche und Jörg Schaub.

dreierlei zurückzuführen ist: Erstens ist das Phänomen der Moral komplex, indem es die verschiedenen Aspekte der Form, des Inhalts und der Motivation aufweist. Zweitens ist der Inhalt der Moral, das subjektive Wohl der Individuen, komplex; es umfasst die Dimensionen des Leidens, der Betätigung, der Sozialität usw. Drittens haben die Beziehungen, in denen Individuen im Hinblick auf ihr Wohl zueinander stehen können, je nach Fähigkeiten, Lebenssituation und Nähe unterschiedliche Implikationen.

II. Anwendungsprobleme

Töten von Tieren

EDWARD JOHNSON

Leben, Tod und Tiere

I

Mill behauptet, es sei »besser, ein unzufriedener Mensch zu sein als ein zufriedenes Schwein«[1]. Ist es das wirklich? Woher will Mill das wissen? MacIver sagt Folgendes:

> Wenn ich mutwillig auf eine Assel trete, handle ich moralisch unrecht ... Aber es ist nur ein sehr geringfügiges Unrecht, und es wäre sentimental, den Unrechtscharakter dieser Handlung zu übertreiben ... Kleines Unrecht muss getan werden, um größeres Unrecht zu verhindern. Wenn ich einen Kartoffelkäfer töte, füge ich dem Käfer Unrecht zu; aber wenn ich die Tötung unterlasse, tue ich all denjenigen Unrecht, die Kartoffeln anbauen und konsumieren, und deren Interessen sind weitaus wichtiger.[2]

Sind sie das wirklich? Woher will MacIver das wissen? Wie Mill und MacIver sind wir alle überzeugt oder tun so, als seien wir überzeugt, dass das Leben eines Menschen immer oder im Regelfall auf irgendeine Weise wichtiger als das Leben eines Tieres ist. Die gängige An-

1 John Stuart Mill, *Utilitarianism* (1863); zahlreiche Ausgaben. – Dt.: *Der Utilitarismus*, übers. und hrsg. von Dieter Birnbacher, Stuttgart ²2006, dort S. 18. Die weiteren Zitate finden sich auf den S. 14–18. Anm. d. Übers.

2 Angus Malcolm MacIver, »Ethics and the Beetle«, in: *Analysis* 8 (1948) S. 65.

nahme lautet sogar, dass auch bereits bloßes Vergnügen oder bloßer Luxus zugunsten des Menschen wichtiger ist als das Leben nichtmenschlicher Tiere; wie Goodrich sagt, »scheint allgemein die Ansicht vertreten zu werden, dass menschliches Leben unendlich wertvoller ist als tierliches Leben: Es gibt keine noch so große Zahl von Tieren, die die Opferung auch nur eines einzigen Menschen wert wäre«[3]. Sind wir so wichtig? Woher wollen wir das wissen?

Man könnte sagen: Wir *wissen es eben*. Aber es ist am besten, den *Ad-hoc*-Intuitionismus zu vermeiden, solange wir können. Haben sich selbstgefällige Behauptungen intuitiver Überlegenheit nicht schon oft genug als moralisch falsch erwiesen? Haben wir beispielsweise nicht jene Intuitionen durchschaut, die Sklaverei und Rassismus zu rechtfertigen beanspruchten? Wir haben, vermute ich, erkannt, dass wir nicht wissen (und in der Tat auch *nie wussten*), dass das Leben eines Weißen wichtiger ist als das eines Schwarzen oder dass es keine Zahl von Sklaven gibt, wie groß sie auch sein mag, welche die Opferung auch nur eines einzigen Sklavenhalters wert wäre. Nun, wie sieht es mit dem Schwein aus?

II

»Die Menschen«, teilt uns Mill mit, »haben höhere Fähigkeiten als bloß tierische Gelüste und vermögen, sobald sie sich dieser einmal bewusst geworden sind, nur darin ihr Glück zu sehen, worin deren Betätigung eingeschlossen ist.« Wie können wir wissen, wann eine Fähigkeit »höher« ist als eine andere? Mills Kriterium ist allgemein bekannt: »Von zwei Freuden ist diejenige wünschenswerter, die von allen oder nahezu allen, die beide erfahren haben – unge-

3 Timothy Goodrich, »The Morality of Killing«, in: *Philosophy* 44 (1969) S. 128.

achtet des Gefühls, eine von beiden aus moralischen Gründen vorziehen zu müssen –, entschieden bevorzugt wird.« Kaum hat Mill dieses Kriterium geäußert, erläutert er, wie es benutzt werden kann: nicht bloß, um Freuden grob zu klassifizieren, sondern auch um »höhere« Freuden unangreifbar zu machen:

> Wird die eine von zwei Freuden von denen, die beide kennen und beurteilen können, so weit über die anderen gestellt, dass sie sie auch dann noch vorziehen, wenn sie wissen, dass sie größere Unzufriedenheit verursacht, und sie gegen noch so viele Freuden, die sie erfahren könnten, nicht eintauschen möchten, sind wir berechtigt, jener Freude eine höhere Qualität zuzuschreiben, die die Quantität so weit übertrifft, dass diese im Vergleich nur gering ins Gewicht fällt.

So ist es »besser, ein unzufriedener Mensch zu sein als ein zufriedenes Schwein; besser ein unzufriedener Sokrates als ein zufriedener Narr«. Man beachte, dass Mill sich nicht einfach auf die Tatsache beruft, dass *wir* die Unzufriedenheit eines Menschen der Zufriedenheit eines Schweines vorziehen. Vielmehr denkt er, dass wir für dieses Urteil in besonderer Weise qualifiziert sind. Die Meinungen des Narren und des Schweines werden von Mill nicht anerkannt. »Und wenn der Narr oder das Schwein anderer Ansicht sind, dann deshalb, weil sie nur die eine Seite der Angelegenheit kennen. Die andere Partei hingegen kennt beide Seiten.«

Die Unangemessenheit dieser Erörterung Mills ist vielen aufgefallen. Bertrand Russell gibt den drolligsten Kommentar ab: »Utilitaristen sind merkwürdig bestrebt gewesen, zu beweisen, dass das Leben eines Schweines nicht glücklicher als das eines Philosophen ist – eine höchst zweifelhafte Behauptung, die, wenn sie über die Sache aufrichtig nachgedacht hätten, kaum von ihnen allen in derselben Weise hätte aufgestellt werden können«[4]. Mill nimmt an, dass *wir*, anders als das Schwein, sowohl das Glück des Schweines als auch unser eigenes Glück »kennen und beurteilen können«. Das ist äußerst fragwürdig. Möglicherweise erkennt Sokrates infolge seiner belehrten Unwissenheit nicht, wo Unwissenheit ein Segen ist. Um wieviel schwieriger ist der Fall, wo wir es jenseits von Speziesgrenzen zwangsläufig mit ganz andersartigen Empfindungsvermögen und Fähigkeiten zu tun haben. Welchen Grund gibt es für die Annahme, dass irgendein Mensch wirklich irgendetwas darüber weiß, wie es ist, ein Schwein oder eine Fledermaus oder irgendein anderes Tier zu sein? [...]

In den wirklich schwierigen Fällen ist es vielleicht nicht einmal *möglich*, »beides zu kennen und beurteilen zu können«, da die Fähigkeiten, welche die eine Lust ermöglichen, genau diejenigen sein könnten, die eine andere Lust unmöglich machen. Der Hedonist kann sich nicht *überall* unters gemeine Volk mischen. Sokrates kann die Freuden, die der Narr *aufgrund seiner Narrheit* hat, nicht kennen; bestenfalls kann er als Intellektueller *ersatzweise* versuchen, sie sich vorzustellen. Es ist unvernünftig, wie Mill anzunehmen, dass Menschen mit »tierlichen« Freuden *selbstverständlich* ebenso gut vertraut sind wie mit anderen, unverwechselbar »menschlichen« Freuden. Das Vorhandensein »höherer« Freuden könnte die ganze Sache dergestalt ändern, dass wir nicht mehr in der Lage sind, die »niederen« Freuden zu haben oder zu beurteilen. In diesem Fall wäre Mill aber nicht mehr berechtigt, von »höheren« und »niederen« Freuden zu sprechen. [...]

4 Bertrand Russell, *Autobiography*, London 1975, S. 162; zitiert wird ein Brief aus dem Jahre 1902.

III

Angesichts der Schwierigkeiten, die jeden Versuch begleiten, der zeigen möchte, dass wir Menschen in besonderer Weise qualifiziert sind, den Wert tierlichen Lebens zu beurteilen, ist es verlockend, eine Sichtweise anzunehmen, die auf eine solche Behauptung verzichtet. So sagt E. B. McGilvary Folgendes:

> Es ist besser, ein unzufriedener Sokrates zu sein – besser für wen? Für Sokrates oder für das Schwein? Aber ein Schwein! Wer wäre gerne ein Schwein? Ist das Schwein nicht ungern ein Schwein? Sicherlich ist es das – *aus unserer Sicht*; aber was *seine Sicht* angeht, ist das nicht so sicher. Wer weiß, welch reiches Leben Schweinen in der Massentierhaltung möglicherweise vorenthalten bleibt? Wer soll hier entscheiden? Auf welchen Schiedsrichter sollen wir uns berufen?
> Merkwürdigerweise wird, wenn eine solche Frage gestellt wird, die Tatsache übersehen, dass sie sich nicht an das ganze Universum richtet. Wir Männer und Frauen sind es, die die Frage stellen; wir stellen sie mit Bezug auf uns selbst; warum sollten wir sie nicht für uns selbst beantworten? Wir sind nicht besonders interessiert an der Frage, ob Schweine gerne Schweine sind. Wenn sie es gerne sind, ist das unerheblich. Uns beschäftigt die Frage, was *wir* gerne sein würden, welche Entwicklung unserer Kinder wir gerne fördern würden, in welches Ideal einer zukünftigen Zivilisation wir unsere Bemühungen investieren wollen.[5]

[...] Es erscheint gewiss realistisch zu sagen, dass uns die Frage beschäftigt, was wir gerne sein würden oder dass »man in jedem Fall gezwungen ist, die Dinge von seinem

5 Evander Bradley McGilvary, *Toward a Perspective Realism*, LaSalle 1956, S. 292–94.

eigenen Standpunkt aus zu beurteilen«.[6] Aber ist dies moralisch angebracht? Man stelle sich vor, wir (Mitglieder einer herrschenden Rasse) würden [...] rechtfertigen, dass wir das Leben einer unterworfenen Rasse als weniger wichtig ansehen als unser eigenes Leben: »Natürlich könnte man sagen, Weiße seien nicht in der Lage, die Reichheit des Lebens von Schwarzen zutreffend zu beurteilen, und damit zu bestimmen, ob deren Leben so wertvoll wie unseres ist oder nicht. Aber man ist in jedem Fall gezwungen, die Dinge von seinem eigenen Standpunkt aus zu beurteilen, und es ist nichts Falsches daran, dass Handlungen von Weißen von den Wahrnehmungen von Weißen geleitet werden.« Wenn eine solche Argumentation nichts weiter als die fadenscheinige Rhetorik des Rassismus sein sollte, dann fällt es schwer, die von McGilvary und Devine vertretene Sichtweise als etwas anderes als selbstgefälligen Speziesismus zu betrachten. Wenn Ersteres moralisch unangebracht ist, ist es dann nicht auch Letzteres?

IV

Bisher habe ich zwei Auffassungen darüber, wie wir wissen können, dass menschliches Leben wichtiger ist als nichtmenschliches, verworfen. Die erste Position besagte, dass wir in der Lage sind, das Leben der Tiere zu beurteilen, diese aber nicht in der Lage sind, unseres zu beurteilen, weil wir (im Gegensatz zu ihnen) »beide kennen und zu beurteilen in der Lage sind« oder beide kennen können. Die zweite Position war, dass wir wissen, dass unser Leben wichtiger ist, weil *wir* diejenigen sind, die urteilen. Ich möchte nun eine dritte Position untersuchen, die etwas komplexer ist. Die Grundidee besteht darin, dass wir

6 Philip E. Devine, *The Ethics of Homicide*, Ithaca 1978, S. 49.

wissen, dass unser Leben wichtiger ist, weil wir etwas über unser Leben wissen können, das Tiere über ihr Leben nicht wissen können; gemäß dieser Position ist die Komplexität des menschlichen Geistes nicht (unbedingt) wertvoll in sich, aber sie erlaubt uns, unser Leben in besonders bedeutungsvoller Weise wertzuschätzen. Diese Position gibt es in verschiedenen Varianten.

Nach Kant haben vernunftlose Wesen »nur einen relativen Wert, als Mittel, und heißen daher Sachen«[7]. Tiere, sagt er, »sind sich nicht ihrer selbst bewusst und existieren nur als Mittel zu einem Zweck«[8]. Wir haben, so denkt er, keine direkten Pflichten gegenüber Tieren und daraus folgt, dass sie keine Rechte haben, insbesondere kein Lebensrecht. Hegel sagt, Tiere hätten »kein Recht auf ihr Leben, weil sie es nicht wollen«[9]. Auch er bestreitet, dass Tiere Selbstzwecke sind, und nennt sie *Sachen*. Dabei merkt er Folgendes an:

> [D]ie Sache als Äußerlichkeit hat keinen Selbstzweck; ist nicht die unendliche Beziehung ihrer auf sich selbst, sondern sich selbst ein Äußerliches. Ein solches Äußerliches ist auch das Lebendige (das Tier) und insofern selber eine Sache.[10]

[...] Versionen dieser Hervorhebung von Reflexivität, die gegenwärtig in Mode sind, räumen ein, dass Tiere (als bewusste Wesen) Wünsche haben, betonen aber, dass Menschen etwas darüber hinaus haben. Harry Frankfurt[11] und

7 Immanuel Kant, *Grundlegung zur Metaphysik der Sitten* (1785), hrsg. von Theodor Valentiner, Einleitung von Hans Ebeling, Stuttgart 1984, S. S. 78.

8 Immanuel Kant, *Eine Vorlesung über Ethik* (1784/85), hrsg. von Gerd Gerhardt, Frankfurt a. M. 1990, S. 202.

9 Georg Wilhelm Friedrich Hegel, *Grundlinien der Philosophie des Rechts* (1821), hrsg. von Bernhard Lakebrink, Stuttgart 1970, S. 131.

10 Ebd., S. 127.

11 Harry G. Frankfurt, »Freedom of the Will and the Concept of a Person«, in: *Journal of Philosophy* 68 (1971) S. 5–20.

ebenso Richard Jeffrey[12] weisen darauf hin, dass Tiere zwar Wünsche erster Ordnung haben, dass ihnen jedoch Wünsche, Absichten oder Präferenzen zweiter Ordnung (oder höherer Ordnung) fehlen. Tiere wollen, aber sie wollen nicht das Wollen; es liegt ihnen an etwas, aber es liegt ihnen nicht daran, dass ihnen daran liegt. [...]

All dies sind unterschiedliche Weisen, zu sagen, dass Tiere sich keine Auffassung darüber zu eigen machen können, was sie sind; sie können ihre Bedürfnisse nicht bejahen oder ablehnen und so ihre Zukunft gestalten, ganz im Gegensatz zu Menschen; Tiere können auch nicht ihre Zukunft dazu nutzen, ihrem früheren Verhalten rückblickend Bedeutung beizumessen [...].[13]

Nehmen wir, um die Argumentation fortzuspinnen, an, es gebe einen derartigen Unterschied zwischen Menschen und anderen Tieren, auf den diese verschiedenen Varianten, sich mit der Reflexivität zu befassen, hinzuweisen versucht haben. Gehen wir davon aus, dass Menschen auf eine Weise reflexiv oder ihrer selbst bewusst sind, in der es andere Tiere nicht sind. Welches moralische Gewicht sollte man einer solchen Tatsache beimessen? Warum sollte ein reflexives Leben von größerer Bedeutung sein als ein nicht reflexives Leben?

V

Eine Antwort könnte darin bestehen, dass die Fähigkeit zur Reflexion es ihrem Besitzer ermöglicht, sich auf eine Weise um das Leben zu sorgen und den Tod als Problem zu empfinden, die Tieren nicht gegeben ist. Nach einer gängigen Ansicht verfügen Tiere über keinen Begriff des

12 Richard C. Jeffrey, »Preference among Preferences«, in: *Journal of Philosophy* 71 (1974) S. 377–391.

13 Vgl. Gilbert Harman: »Practical Reasoning«, in: *Review of Metaphysics* 29 (1976) S. 431–463.

Todes, und daher kann ihnen ihr Tod ebenso wenig etwas ausmachen wie der Umstand, dass sie keine Eintrittskarte für die Oper haben. Vernunftbegabten Wesen hingegen kann ihr Tod etwas ausmachen, und normalerweise tut er das auch; und eben aus diesem Grund ist es *prima facie* falsch, sie zu töten. Ist eine solche Auffassung richtig?

Man kann ein Interesse daran haben, den Tod zu meiden, wenn man fähig ist, zu begreifen, was der Tod ist, und somit fähig ist, ihn als Problem zu empfinden. Man kann ein Interesse am eigenen Fortbestehen haben, wenn man in der Lage ist, es zu denken, und somit in der Lage ist, es zu wollen. Aber man kann auch ein indirektes oder abgeleitetes Interesse am Leben haben, das von den anderen Interessen, die man hat, lebt. Wenn eine Kuh gerne ihr Futter wiederkäut, dann ist es (unter sonst gleichen Umständen) in ihrem Interesse, dass ihr dies gestattet wird.[14] Sie profitiert davon, über Gelegenheiten zu verfügen, ihre Wünsche zu befriedigen: je mehr, desto besser. Aber heißt das nicht auch, dass die Kuh ein Interesse am Weiterleben hat? Wenn man aus der Befriedigung eines Wunsches Nutzen zieht, ist der Nutzen dann (unter sonst gleichen Umständen) nicht umso größer, je mehr Gelegenheiten man hat, den Wunsch zu befriedigen (in Fällen, in denen dies von Bedeutung ist, womöglich bis zu einem bestimm-

14 Ich verwende den Ausdruck »Interesse« in einem weiten Sinn. Ich habe ein Interesse daran, dass meine Wünsche erfüllt werden oder dass deren Befriedigung befördert wird (unter sonst gleichen Umständen). Außerdem besitze ich, wenn ich wünsche, dass eine bestimmte Situation vorherrschen oder ein bestimmtes Ereignis oder Erlebnis stattfinden wird, ein Interesse an der Verwirklichung dieser Situation, dieses Ereignisses oder Erlebnisses (unter sonst gleichen Bedingungen). (Hierbei geht es nicht darum, wofür ich mich »interessiere« oder woran ich »interessiert« bin.) Etwas ist in meinem Interesse, wenn es mir nützt (bzw. sein Fehlen mir schadet), wenn es für mich gut ist, wenn es etwas ist, das ich (unter sonst gleichen Bedingungen) will. Ich habe ein Interesse an den Dingen, die mein Leben besser machen oder verhindern, dass es sich verschlechtert. Es mag engere Auffassungen von »Interesse« geben, aber ich würde behaupten, dass meine weite Auffassung vollkommen berechtigt ist.

ten Sättigungspunkt)? Dies würde selbst dann zutreffen, wenn man über keine Vorstellung von der Zukunft, von der sich über die Zeit erstreckenden personalen Identität usw. verfügt. Natürlich wird man über ein zusätzliches Interesse am Leben verfügen, wenn man solche Vorstellungen besitzt, da man dann in der Lage sein wird, sich um die Zukunft zu *sorgen*. Aber das Fehlen solcher Vorstellungen bedeutet nicht, dass man *kein* Interesse am Leben oder *keinen* Anspruch darauf hat: denn die abgeleitete Variante des Interesses am Leben bleibt bestehen. Solange man vom Leben erwarten kann, dass es die eigenen Wünsche erfüllt bzw. die Interessen, die man hat, befriedigt, besitzt man ein Interesse am Leben.

Um diese Auffassung zu präzisieren, müssen wir zwischen negativen und positiven Interessen unterscheiden. Grob gesagt handelt es sich bei negativen Interessen um solche, die auch befriedigt würden, wenn man plötzlich nicht mehr existieren würde. Die Vermeidung von Unlust ist ein negatives Interesse. Das Erleben von Lust ist ein positives. Negative Interessen geben einem Wesen gerade keinen Halt im künftigen Leben, da sie ebenso erfüllt werden, wenn man stirbt, wie sie möglicherweise erfüllt werden, wenn man weiterlebt. Die Tatsache, dass man ein Interesse an der Vermeidung von Unlust hat, reicht nicht aus, um ein Interesse am Leben hervorzubringen; in manchen Fällen kann das Interesse an der Vermeidung von Unlust vielmehr ein Interesse begründen, zu sterben. Manchmal liegt genau hierin die Überzeugungskraft von Suizid und Sterbehilfe. Da nichtmenschliche Lebewesen ebenso wie Menschen Lust empfinden können, besitzen sie ein Lebensinteresse, wenn das Leben ihnen Gelegenheiten bieten kann, ihre vielen natürlichen Freuden zu genießen.

Diese Auffassung erklärt sowohl, warum Tiere ein Lebensinteresse haben können, als auch, warum sich das Lebensinteresse vernunftbegabter Wesen davon grundlegend unterscheidet. Menschen haben wie Tiere ein Lebensinteresse, das sich von ihrem Interesse an anderen Dingen ableitet. Aber Menschen können auch ein davon weitgehend unabhängiges Lebensinteresse haben, da sie sich um die Zukunft sorgen können. Wenn die Zukunft eines Tieres nur aus ungelindertem Schmerz besteht, dann fehlt dem Tier das Lebensinteresse, und es sollte daher getötet werden. Aber im Falle eines Menschen können wir nicht unmittelbar dieselbe Folgerung ziehen. Es ist möglich, dass der Wunsch eines Menschen, weiterzuleben, die Tatsache überwiegt, dass sein Leben insgesamt gesehen aus Unlust und Enttäuschung bestehen wird. Im Normalfall werden Menschen sowohl diejenige Variante von Lebensinteresse haben, die von anderen Interessen abhängt, *als auch* die Variante, die darauf beruht, dass man sich um seine Zukunft sorgt.

Ich habe vorhin darauf hingewiesen, dass die Befriedigung der (positiven) Interessen eines Tieres diesem zugute kommt, dass mehr Gelegenheit zu ihrer Befriedigung besser ist als weniger sowie dass Tiere folglich aufgrund ihrer Interessen ein weiteres Interesse am Leben besitzen können. Aber ist das richtig?[15] Man kann mit einem Wunsch auf zwei Arten umgehen: Man kann ihn erfüllen oder ihn loswerden. Ein Weg, die Wünsche eines Wesens loszuwerden, besteht darin, das Wesen zu töten: Dann hat es keinerlei unerfüllte Wünsche mehr. Warum sollte man die Sache nicht auf diese Weise handhaben? Im Falle von Menschen können wir uns auf die Tatsache berufen, dass es Menschen *etwas ausmacht*, auf welche Weise mit ihren unerfüllten Wünschen (oder manchen von ihnen) umgegangen wird. Aber ein solcher Einwand ist nicht möglich im Falle von Tieren, denen (unseren Annahmen zufolge) die begrifflichen Fähigkeiten fehlen, um Wünsche höherer Ordnung auszubilden. Wenn es einem Tier nichts aus-

15 Ich verdanke diesen Einwand Susan Wolf.

macht, welche Wünsche es hat oder nach welchen Wünschen es handelt, wie kann es dann für das Tier einen Unterschied machen, ob ein Wunsch erfüllt oder ausgelöscht wird? Es scheint, als käme es für das Tier einzig darauf an, dass es (alles in allem) nicht weiterhin unbefriedigte Wünsche hat. Wenn dem so ist, gibt es keinen sich aus den Interessen des Tieres ergebenden Grund, weshalb das Tier nicht einfach getötet werden sollte.

Man beachte jedoch, dass es nicht ausreicht, dass Personen Wünsche oder Präferenzen höherer Ordnung besitzen, die näher bestimmen, was sie wollen. Denn auf der Ebene der Präferenz höchster Ordnung wird die Frage einfach wieder auftauchen: Sollten wir diese Meta-Präferenz befriedigen oder auslöschen? Hieraus folgt demnach lediglich, dass Menschen über eine kompliziertere Präferenzstruktur als Tiere verfügen. Wenn zwischen Tieren und Menschen ein echter Unterschied bestehen soll, dann scheint es, als dürften Personen keinen Willen höchster Ordnung haben: ihre Meta-Wünsche müssten ins Unendliche zurückweichen. (Man mag hierin vielleicht einen Grund erkennen, weshalb Hegel mit Bezug auf Personen von einer »unendlichen Beziehung auf sich selbst« spricht.)

Dies wäre eine düstere Theorie. Aber selbst wenn man die Auffassung, Menschen seien endlos reflexiv und in dieser Hinsicht ganz anders als Tiere, akzeptieren könnte, so müsste man sich immer noch mit der hartnäckigen Intuition befassen, dass die Auslöschung des Wunsches eines Tieres, wenn sie eine generelle Verfahrensweise darstellen soll, nicht ebenso akzeptabel wie die Befriedigung des Wunsches ist.

Auffassungen, die die menschliche Reflexivität betonen, mögen einräumen, dass vernunftlose Wesen ein Lebensinteresse haben. Aber sie unterstellen, dass vernunftbegabte Wesen ein *größeres* Lebensinteresse haben, da ein vernunftbegabtes Wesen am Weiterleben *selbst* interessiert sein kann. Es ist jedoch nicht offensichtlich, dass dies eine Rechtfertigung dafür bietet, in jedem Konfliktfall das Leben eines Menschen dem Leben eines Tieres vorzuziehen. Häufig urteilen wir, dass die Vermehrung der Möglichkeiten einer Person, ihre Interessen zu befriedigen, wichtiger ist, als bestimmte Wünsche einer anderen Person zu erfüllen. Ich sehe keinen Grund, weshalb wir *annehmen* könnten, dass jeder Lebenswunsch eines Menschen an sich schon die Art von Lebensinteresse, über das ein Tier verfügt, überwiegt.

VI

Ein reflexives Wesen besitzt eine Art von Lebensinteresse, die einem nicht-reflexiven Wesen abgeht. Aber es ist nicht klar, warum dies dem reflexiven Wesen einen höheren Anspruch auf Leben verleiht oder sein Leben wertvoller oder wichtiger macht. Warum sollte mentale Komplexität überhaupt von Bedeutung sein? Die Annahme, dass sie durchaus relevant ist, wird von Speziesisten und Gegnern des Speziesismus gleichermaßen vertreten. Sogar Peter Singer sagt, dass

> »eine Zurückweisung des Speziesismus nicht impliziert, dass jedes Leben von gleichem Wert ist. Während Selbstbewusstsein, Intelligenz, die Fähigkeit, sinnvolle Beziehungen zu anderen zu unterhalten usw. nicht relevant für die Frage der Leidenszufügung sind – da Leiden Leiden ist, gleich welche weiteren Fähigkeiten über die Fähigkeit, Schmerz zu empfinden, hinaus das Wesen noch haben mag –, sind diese Fähigkeiten möglicherweise für die Tötungsfrage relevant. Es ist nicht willkürlich, den Standpunkt zu vertreten, dass das Leben eines selbstbewussten Wesens, das in der Lage ist, abstrakt zu denken, die Zukunft zu planen, komplexe

Kommunikationshandlungen vorzunehmen usw., wertvoller ist als das Leben eines Wesens ohne diese Fähigkeiten.«[16]

Singers Faustregel zur Vermeidung von Speziesismus lautet, dass »wir dem Leben von Tieren dieselbe Achtung zuteil werden lassen sollten, die wir dem Leben derjenigen Menschen zuteil werden lassen, die auf einer vergleichbaren mentalen Stufe stehen ...«[17] Aber wieso bedarf es der Einschränkung »auf einer vergleichbaren mentalen Stufe«? Wieso spielt mentale Komplexität eine Rolle? Eine Antwort würde lauten, dass mental komplexe Wesen größere Lust und größere Unlust erleben als andere Wesen. Eine weitere Antwort würde darin bestehen, dass mental komplexe Wesen dazu in der Lage sind, zueinander Beziehungen von einer Art herzustellen, zu der »schlichte Seelen« nicht fähig sind. Diese Auffassung zwingt uns, das Wesen der Moral als radikal kontraktualistisch anzusehen. Eine dritte Antwort würde behaupten, dass mentale Komplexität intrinsisch wertvoll sei.

Mir fehlt hier die Zeit, die Mängel jeder dieser Antworten zu erörtern.[18] Stattdessen möchte ich versuchen, so nachdrücklich wie möglich auf die Schwierigkeit hinzuweisen, die sich für das moralische Denken durch die Frage der Vergleichbarkeit des Wertes von menschlichem und nichtmenschlichem Leben ergibt.

Ich nehme an, dass Tiere ein Bewusstsein besitzen.[19] Ich bin bereit, um des Fortganges der Argumentation willen einzuräumen, dass das Bewusstsein der (meisten) Tiere kein Selbstbewusstsein ist und dass Selbstbewusstsein ein komplexerer Geisteszustand als »bloßes« Bewusstsein ist.

16 Peter Singer, *Animal Liberation*, New York 1975. – Dt.: *Animal Liberation. Die Befreiung der Tiere*, Reinbek bei Hamburg 1996.

17 Ebd.

18 Insbesondere zu den letzteren beiden vgl. meine Dissertation *Species and Morality*, Princeton 1976, Kap. 4 und 5.

19 Donald R. Griffin, *The Question of Animal Awareness*, New York 1976.

Aber welche moralische Bedeutung hat eine solche Komplexität? Ich neige zu der Ansicht, dass jeder Geist für sich selbst wertvoll sein kann. Es muss nichts *intrinsisch* falsch sein an den Geisteszuständen derer, die »verrückt«, »geistig zurückgeblieben« oder »infantil« sind. Dass es sich bei diesen Geisteszuständen nicht um solche handelt, die ich für mich selbst wünsche, zeigt in keiner Weise, dass sie nicht für *jene* Wesen wertvoll sind. Sollte nicht jeder Geist eine Stimme haben, auch wenn ich sie nicht hören kann? So sagt Samuel Alexander über Kinder: »Wir mögen sie, weil sie Kinder sind, und nicht, weil sie Erwachsene sein werden.«[20] Er unterstellt, dass Kinder nicht trotz, sondern gerade wegen ihrer mentalen Schlichtheit liebenswert sind. Das Gleiche, so fährt er fort, gilt auch für seinen Hund. Wenn man einmal beginnt, diesen Pfad hinabzusteigen, ist es schwierig herauszufinden, wo man stehen bleiben sollte. [...]

Betrachten wir zum Abschluss die Auster, eine viel geschmähte Kreatur. Platon behauptet: »Von Vernunft aber und Erinnerung, von Erkenntnis und richtiger Meinung auch nicht das mindeste habend, musst du doch ... dieses, ob du vergnügt bist oder nicht, offenbar nicht wissen, da du ja aller Einsicht leer bist... und so [könntest du] nicht ein menschliches Leben leben, sondern irgendeines Polypen oder eines Schaltieres, wie man sie im Meer findet.« (*Philebos* 21b–c; übers. v. Friedrich D. E. Schleiermacher).

[...] Ich habe keine Ahnung, ob Austern ein Bewusstsein haben oder nicht. Mir geht es um Folgendes: Wenn sie oder irgendwelche anderen Geschöpfe ein Bewusstsein haben, wenn es Grund gibt anzunehmen, dass sie eines haben, dann gibt es *keinen Grund*, ihr Bewusstsein verächtlich zu machen und zu behaupten, es sei *an sich* weniger wertvoll für sie, als es unser eigenes für uns ist. In dem Aufsatz Santayanas, der Russell veranlasste, seinen frühen

20 Samuel Alexander, »The Mind of a Dog«, in: *Philosophical and Literary Pieces*, London 1939, S. 115.

Glauben an die Objektivität von Gut und Böse aufzugeben, macht Santayana[21] folgende Bemerkung zu jener Behauptung Platons:

> [Stellen Sie sich eine solche gedankenlose Lust vor, die so intensiv und langdauernd ist, wie es Ihnen beliebt – und würden Sie sie wählen? Besteht für Sie darin das Gute? Hier erwartet man, dass der Leser … instinktiv mit ›Nein.‹ antwortet.] Es handelt sich um ein *argumentum ad hominem* (und es kann in der Ethik keine andere Argumentationsweise geben); aber der Mensch, der die erwartete Antwort gibt, tut dies nicht, weil die Antwort selbstverständlich wäre – sie ist es nicht –, sondern weil er der benötigte Menschentyp ist. Die Vorstellung, einer Auster zu gleichen, schockiert ihn. Doch gleichbleibende Lust, ohne Erinnerung oder Reflexion, ohne die ermüdende Beimischung willkürlicher Bilder, ist genau das, was der Mystiker, der Lüstling und vielleicht auch die Auster gut finden … Ein solch radikaler Hedonismus ist allerdings unmenschlich; er untergräbt alle konventionellen Bestrebungen und stellt keine mögliche Grundlage für das politische oder künstlerische Leben dar. Aber das ist alles, was wir dagegen einwenden können. Die Menschheit kann die nicht miteinander vergleichbaren Arten des Guten, die auf der Welt erstrebt werden mögen, nicht für nichtig erklären, auch wenn sie sie selbst nicht zu verfolgen vermag. Das Unvermögen, mit reiner Lust als Ziel zufrieden zu sein, mit dem Menschen zu kämpfen haben, liegt an ihrem Mangel an Vorstellungskraft oder vielmehr daran, dass sie von einer Vorstellungskraft beherrscht werden, die ausschließlich menschlich ist.[22]

21 Santayanas Einfluss auf Russells Gesinnungswandel ist dokumentiert in Bertrand Russell, *Portraits from Memory and Other Essays*, New York 1956, S. 96.

22 George Santayana, *Winds of Doctrine*, New York 1913. [Das Zitat wurde vom Übers. zum besseren Verständnis um die ersten drei Sätze erweitert.]

Wenn wir die Ethik auf Selbstbehauptung gründen, wie McGilvary, Devine und (tiefer gehend) Santayana es tun, können wir Austern und Schweine aus der Moral ausschließen, was gastronomisch gesehen günstig wäre. Aber wir zahlen hierfür einen Preis: Diejenigen, die sich selbst behaupten, können mit derselben Rechtfertigung Juden oder Schwarze, geistig Behinderte, mich oder – sogar – Sie ausschließen. Man möchte hier eine Grenze ziehen, aber bisher vermochte keine Begründung zu überzeugen. Wenn dieses Ergebnis nicht überrascht, so ist es doch zumindest für jeden, der an die Kohärenz der Ethik glauben möchte, zutiefst beunruhigend.

DIETER BIRNBACHER

Lässt sich die Tötung von Tieren rechtfertigen?

1. Einleitung

Weder im allgemeinen moralischen Bewusstsein noch aufseiten der Ethiker besteht Konsens darüber, ob und wenn ja, unter welchen Bedingungen eine Tötung von Tieren moralisch zulässig ist. Einen Konsens findet man allein an den Extrempunkten des Spektrums: Es besteht Einigkeit darüber, dass es moralisch unzulässig ist, Tiere willkürlich, gedankenlos oder aus Lust an Grausamkeit und Zerstörung zu töten. Ein Tier ist keine bloße Sache, an der man Wut, Frustration oder destruktive Impulse abreagiert. Auf der anderen Seite ist unbestritten, dass es dem Menschen freisteht, ein Tier zu töten, das ihn bedroht, also in Notwehr oder um Schädlinge abzuwehren, und dass er ein Tier selbstverständlich dann töten darf, wenn dies – wie beim Gnadentod – in dessen eigenem Interesse liegt. Damit sind aber mehr oder weniger alle praktisch wichtigen Fragen weiterhin offen: Dürfen wir Tiere auch ohne Vorliegen dieser besonderen Gründe töten – und wenn ja, welche? Begründen der Besitz von Bewusstsein oder Selbstbewusstsein ein tierisches Lebensrecht? Oder dürfen wir Tiere u. a. deshalb schlechter behandeln als Menschen mit denselben Fähigkeiten, weil sie Tiere und keine Menschen sind, wir ihnen also keine »Gattungssolidarität« schulden?

2. Der Ansatz eines umfassenden Lebensschutzes

In den letzten Jahren sind ethische Ansätze wiederentdeckt oder neu entwickelt worden, nach denen jegliche vorzeitige Beendigung eines nicht-menschlichen Lebens als moralisch unzulässig oder zumindest bedenklich gelten muss, es sei denn, der Mensch sei als Individuum oder als Gattung auf die Zerstörung außermenschlichen Lebens zur Erhaltung seines eigenen Lebens bzw. seiner Lebensgrundlagen angewiesen oder die Tötung erlöse ein Lebewesen von einem anders nicht zu lindernden Leiden. In diesen Ansätzen ist die Unzulässigkeit der Tötung von Tieren nur ein Teilaspekt einer *umfassenden* Lebenserhaltungspflicht. In idealtypischer Reinheit manifestiert sich dieser Ansatz in Konzeptionen, die keine wie immer geartete Differenzierung der Schutzpflichten gegenüber Tieren nach Merkmalen wie biologischer Organisationshöhe, Leidensfähigkeit, Denkfähigkeit usw. vorsehen und insofern eine beträchtliche Abweichung von landläufigen Intuitionen in Kauf nehmen. Da Leben allem Lebendigen in gleicher Weise zukommt und eine Erhaltungspflicht gegenüber dem Leben als solchem, unabhängig von seiner spezifischen Qualität, bestehen soll, ist für diese Konzeptionen das Leben von Tieren in keinem geringeren, aber auch in keinem höheren Maße schutzwürdig als das Leben von Pflanzen. Auch innerhalb der Tierwelt werden keine Differenzierungen zugelassen. Das Leben eines hochentwickelten Säugetiers hat keinen geringeren, aber auch keinen höheren axiologischen Rang als das Leben eines Pantoffeltierchens.

Die bekannteste Formulierung dieses Ansatzes sind Albert Schweitzers »Ethik der Ehrfurcht vor dem Leben in allen seinen Erscheinungsformen« (vgl. Schweitzer 1966) und Paul W. Taylors Ethik der »Achtung vor der Natur« (Taylor 1986). Die Radikalität von Schweitzers Lebensethik wird von der von Taylors Naturethik noch übertroffen. Während Schweitzer eine Abstufung in den moralischen Pflichten gegenüber »niederen« und »höheren« Formen des Lebendigen dem Grundsatz nach ablehnt, es für die Praxis jedoch für unabweisbar hält, an den üblichen Abstufungen festzuhalten (so dass tierisches dem pflanzlichen, menschliches dem tierischen Leben dem Rang nach vorangeht), vertritt Taylor auch in praktischer Hinsicht einen konsequenten Gattungsegalitarismus. Bezeichnend dafür sind die Gründe, aus denen sich Taylor zum ethischen Vegetarismus bekennt: Nicht deswegen sollte man Vegetarier werden, weil es moralisch unbedenklicher ist, Pflanzen statt Tiere für die menschliche Ernährung zu nutzen, sondern deshalb, weil mit dem Verzicht auf fleischliche Nahrung insgesamt weniger individuelle Leben geopfert werden. Eine sich vegetarisch ernährende Gattung *Homo sapiens* würde den übrigen biologischen Gattungen mehr Lebensraum belassen, da sie mit weniger agrarischer Nutzfläche und einer weniger intensiv betriebenen Landwirtschaft auskäme.

Eine zweifellose Schwäche von Schweitzers Ethik ist sein aus heutiger philosophischer und wissenschaftlicher Sicht kaum akzeptabler mystischer Vitalismus. Für Schweitzer ist das Leben ein Mysterium, dem allenfalls eine Haltung mystischer Hingabe angemessen ist und angesichts dessen jeder Versuch einer wissenschaftlichen Durchdringung und technischen Manipulation als schnöder Frevel erscheinen muss. Aber aus heutiger Sicht kann man das Leben schwerlich noch als »Geheimnis« gelten lassen. Nicht nur sein Vollzug, auch seine Entstehung sind wissenschaftlichen Erklärungsversuchen zugänglich geworden.

Taylors Ethik der Achtung vor der Natur ist in diesem Punkt weniger angreifbar. Seine zentrale Wertprämisse, dass das Merkmal der teleonomen Organisation die einzige und alleinige Grundlage unserer Verpflichtungen gegenüber der Natur ausmacht, bezieht sich auf eine empirisch nachprüfbare Eigenschaft. Diese teleonome Organisation definiert nach Taylor für jedes individuelle Lebewesen ein Entwicklungsziel, ein Telos, durch das ein spezifisches Gut gegeben ist, das erreicht und verfehlt, begünstigt und behindert werden kann (vgl. Taylor 1986, 60ff.). Es fragt sich allerdings, ob Taylors Ethik dadurch insgesamt akzeptabler wird. Die eine wie die andere Konzeption wird der an jede moralische Norm zu stellenden Forderung, im Prinzip für jedermann nachvollziehbar und einsichtig gemacht werden zu können, kaum gerecht. Es ist nicht ersichtlich, warum das Leben – unabhängig von seiner spezifischen Qualität – der einzige eigenständige Wert sein soll. Es ist nicht einmal evident, dass das Leben als solches – im rein biologischen Sinne verstanden – überhaupt ein nennenswerter Wert ist. Zweifellos ist es jedem unbenommen, das biologische Leben als solches für einen Wert zu halten. Aber es gibt nichts, was denjenigen, der anderer Meinung ist, zu dieser Auffassung nötigen könnte.

3. Interessenargumente

Interessenargumente gehören in der zeitgenössischen Ethik zu den am häufigsten diskutierten ethischen Argumenten gegen die Tiertötung. Nach den Interessenargumenten ist eine Tötung von Tieren deshalb moralisch unzulässig, weil sie bestimmte Interessen des Tiers verletzt. Welche Interessen sind das?

Der Göttinger Philosoph und Pädagoge Leonard Nelson, der eine radikale, aber zugleich sehr differenzierte Version der Interessenargumentation gegen das Töten von Tieren vertrat, hat zwischen zwei Arten eines tierischen Interesses unterschieden: einem Interesse an x, das den *Gedanken* an x voraussetzt, und einem Interesse an x, das auch ohne einen Gedanken an x bestehen kann. Im ersten Fall kann man von einem Interesse im starken, im zweiten von einem Interesse im schwachen Sinn sprechen. Ein Interesse im starken Sinne setzt die Fähigkeit zur gedanklichen Repräsentation des Gegenstands des Interesses voraus, während ein Interesse im schwachen Sinne bereits dann gegeben sein kann, wenn x unmittelbar anschaulich präsent ist. Ein Interesse im schwachen Sinne zu haben, bedeutet nicht mehr, als einen bestimmten gegenwärtigen Zustand oder ein bestimmtes gegebenes Objekt in einem elementaren Sinn positiv oder negativ zu bewerten, zu wollen oder nicht zu wollen, zu mögen oder nicht zu mögen. So kann man etwa einem leidenden Tier ein Interesse im schwachen Sinn zuschreiben, nicht zu leiden, ohne ihm zugleich die Fähigkeit zuzuschreiben, dieses Leiden zum Gegenstand eines Urteils zu machen, es begrifflich zu fassen oder gar zu artikulieren.

Überlegt man sich, welche Interessen eines Tiers durch seine Tötung verletzt werden, so sieht man, dass es sich dabei stets nur um Interessen im starken Sinne handeln kann bzw. um subjektive Zustände, die starke Interessen voraussetzen.

Erstens verletzt die Tötung ein möglicherweise bestehendes subjektives Interesse des Tiers an seinem eigenen Weiterleben. Ein »Überlebensinteresse« in diesem Sinn würde durch die Tötung *direkt* verletzt. Zweitens verletzt eine Tötung ein mögliches Interesse des Tiers, frei von Todesfurcht zu leben. Drittens verletzt sie ein mögliches Interesse des Tiers an bestimmten zukünftigen Zuständen und Tätigkeiten, die sein Weiterleben voraussetzen. Beide letzteren Interessen würden durch die Tötung *indirekt* verletzt.

Alle drei Begründungen sind von sehr begrenzter Reichweite. Sie können nur für Tiere gelten, die entweder in der Lage sind, ihren eigenen (späteren) Tod zu denken, oder zumindest in der Lage sind, spätere eigene Zustände zu denken, also über ein Selbst- und Zukunftsbewusstsein verfügen. Auch wenn ein Interesse der dritten Art keinen intentionalen Bezug auf den Tod als ein zukünftiges, rein gedanklich repräsentiertes Ereignis beinhaltet, so beinhaltet es dennoch den Bezug auf eigene spätere Zustände und Tätigkeiten. Das Interessenargument dritter Art wäre also ein Grund gegen die Tötung von Tieren, die zwar keinen

Begriff von ihrem eigenen Tod, aber doch zukunftsgerichtete Interessen besitzen. Ob dieser letzte Grund allerdings stark genug ist, um eine Tötung im Interesse anderer *kategorisch* zu verbieten, ist zweifelhaft.

Insgesamt lässt sich mit dem Interessenansatz ein Tötungsverbot bei Tieren sehr viel weniger leicht begründen als ein Verbot der Leidenszufügung. Dass es moralisch bedenklich ist, einem Tier Schmerzen, Angst, Stress oder andere als Belastung empfundene Zustände zuzumuten, folgt bereits daraus, dass jedem Tier, das unter Belastungen leiden kann, auch ein Interesse (zumindest in einem schwachen Sinn von »Interesse«) unterstellt werden kann, von diesen Belastungen verschont zu bleiben. Dass es moralisch bedenklich ist, ein Tier (schmerzlos) zu töten, lässt sich mit denselben Mitteln jedoch nicht so leicht zeigen. Es ist mit dem Interessenansatz vielmehr nur für diejenigen Tiere plausibel zu machen, denen die Fähigkeit zu zukunfts- bzw. selbstbezogenem Denken unterstellt werden kann. Diese Asymmetrie stellt die übliche Abstufung, nach der eine Tötung grundsätzlich bedenklicher ist als eine Leidenszufügung oder nicht-tödliche Schädigung, auf den Kopf. Sie beruht jedoch darauf, dass das, was beim Menschen der Normalfall ist – die Fähigkeit zu zukunftsbezogenen und selbstbezogenen Interessen im starken Sinn – beim Tier eher die Ausnahme ist. Im Normalfall hat der Mensch einen Begriff von sich selbst und seiner Zukunft und ist in der Lage, auch fernliegende und unanschauliche Gefahren zu fürchten. Da Tiere jedoch die Fähigkeit dazu im Normalfall nicht haben, kehrt sich für sie die für den Menschen geltende Rangfolge in der moralischen Beurteilung von Tötung und Leidenszufügung um.

4. »Inherent value« und das Verbot der Instrumentalisierung von Lebenssubjekten

Nelson argumentiert aus seinem Interessenansatz heraus nicht nur für ein generelles Lebensrecht von Tieren, sondern auch dafür, ihnen den vollen Personenstatus und (soweit diese auf Tiere übertragbar sind) dieselben grundlegenden Rechte zuzuschreiben, die wir Menschen zuschreiben. Dazu gehört insbesondere auch das in der sogenannten zweiten Formulierung des Kantischen Kategorischen Imperativs enthaltene – dort allerdings auf menschliche Personen eingeschränkte – Recht, nicht als bloßes Mittel für die Zwecke anderer gebraucht zu werden.

In der Tierethik der Gegenwart ist dieser Begründungsansatz vor allem von Tom Regan ausgearbeitet worden. Nach Regan ist die Tötung eines Tiers zu fremden Zwecken als eine Form der *Instrumentalisierung* moralisch unzulässig. So lehnt Regan nicht nur die Tötung von Säugetieren zum Zweck des Fleischverzehrs und im Zusammenhang mit Tierversuchen ab (vgl. Regan 1986, 45), sondern auch jede – wie immer humane – Form der landwirtschaftlichen Nutzung (vgl. Regan 1983, 394). Das zentrale Recht, das Tieren zukommt, ist nicht das Lebensrecht, sondern das Recht auf Achtung, auf »respectful treatment« (Regan 1983, 327). Dieses gründet seinerseits in einem »inherent value« der Tiere, einer spezifischen Art von Würde.

»Inherent value« kommt nach Regan allerdings nicht allen, sondern nur denjenigen Tieren zu, die als »Subjekte eines Lebens« gelten können. Was das genau bedeutet, bleibt bei Regan unklar. Offensichtlich sollen Denkfähigkeit und die Fähigkeit zu Zukunftsbewusstsein erforderlich sein, um als Träger von »inherent value« vor Instrumentalisierung geschützt zu sein, aber daraus folgt Regans radikales Verbot der Instrumentalisierung von Säugetieren nur unter der problematischen Annahme, dass ausnahmslos alle Säugetiere denkfähig und mit Zukunftsbewusstsein begabt sind.

Ein weiterer Kritikpunkt ist Regans Überinterpretation des Würdeprinzips: Nicht jede Instrumentalisierung ist schon als solche verletzend. Ob A, der sich die Arbeitskraft von B zunutze macht und ihn insofern als Mittel zu fremden Zwecken gebraucht, B dadurch zu einem *bloßen* Mittel macht, hängt davon ab, wie B ansonsten behandelt wird, z. B. wieviel Entscheidungsfreiheit ihm gelassen wird, ob er für seine Arbeit angemessen entlohnt wird, ob er das Recht behält, sich einer Arbeit, die mit seinen Moralvorstellungen unvereinbar ist, auch zu entziehen usw. Ebenso wird nicht jedes Tier, das zu fremden Zwecken getötet wird, dadurch zu einem *bloßen* Mittel gemacht. Das hängt vielmehr davon ab, wie es vor der Tötung behandelt worden ist: ob es Leiden, Angst und Stress ausgesetzt ist, ob es seiner Art und seinen individuellen Eigenarten gemäß gehalten wird, ob es hinreichend viel Freiraum zum Ausleben seiner physischen und sozialen Bedürfnisse hat, ob es überfordert oder vernachlässigt wird. Nur dann wird man sagen können, dass die Tötung eines Tiers einen Akt nicht zu verantwortender Ausbeutung darstellt, wenn bereits der Kontext, in dem sie erfolgt, diese Kennzeichnung rechtfertigt.

Die entscheidende kritische Frage an Regans Ansatz ist jedoch die nach ihrer Universalisierbarkeit: Ist der von Regan vorausgesetzte Würdebegriff jedermann einsichtig zu machen? An dieser Stelle habe ich große Zweifel. »Würde« hat dann, wenn sie nicht direkt oder indirekt auf bestimmte tierische Interessen (im schwachen oder starken Sinn) bezogen ist, eher den Charakter eines persönlichen *Ideals* als den eines allgemeinverbindlichen *Prinzips*. Das, was man als mit der »Würde« eines Tiers vereinbar betrachtet, hängt in hohem Maße von kulturellen Deutungen ab, die nicht allgemeinverbindlich begründet werden können. So existieren etwa sehr unterschiedliche Vorstellungen darüber, an welchem Punkt zivilisatorischer Nutzung und Überformung die Würde des Tiers verletzt und die Grenze zum »Frevel« hin überschritten wird (vgl. Birnbacher 1991, 313 f.).

Regan beruft sich bei seinem ethischen Verbot der Tötung von Säugetieren in Landwirtschaft und Forschung neben dem Würde-Argument noch auf ein weiteres Argument, das »Argument der Grenzfälle« (»argument of marginal cases«). Es besagt, dass wir nicht einerseits Menschen mit geringeren Fähigkeiten, als sie bewusstseins- und handlungsfähige Tiere besitzen, Würde und Lebensrecht zuerkennen und es andererseits Tieren mit höheren Fähigkeiten vorenthalten können. Wie kann es etwa gerechtfertigt sein, fragt Regan, dieselben Experimente, die wir bei menschlichen Embryonen und schwer Schwachsinnigen kategorisch ablehnen, bei Säugetieren mit bedeutend höheren kognitiven Fähigkeiten zuzulassen? Warum gilt die Abtreibung eines menschlichen Embryos als moralisches Problem, nicht aber die Tötung eines ausgewachsenen Primaten? Wer – wie Regan selbst – an dem Schutz menschlicher »Grenzfälle« festhalten möchte, sich jedoch weigert, den Schritt zu einem entsprechenden moralischen Verbot der Nutzung nichtmenschlicher Säugetiere zu tun, hat nach Regan keine andere Wahl als zuzugestehen, dass er die bloße Zugehörigkeit zur Spezies *Homo sapiens* für moralisch relevant hält, und sich damit dem Vorwurf des »Speziesismus« auszusetzen, der unbegründeten Privilegierung der eigenen Gattung.

In der Tat ist der »Speziesismus« schwer zu rechtfertigen. Man muss Kritikern des Speziesismus wie Richard Ryder, Peter Singer und Tom Regan recht geben, dass nicht zu sehen ist, weshalb die bloße Zugehörigkeit zu einer biologischen Spezies – unabhängig von den jeweiligen individuellen Fähigkeiten und Sensibilitäten – dafür ausschlaggebend sein soll, wie mit einem Lebewesen umzugehen ist. Zwar könnte der »Speziesist« zu seiner Verteidigung anführen, dass der Mensch *als Gattung* insgesamt höhere Fähigkeiten besitzt als jede Tiergattung und durch eine Instrumentalisierung, wie wir sie bei Tieren zulassen, in der Regel intensiver und nachhaltiger negativ betroffen ist. Aber die »Marginalität« der »marginal cases« besteht gerade darin, dass sie die für den Menschen insgesamt typischen Fähigkeiten und Reaktionen nur sehr eingeschränkt teilen. Metaphysische Konzeptionen, nach denen die Angehörigen der Spezies *Homo sapiens* im Gegensatz zu anderen Lebewesen mit einer besonderen Qualität (wie einer Geistseele) begabt sind, die ihnen einen überlegenen Status verleiht, können das Dilemma ebenfalls nicht auflösen, da sie bloße Spekulationen sind und keinen begründeten Anspruch auf Allgemeingültigkeit erheben können.

Dennoch scheint sich *für die Praxis* ein gewisses Maß an »Speziesismus« rechtfertigen zu lassen. Von einer Instrumentalisierung von menschlichen »Grenzfällen« – etwa zu »verbrauchenden«, also mit dem Tod endenden medizinischen Experimenten – würden auf andere Menschen sehr viel gravierendere Nebenwirkungen ausgehen, als sie von der Instrumentalisierung von Tieren auf andere Tiere ausgehen. Von dem, was menschlichen »marginal cases« geschieht, sind andere Menschen schon insofern mitbetroffen, als sie befürchten müssen, möglicherweise selbst einmal zu »marginal cases« zu werden. Tiere dagegen sind von dem Schicksal ihrer Gattungsgenossen sehr viel weniger betroffen. Das Argument der »marginal cases« ist deshalb kein gutes Argument dafür, jedem Tier – oder jedem Säugetier – ein uneingeschränktes Lebensrecht zu gewähren.

5. Das »Beraubungs«-Argument

Ein anderes Argument gegen die Tötung von Tieren geht auf den Schweizer Ethiker Jean-Claude Wolf zurück: Der vom Menschen zugefügte vorzeitige Tod bringt das Tier um eine als lebenswert erlebte Lebensspanne, um – wie Wolf formuliert – sein »praemium vitae«. Diese Lebensspanne muss aber auch dann als ein Gut gelten, wenn sich kein spezifisches Interesse auf sie richtet: »Das Leben der Maus ist für sie ein Gut, selbst wenn sie nicht über die kognitiven Voraussetzungen verfügte, eine bewusste Präferenz für ihr Leben zu bilden« (Wolf 1993, 102). Das Weiterleben der Maus ist ein Gut für sie, nicht weil sie ein Interesse daran hätte, sondern weil dies allererst die Voraussetzung dafür ist, späterhin Interessen zu haben und diese Interessen zu befriedigen. Der Wert des lebenswerten Lebens wird also – in einem bestimmten Sinn von »objektiv« – als ein »objektiver« Wert aufgefasst, der unabhängig davon besteht, ob er (außer bei demjenigen, der diesen Wert vertritt) Gegenstand eines wie immer gearteten Interesses ist. Nicht die Nichterfüllung tierischer Interessen macht die Tötung zu einem Übel, sondern »die Unterbrechung eines kontinuierlichen Bewusstseinsstroms« (Wolf 1993, 30).

Ich halte auch das »Beraubungsargument« (Wolf 1993, 95) für problematisch, weil letztlich zirkulär: Wenn das Übel des Tötens weder darin liegt, dass es bestimmte Interessen eines Lebewesens oder die Interessen anderer verletzt, noch darin, dass es die Quantität des bewussten Erlebens insgesamt mindert – wie unterscheidet es sich dann noch von der Aussage, dass die Tötung empfindungsfähiger Tiere deshalb unzulässig ist, weil sie eine Tötung empfindungsfähiger Lebewesen ist? Denn genau das, was nach Jean-Claude Wolf die Tötung unzulässig macht, die »Unterbrechung eines kontinuierlichen Bewusstseinsstroms«, ist – versteht man »kontinuierlich« grosso modo, d. h. einschließlich von Phasen der Betäubung – nichts anderes als die *Definition* dessen, was es heißt, ein Tier zu töten.

6. »Quantitätsethische« Argumente gegen die Tötung von Tieren

Als »quantitätsethisch« kann man Argumente bezeichnen, die zu zeigen versuchen, dass ein Mehr eines bestimmten Guts besser ist als ein Weniger davon und dass wir *prima facie* – vorbehaltlich entgegenstehender Pflichten – verpflichtet sind, das jeweilige Gut zu mehren bzw. seine Verminderung zu verhindern (vgl. Birnbacher 1986). Wenn ein subjektiv als lebenswert bewertetes Leben ein Gut ist, ist es danach besser, wenn mehr davon existiert als weniger, und ist es *prima facie* richtig, dessen Verminderung – etwa in Gestalt eines drastischen Bevölkerungsrückgangs – zu verhindern. Nun bedeutet aber die Tötung eines Lebewesens, das voraussehbar ein subjektiv als lebenswert empfundenes Leben vor sich hat, gleich in zweierlei Hinsicht eine Verletzung dieses quantitätsethischen Prinzips. Erstens wird es *als Individuum* daran gehindert, dieses absehbar weiterhin lebenswerte Leben zu leben. Seine individuelle Lebenszeit wird um eine Phase verkürzt, die es – unabhängig davon, ob ihm ein vorausschauendes Interesse, diese Phase zu leben, zugeschrieben werden kann – *gern* leben würde. Zweitens bedeutet die Tötung des Individuums immer auch eine quantitative Minderung des *Kollektivs*. Die Gesamtpopulation der Wesen mit einem subjektiv als lebenswert empfundenen Leben verringert sich um ein Exemplar. Das Töten eines Tiers macht die Welt um ein gern gelebtes Leben ärmer.

Quantitätsethische Argumente sind nicht von ungefähr umstritten. Die Vorbehalte gegen sie gehen vor allem darauf zurück, dass sie nicht nur eine Prima-facie-Pflicht begründen, die *Verminderung* von subjektiv als lebenswert empfundenem Leben zu *verhindern*, sondern auch eine Prima-facie-Pflicht, die *Hervorbringung* dieses Lebens bewusst zu *fördern*. Eine Hervorbringungspflicht bzw. eine moralische Pflicht zur aktiven Bevölkerungspolitik – wie sie noch Albert Schweitzer forderte (vgl. Schweitzer 1986, 60) – scheint jedoch nicht besonders akzeptabel. Bezogen auf Tiere hätte sie die befremdliche Konsequenz, dass wir uns für verpflichtet halten müssten, dafür zu sorgen, dass sich die Erde mit möglichst vielen bewusstseinsfähigen Tieren bevölkert, eventuell auch unter Verzicht auf wichtige menschliche Nutzungsformen.

Ich für meinen Teil halte das quantitätsethische Argument *im Ansatz* für überzeugend. Es scheint mir unbestreitbar, dass ein als lebenswert erlebtes Leben ein Gut, d. h. etwas von Wert ist, ganz unabhängig davon, ob sich ein vorgängiges Interesse auf dieses Gut richtet. Das Leben genießen zu können, sich seines Lebens freuen zu können, ist etwas unbestreitbar Wertvolles, und an diesem Wert teilzuhaben ist ein kosmisches Privileg, das die bewusstseinsfähigen Lebewesen weit über die bloß unbewusst lebende Natur erhebt. Deshalb muss es besser sein, wenn mehr als weniger davon existiert – ebenso wie es besser ist, wenn von einem Übel *ceteris paribus* weniger als mehr existiert.

Da sich dieses Argument jedoch lediglich auf das »Aggregat« eines bestimmten Guts bezieht, nicht darauf, wie dieses auf Individuen, Zeitphasen und qualitative Varianten verteilt ist, ist es für ein mögliches Tötungsverbot nur sehr begrenzt relevant: Das Individuum kommt für das Quantitätsargument nur als Träger oder als »Gefäß« dieser Quantität in den Blick und ist insofern durch andere Individuen ersetzbar (vgl. Singer 1994, 166ff.). Deshalb kann es ein Tötungsverbot nur für diejenigen Fälle begründen, in denen die Tötung von Individuen die Gesamtmenge des bewusst als positiv erlebten Lebens verringert. Diese Bedingung ist bei der Praxis der Tötung von Tieren zu Zwecken der Fleischgewinnung und der »verbrauchenden« Forschung nicht erfüllt. Infolge der intensiven Nutzung von Tieren durch den Menschen lebt heute eine bedeutend größere Zahl bewusstseinsfähiger Tiere, als ohne sie leben würde. Nur weil ein großer Teil von ihnen für den Menschen attraktiv ist, leben heute mehr Säugetiere auf der Erde als je zuvor. Soweit sie unter Bedingungen gehalten werden, die ihren natürlichen Bedürfnissen entgegenkommen, haben diese Tiere ein behagliches Leben. Sie haben weniger Feinde, vor denen sie sich ängstigen müssen, sie leiden weniger Hunger, bleiben stärker vom Stress der Futtersuche verschont und werden medizinisch versorgt (vgl. VanDeVeer 1983, 159). Es ist ohne weiteres nachvollziehbar, dass sie vielfach die Gefangenschaft dem Leben in freier Wildbahn vorziehen (vgl. die Beispiele in Arzt/Birmelin 1993, 325f.). Und auch der Tod im Schlachthof – oder unter Narkose im Tierexperiment – dürfte für sie in den meisten Fällen leichter sein als der Tod in freier Wildbahn für ihre wildlebenden Verwandten.

Damit sind, soweit ich sehe, die wesentlichen direkten Argumente gegen das Töten von Tieren genannt. Zusammenfassend können wir festhalten, dass keines der geprüften Argumente eine generelle moralische Unzulässigkeit der Tötung von Tieren zu begründen vermag. Die Argumente der Achtung vor dem Leben (Schweitzer, Taylor) bzw. der Achtung vor Lebenssubjekten (Regan) sind respektabel, aber nicht von der Durchschlagskraft, die wir von Argumenten erwarten müssen, die die Freiheit anderer, ihr Leben nach eigenen Vorstellungen zu führen, einschränken. Sie sind eher geeignet, individuelle moralische Ideale als universale moralische Prinzipien zu begründen. Auch die uberzeugendste Argumentationsstrategie, das Interessenargument, kann ein umfassendes Tötungsverbot nicht begründen. Es impliziert jedoch ein (prima-facie-)Tötungsverbot für solche Tiere, die einen Begriff von Leben und Tod ausbilden und sich vor dem Tod fürchten können, und zumindest die moralische Bedenklichkeit der Tötung von Tieren mit zukunftsbezogenen Interessen.

7. Indirekte Argumente gegen die Tötung von Tieren

Gewichtige indirekte Gründe sprechen gegen die Tötung von Tieren, wenn diese durch die Tötung oder die Vorbereitungen dazu geängstigt werden oder in anderer Weise physisch oder psychisch leiden. Teutsch (1983, 83 f.) hat darauf hingewiesen, dass selbst in Westeuropa von 200 Millionen jährlicher Schlachtungen 60 Millionen ohne Betäubung durchgeführt werden. Maschinen, die die Schlachtung automatisieren, funktionieren oft nicht zuverlässig. Von Schweinen ist bekannt, dass sie vor der Schlachtung – beim Geruch von frischem Blut – in panische Todesangst geraten. Auch wenn diese Angst nicht als gerichtete Todesfurcht gedeutet werden muss, die eine Tötung bereits aus Gründen des Interessenarguments verbietet, wiegt sie deshalb nicht weniger schwer. Wie beim kleinen Kind kann gerade der Umstand, dass das Tier nicht *versteht*, was mit ihm geschieht, die Intensität von Angst und Schmerz steigern (vgl. Grzimek 1961, 22).

Obwohl bewusstseinsfähigen Tieren kein generelles Lebensrecht zugebilligt werden kann, muss doch für jede Tötung geprüft werden, ob sie nicht etwa aufgrund schwerwiegender und nicht vermeidbarer *Begleitumstände* abgelehnt werden muss, etwa wegen ihrer Auswirkungen auf andere Tiere, auf die beteiligten Menschen und die Gesellschaft insgesamt. Säugetiere scheinen unter dem Verlust Nahestehender nicht viel anders zu leiden als Menschen. Bei vielen Säugetierarten wurden ausgeprägte Trauerreaktionen bei Verwandten und Sippenangehörigen beobachtet. Auch wenn diese Nebenwirkungen für sich genommen kein kategorisches Tötungsverbot begründen, unterstützen sie dennoch etwaige andere Gründe gegen die Tötung der uns evolutionär am nächsten stehenden Säugetiere. Ähnliches gilt für die von einer Praxis des Tötens von Tieren möglicherweise ausgehenden Verrohungs- und Abstumpfungseffekte.

Ist eine Tötung von Nutztieren mit einer humanen Aufzucht und Haltung von Nutztieren überhaupt zu vereinbaren? Ursula Wolf scheint das Letztere zu verneinen, wenn sie schreibt: »Wenn im Mitleid ein positiver Bezug auf das Wohl anderer Wesen liegt, dann impliziert dieses Wollen des Wohls des anderen auch, dass man sein Weiterleben will.« (Wolf 1988, 245) Aber weder in logischer noch in psychologischer Hinsicht scheint mir der Zusammenhang zwischen Wohlwollen und Tötungsverbot zwingend. Was die Logik betrifft, so ist das Wohl, auf das die Haltung des Mitleids zielt, mehr das subjektive Wohlbefinden als ein irgendwie objektiv bestimmtes Gut – auch wenn der Begriff »Mitleid« gelegentlich in einer sekundären Bedeutung gebraucht wird, in der man jemanden auch dann wegen seines vorzeitigen Tods »bemitleiden« kann, wenn er weder gelitten noch das Nahen seines Todes bewusst erlebt hat. Subjektives Wohlbefinden scheint aber zumindest bei einem Lebewesen, das keinen Begriff von sich und seiner Zukunft hat, mit dem Schicksal, schließlich getötet zu werden, vereinbar. Auch in psychologischer Hinsicht scheint mir zwischen einer wohlwollenden und fürsorglichen Einstellung zum Tier, solange es lebt, und dessen schließlicher Tötung zu fremden Zwecken (zumindest dann, wenn diese einigermaßen gewichtig sind) keine affektive Dissonanz zu bestehen. Eine solche Unvereinbarkeit besteht nur für die böswillige, mutwillige oder gedankenlose Tötung von Tieren, deren moralische Verurteilung von vornherein unstrittig ist und hier nicht zur Debatte steht.

8. Welche Tiere haben ein Lebensrecht?

Ein strenges Tötungsverbot lässt sich nach dem Gesagten nur für Tiere begründen, denen wir Interessen im starken Sinne zuschreiben können, die sich auf zukünftige eigene

Zustände *als* zukünftige eigene Zustände beziehen. Für diese Tiere müssen – mit den durch die unterschiedlichen Nebenwirkungen bedingten Einschränkungen – im Großen und Ganzen dieselben Normen gelten, die wir für Menschen im Kindesalter gelten lassen (vgl. Birnbacher 1996). Eine »speziesistische« Differenzierung moralischer Rechte nach der bloßen Gattungszugehörigkeit lässt sich rational nicht rechtfertigen.

Die für die Praxis entscheidende Frage ist freilich, welchen Tieren wir diese Fähigkeiten zuschreiben können – oder müssen. Wie komplex, variabel und anpassungsfähig muss das Verhalten eines Säugetiers sein, um ihm eine Vorstellung von seiner eigenen Zukunft zuzubilligen? Erkenntnistheoretisch bewegen wir uns mit dieser Frage auf unsicherem Boden, denn ihre Beantwortung hängt nicht nur von der Verfügbarkeit empirischer Daten, sondern vor allem auch von deren angemessener – ihrerseits nur teilweise empirisch überprüfbaren – Interpretation ab. Es kommt darauf an, das beobachtete Verhalten in einer Weise zu interpretieren, die sowohl die Skylla eines reduktionistischen Behaviorismus als auch die Charybdis unzulässig anthropomorphisierender Deutungen vermeidet.

Der Gefahr der Anthropomorphisierung erliegt Regan (1983, 75), wenn er unterstellt, dass sich ein zielgerichtetes intentionales Handeln von Tieren nicht ohne Selbstbewusstsein – die Fähigkeit, sich selbst als von anderen und der Umwelt verschieden zu denken – vorstellen lässt. Nicht jedes bewusste Anstreben eines Ziels erfordert den Gedanken an sich selbst, auch dasjenige nicht, das sich auf gedanklich repräsentierte Ziele in der Zukunft richtet. Dass die Erreichung des Handlungsziels ein Bedürfnis befriedigt, impliziert nicht, dass das Tier das Handlungsziel um der Befriedigung dieses Bedürfnisses willen anstrebt oder dass es sich dieses Bedürfnisses bewusst ist. Aber selbst dann, wenn wir einem Tier Selbstbewusstsein zusprechen, ist zu beachten, dass es sich beim Selbstbewusstsein um ein in sich abgestuftes Phänomen handelt: Mit der Fähigkeit, sich selbst von anderen und seiner Umwelt unterscheiden zu können, ist erst die elementarste Stufe erreicht. Eine zweite Stufe ist mit der Fähigkeit erreicht, sich selbst eigene Körperteile und eigene körperliche Zustände zuzuordnen, eine dritte schließlich damit, eigene *innere* Zustände, psychische Akte und Handlungen auf sich zu beziehen. Erst auf dieser dritten Stufe – falls die Fähigkeit zu Zukunftsbewusstsein hinzukommt – lässt sich Tieren eine Vorstellung von ihrem eigenen Tod zuschreiben.

Die Spiegelexperimente von Gallup aus den 70er-Jahren mit verschiedenen Affenarten (vgl. Griffin 1984, 74ff.) legen es nahe, Schimpansen und anderen Menschenaffen – im Gegensatz zu Tieraffen – die Fähigkeit zu Selbstbewusstsein zuzuschreiben. Dafür spricht auch, dass einige der Schimpansen, die mithilfe von Zeichensprache zu sprechen gelernt haben, bestimmte sprachliche Elemente verwenden, um sich selbst zu bezeichnen (Griffin 1984, 205). Hinzu kommt, dass zumindest Schimpansen in Sachen Zukunftsbewusstsein über beachtliche Fähigkeiten zu verfügen scheinen (vgl. Bischof 1985, 541). Außerdem korrelieren diese Fertigkeiten mit einer beträchtlichen Verhaltensflexibilität und Lernfähigkeit. Zwar muss man es offenlassen, ob diese Beobachtungen zeigen, dass die Primaten auch schon die dritte Stufe des Selbstbewusstseins erreichen. Dennoch dürfte bereits das gegenwärtig verfügbare ethologische Material eindeutig dafür sprechen, Menschenaffen ein dem Menschen vergleichbares Lebensrecht zuzuschreiben und nicht, wie heute bei Menschenaffen üblich, sie nach ihrer Nutzung als Versuchstiere aus Kostengründen und mangels geeigneter Zooplätze zu töten (zu Alternativen vgl. Arzt/Birmelin 1993, 279). Letzte Sicherheit über das, was in diesen Tieren vorgeht, werden wir vielleicht niemals haben. Aber im Zweifel sollten wir – nach einer von T. H. Huxley (1978, 270) ausgegebenen

Devise – es vorziehen, zugunsten dessen zu irren, dessen Ausdrucksverhalten für uns zu fremdartig ist, um uns seine Sicht der Dinge verständlich zu machen.

Literatur

Arzt, Volker / Birmelin, Immanuel: Haben Tiere ein Bewußtsein? München 1993.
Birnbacher, Dieter: Prolegomena zu einer Ethik der Quantitäten. In: Ratio 28 (1986) S. 30–45.
– Mensch und Natur. Grundzüge der ökologischen Ethik. In: Kurt Bayertz (Hrsg.): Praktische Philosophie. Grundorientierungen angewandter Ethik. Reinbek 1991, S. 278–321.
– The Great Apes – Why they have a right to life. In: Etica & Animali. Special issue devoted to The Great Ape Project 1996, S. 142–154.
Bischof, Norbert: Das Rätsel Ödipus. München 1985.
Griffin, Donald R.: Animal thinking. Cambridge, Mass. 1984.
Grzimek, Bernhard: Darf man Tiere töten? In: Tier 8 (1961) S. 20–22.
Huxley, Thomas H.: Animals and human beings as conscious automata (1874). In: Joel Feinberg (Hrsg.): Reason and Responsibility. Encino/Belmont, Ca. [4]1978, S. 264–272.
Regan, Tom: The case for animal rights. London 1983.
Regan, Tom: In Sachen Rechte der Tiere. In: Peter Singer (Hrsg.): Verteidigt die Tiere. Überlegungen für eine neue Menschlichkeit. Wien 1986, S. 28–47.
Schweitzer, Albert: Die Lehre von der Ehrfurcht vor dem Leben. Grundtexte aus fünf Jahrzehnten. Hrsg. von Hans Walter Bähr. München 1966.
Schweitzer, Albert: Was sollen wir tun? 12 Predigten über ethische Probleme. Heidelberg [2]1986.
Singer, Peter: Praktische Ethik. Neuausgabe. Stuttgart 1994.
Taylor, Paul W.: Respect for nature. A theory of environmental ethics. Princeton, N. J. 1986.
Teutsch, Gotthard M.: Tierversuche und Tierschutz. München 1983.
VanDeVeer, Donald: Interspecific justice and animal slaughter. In: Harlan B. Miller / William H. Williams (Hrsg.): Ethics and animals. Clifton, N. J. 1983, S. 147–162.

Wolf, Jean-Claude: Tierethik. Neue Perspektiven für Menschen und Tiere. Freiburg/Schweiz 1993.
Wolf, Ursula: Haben wir moralische Verpflichtungen gegen Tiere? In: Zeitschrift für philosophische Forschung 42 (1988) S. 222–246.

Tiere in der Wissenschaft

PETER SINGER

Tierversuche

Der Bereich, in dem der Speziesismus vielleicht am besten beobachtet werden kann, betrifft die Verwendung von Tieren zu Experimenten. Hier springt das Problem ins Auge, weil die Forscher Tierversuche häufig damit zu rechtfertigen versuchen, daß die Experimente zu Entdeckungen über den Menschen führten; wenn das aber so ist, dann müssen die Versuchsleiter zugeben, daß menschliche und nichtmenschliche Lebewesen in entscheidenden Punkten gleich sind. Wenn wir zum Beispiel eine Ratte zwingen zu wählen, ob sie verhungern oder einen elektrisch geladenen Gitterrost überqueren will, um an das Futter heranzukommen, und dadurch etwas über die Streßreaktionen von Menschen erfahren wollen, so müssen wir voraussetzen, daß die Ratte in dieser Situation Streß empfindet.

Man meint zuweilen, alle Tierversuche dienten vitalen medizinischen Zwecken und könnten mit dem Hinweis darauf legitimiert werden, daß sie mehr Leiden beseitigen als verursachen. Dieser bequeme Glaube ist falsch. Pharmazeutische Firmen testen neue Haarwaschmittel und Kosmetika, die sie auf den Markt bringen möchten, indem sie konzentrierte Lösungen davon Kaninchen in die Augen träufeln; dies ist der sogenannte Draize-Test. (Auf Druck der Tierschutzbewegung haben einige Kosmetikfirmen dieses Verfahren abgeschafft. Ein Alternativtest, bei dem keine Tiere gebraucht werden, ist jetzt entwickelt worden. Dennoch führen viele Firmen, darunter gerade die größten, weiterhin den Draize-Test durch.) Nahrungszusätze, einschließlich künstlicher Farben und Konservierungsstoffe, werden mit dem bekannten LD 50 getestet. Dieser Test ist dazu bestimmt, die »tödliche Dosis« herauszufinden, oder die Menge des Verzehrs, bei der 50% einer Versuchsgruppe von Tieren stirbt. Dabei werden nahezu alle Tiere sehr krank, bevor einige schließlich sterben und andere gerade noch davonkommen. Diese Tests sind nicht notwendig, um menschliches Leiden zu verhüten: selbst wenn es keine Alternativen zu den Tierversuchen gäbe, um die Sicherheit der Produkte zu kontrollieren, so haben wir bereits genug Haarwaschmittel und Lebensmittelfarben. Es besteht kein Bedarf, neue zu entwickeln, die gefährlich sein könnten.

In vielen Ländern werden für militärische Zwecke schreckliche Tierversuche durchgeführt, die nur selten bekannt werden. Ein Beispiel dafür: Im Institut für Radiobiologie der US-Streitkräfte in Bethesda (Maryland) sind Rhesusaffen darauf trainiert worden, in einem großen Rad zu laufen. Werden sie langsamer, wird auch das Rad langsamer und die Affen bekommen einen Elektroschock. Einmal darauf trainiert, lange Zeit zu laufen, erhalten sie eine tödliche Strahlendosis. Daraufhin werden sie krank und müssen sich erbrechen, aber sie werden gezwungen, weiterzurennen, bis sie zusammenbrechen. Dies soll Aufschluß über die Fähigkeiten von Soldaten geben, nach einem nuklearen Angriff noch weiterzukämpfen.

Man kann auch nicht alle Experimente an Universitäten mit dem Argument verteidigen, sie linderten mehr Leiden, als sie zufügten. Drei Experimentatoren an der Universität von Princeton hielten 256 junge Ratten ohne Futter und Wasser, bis sie starben. Sie kamen zu dem Schluß, daß junge Ratten unter Bedingungen lebensbedrohenden Durstes und Hungers sehr viel aktiver sind als normale ausgewachsene Ratten, denen man Futter und Wasser gibt. In einer bekannten Versuchsreihe, die sich über mehr als 15 Jahre erstreckte, hat H. F. Harlow vom Primatenforschungszentrum in Madison (Wisconsin) Affen aufgezogen, indem er sie von der Mutter trennte und in totaler Isolation hielt. Er fand dabei heraus, daß die Affen auf diese Weise dermaßen »reduziert« waren, daß sie, mit normalen Affen zusammengebracht, in einer Ecke zusammengekauert und in einem Zustand anhaltender Depression und Furcht sitzen blieben. Harlow hat auch Affenmütter in einen derart neurotischen Zustand versetzt, daß sie ihre Jungen mit dem Gesicht auf den Boden schlugen und hin und her schleiften. Harlow selber lebt zwar nicht mehr, aber einige seiner früheren Studenten führen seine Experimente in veränderter Form an anderen amerikanischen Universitäten weiter.

In diesem und vielen ähnlichen Fällen sind vorteilhafte Auswirkungen für den Menschen entweder gleich Null oder sehr ungewiß; hingegen sind die Nachteile für die Mitglieder anderer Spezies gewiß und real. Die Experimente zeigen also eine Verletzung der gleichen Interessenberücksichtigung* für alle Wesen ohne Rücksicht auf ihre Spezieszugehörigkeit.

In der Vergangenheit ging die Debatte über Tierversuche oft am Wesentlichen vorbei, weil das Problem verabsolutiert wurde: Wären die Versuchsgegner bereit, Tausende von Menschen an einer entsetzlichen Krankheit sterben zu lassen, die durch ein Experiment an einem einzigen Tier geheilt werden könnten? Dies ist eine rein hypothetische Frage, weil Experimente nicht gleich zu umwälzenden Ergebnissen führen, aber solange ihr hypothetischer Status klar ist, sollte man diesen Fall, wie ich meine, bejahen – mit anderen Worten: wenn ein Tier oder auch ein Dutzend Tiere Experimente erleiden müßten, um Tausende zu retten, dann würde ich es im Hinblick auf die gleiche Interessenberücksichtigung* für richtig halten, daß sie

* Von der Herausgeberin gegenüber der 2. Auflage von Peter Singer, *Praktische Ethik*, Stuttgart 1994, geändert.

leiden. Dies ist jedenfalls die Antwort, die ein Utilitarist geben muß. Diejenigen, die an absolute Rechte glauben, mögen es grundsätzlich für falsch halten, ein Wesen, ob Tier oder Mensch, für das Wohl eines anderen zu opfern. In diesem Fall sollte das Experiment nicht durchgeführt werden, was auch immer die Konsequenzen sein mögen.

Auf die hypothetische Frage, ob Tausende von Menschen durch einen einzigen Tierversuch zu retten seien, können Gegner des Speziesismus ihrerseits mit einer hypothetischen Frage antworten: Wären dieselben Forscher bereit, ihre Experimente an verwaisten Menschen mit schwerwiegenden, unheilbaren Hirnschäden durchzuführen, wenn das der einzige Weg wäre, um Tausende zu retten? (Ich sage »verwaist«, um eine Komplikation durch die Gefühle der menschlichen Eltern auszuschließen.) Wenn die Forscher nicht bereit sind, verwaiste Menschen mit schwerwiegenden und unheilbaren Gehirnschäden zu verwenden, dann scheint ihre Bereitschaft, nichtmenschliche Lebewesen zu verwenden, eine Diskriminierung allein auf der Grundlage der Spezies zu bedeuten; denn Menschenaffen, kleinere Affen, Hunde, Katzen und selbst Mäuse und Ratten sind intelligenter, haben ein stärkeres Bewußtsein von dem, was mit ihnen geschieht, und sind schmerzempfindlicher usw. als viele schwer hirngeschädigte Menschen, die in Krankenhäusern und anderen Institutionen nur gerade noch überleben. Es scheint keine moralisch relevanten Eigenschaften zu geben, die solche Menschen besäßen, während nichtmenschliche Lebewesen sie entbehrten. Experimentatoren sind demnach stets voreingenommen zugunsten ihrer eigenen Gattung, wenn sie ihre Experimente an nichtmenschlichen Lebewesen für Zwecke durchführen, von denen sie nicht annehmen würden, daß sie die Verwendung von Menschen mit gleichem oder niedrigerem Niveau der Empfindung, des Bewußtseins und der Sensibilität rechtfertigen würden. Würde diese Voreingenommenheit ausgeschaltet, so würde sich die Zahl der Tierversuche bedeutend reduzieren.

RAYMOND G. FREY

Die Ethik der Suche nach dem Nutzen. Tierversuche in der Medizin

Wir können in der Ethik der Tierversuche ganz grob drei Positionen ausmachen. Die erste ist die abolitionistische Position, der gemäß alle Tierversuche aufhören müssen. Dies ist ohne Zweifel die Sicht Tom Regans, der denkt, dass alle derartigen Versuche, wie fortgeschritten und vielversprechend sie auch sein mögen, sofort enden müssen[1]; dies ist auch die Auffassung Peter Singers[2] und Stephen Clarks[3], wobei es sich im einen Fall um ein schneller fortschreitendes, im anderen um ein allmähliches Aufhören handelt. Was die Gesundheitsbedürfnisse der Menschen betrifft, ist diese abolitionistische Position kompromisslos: Es sei in der Tat *tragisch*, dass es für manche Menschen negative Auswirkungen haben wird, wenn man Tierversuche abschafft und sie warten müssen, bis alternative Modelle und Techniken voll entwickelt und in die grundlegende Forschung im Gesundheitswesen integriert sind;[4] aber es sei *unmoralisch*, an der Verwendung von Tieren festzuhalten (auch wenn die drei Autoren verschiedene Ansichten darüber haben, warum genau es unmoralisch ist).

1 Tom Regan, *The Case for Animal Rights*, Berkeley (CA) 1983.

2 Peter Singer, *Animal Liberation*, New York (NY) 1977. – Dt.: *Animal Liberation. Die Befreiung der Tiere*, Reinbek bei Hamburg 1996.

3 Stephen R. L. Clark, *The Nature of the Beast*, Oxford 1982.

4 Ich leugne natürlich nicht, dass Tiere in manchen Bereichen tatsächlich durch Gewebekulturen, Computermodelle usw. ersetzt worden sind, und ich unterstütze die Bemühungen, Tiere zu ersetzen. Jedoch bin ich nicht zuversichtlich, dass wir jemals einen vollständigen Ersatz erreichen werden, der die gesamte Bandbreite der menschlichen Gesundheitsbedürfnisse umfasst.

Ich finde diese abolitionistische Position viel zu extrem; mir scheint, dass man zumindest für einen Teil der Forschung an Tieren überzeugende Argumente liefern kann. Mir scheint auch, dass wir das tun können, ohne dass wir zum anderen Extrem übergehen und uns die zweite Position zu eigen machen müssten, die darin besteht, dass auf der Suche nach dem Nutzen für die menschliche Gesundheitspflege praktisch alles, was wir Tieren vielleicht gerne antun würden, gerechtfertigt ist, vorausgesetzt nur, wir vermögen Argumente dafür zu liefern, dass der tatsächlich oder potentiell zu erzielende Nutzen deutlich genug ist, um ein massives Leiden und den Tod der Tiere aufzuwiegen.[5] Diese Position des »Alles ist erlaubt« finde ich ebenfalls zu extrem. Denn um sie auf einer philosophischen Grundlage zu vertreten, die auch nur dem geringsten Druck standhalten kann, muss man sie in Verbindung mit der Ansicht vertreten, dass Tiere moralisch ohne Belang sind; dass sie, anders gesagt, keine Mitglieder der moralischen Gemeinschaft sind. Ich kann dies nicht akzeptieren; die bloße Tatsache, dass beispielsweise Ratten eine sich entfaltende Abfolge von Erfahrungen haben, von denen manche schmerzhaft sind, manche nicht, und von denen alle potentiell die Qualität ihres Lebens zu vermindern oder zu verbessern vermögen, reicht meiner Ansicht nach aus, um ihnen einen moralischen Status zuzusprechen.

Sobald man aber einräumt, dass Tiere zur moralischen Gemeinschaft gehören, muss man eine Handlung, die ihnen Schmerz und Leiden zufügt oder sie tötet, rechtfertigen. Es wird dann auch nicht so offensichtlich scheinen, dass derartige Handlungen durch die ziemlich gewagte und überzogene Behauptung gerechtfertigt *sind*, dass die

5 Das, was als gewichtig genug gilt, kann von Forscher zu Forscher variieren, und manchmal mag ein außenstehender, aber informierter Beobachter den Eindruck gewinnen, es handle sich um etwas Triviales, z. B. um irgendeinen beliebigen Gewinn an medizinischer Versorgung, wie minimal er auch sein mag.

Rettung auch nur eines einzigen Menschenlebens die Tötung unzähliger Tiere rechtfertigen kann. *Solange Begründungen fehlen*, scheint diese Behauptung willkürlich den Wert eines Teils der moralischen Gemeinschaft im Vergleich zu anderen Teilen viel zu hoch anzusetzen.

Meine Position, die dritte, ist ein Kompromiss zwischen den anderen beiden: Sie rechtfertigt einige, aber nicht alle Versuche an Tieren, wobei sie der Tatsache Rechnung trägt, dass sie Mitglieder der moralischen Gemeinschaft sind und dass folglich das, was wir ihnen antun, moralisch relevant ist. [...]

Die Rechtfertigung von Versuchen an Tieren betrifft nicht grundsätzlich schmerzhafte Versuche. Meiner Auffassung nach ist Schmerz ein gleichermaßen großes Übel für ein Tier wie für einen Menschen, und ich stimme mit Anhängern der Tierbefreiungsbewegung darin überein, dass es eine Form von Speziesismus oder Diskriminierung ist, dies zu bestreiten. Wo es um Schmerz geht, kann ich keinen Unterschied dazwischen sehen, ob man eine Ratte bei lebendigem Leib verbrennt oder ob man ein Kind bei lebendigem Leib verbrennt; und einem fühlenden Lebewesen absichtlich Schmerz zuzufügen, bedarf der Rechtfertigung. Doch was uns auf der grundlegendsten Ebene Bedenken bereitet, ist nicht die Tatsache, dass die Verwendung von Tieren zum Nutzen für Menschen mit Schmerzen verbunden ist, sondern dass wir sie überhaupt zum Nutzen für Menschen verwenden. Nur wenn wir ihre Verwendung überhaupt rechtfertigen können, können wir als Nächstes fragen, ob es sich rechtfertigen lässt, sie unter Zufügung von Schmerzen zu verwenden; und wenn wir nicht überhaupt ihre Verwendung rechtfertigen können, müssen wir meines Erachtens, wenn wir moralisch seriöse Personen sind, die Forschung an Tieren aufgeben.

[...] Die Position des »Alles ist erlaubt« ist, wie wir gesehen haben, mit einem Problem verbunden; denn sie muss behaupten, dass der Fall des Tieres und der Fall des

Menschen sich unterscheiden, wo es um Schmerz und Leiden oder die Vernichtung wertvollen Lebens geht. Das heißt, sie muss behaupten, dass ein moralischer Unterschied dazwischen besteht, ob man eine Ratte oder ob man ein Kind verbrennt, oder ob man die Ratte oder das Kind mit einer lähmenden Krankheit ansteckt, oder ob man die Ratte oder das Kind tötet, obwohl *bei beiden Individuen* Leiden die Folge ist, die Qualität ihres Lebens drastisch vermindert wird und eine Tötung stattfindet. Anders gesagt: Wenn diese Dinge einem Kind angetan wurden, sind sie gemäß der Position des »Alles ist erlaubt« moralisch falsch; wenn sie einem Mitglied einer anderen Spezies angetan werden, sind sie moralisch richtig (oder zumindest nicht falsch). Mitglieder der ›Tierrechte‹-Lobby bestehen darauf, dass dies, solange eine Begründung fehlt, speziesistisch oder diskriminierend ist, und ich stimme ihnen zu. Was Schmerz und Leiden betrifft, kann ich zwischen dem Fall des Menschen und dem Fall des Tieres keinen Unterschied sehen; hinsichtlich der Vernichtung wertvollen Lebens, eines Lebens, das zumindest einen gewissen Wert hat, müssen diejenigen, die diese wertvolle Sache vernichten, erklären, inwiefern die Spezieszugehörigkeit eine Eigenschaft sein kann, die zwischen zwei in relevanter Weise ähnlichen Tötungshandlungen einen moralischen Unterschied begründet.

Betrachten wir die Frage des Tötens, sind die Grenzen der Diskussion klar: Tiere sind moralisch von Belang; ihr Leben hat einen bestimmten Wert; und wir können die Tatsache nicht verbergen oder verschleiern, dass ihre Tötung die Vernichtung von Wesen darstellt, die zumindest einen gewissen Wert haben. Auf die Frage, was es rechtfertigt, sie in der medizinischen Forschung zu töten, wird nahezu immer der Nutzen für den Menschen angeführt,[6]

6 Natürlich bringen manche Tierversuche in der Medizin durchaus auch Tieren einen Nutzen, aber das ist fast nie das Ziel oder der Zweck der *medizinischen* Forschung. Es ist ein Nebenprodukt solcher Forschung.

und diese Antwort wirft alle möglichen Fragen auf: (1) was als Nutzen gilt, (2) wie wir sagen können, welcher Nutzen die Forschung an Tieren rechtfertigt, (3) wie groß ein Nutzen sein muss, um ein bestimmtes Maß an Opferung zu rechtfertigen, (4) inwiefern die doppelte Durchführung von Versuchen mit »Tierverbrauch« einen Nutzen bringt, (5) ob es bestimmte Arten medizinischen Nutzens gibt, welche die massive Opferung wertvollen Lebens, die sie erfordern, nicht wert sind. Diesen Fragen muss sich derjenige, der medizinische Forschung betreibt, stellen, und sie erfordern es, dass *der jeweilige Fall begründet wird*, z. B. bezüglich der Frage, wie selbst ein geringfügiger Nutzen die Vernichtung eines wertvollen Lebens rechtfertigen kann (was ja manchmal vorgebracht wird). [...]

Es ist daher durchaus nachvollziehbar, dass die Auffassung des »Alles ist erlaubt« für Forscher sehr attraktiv erscheinen kann. Indem man Tiere aus der moralischen Gemeinschaft ausschließt, muss man sich über ihre Leiden oder ihre Tötung moralisch gesehen keine Gedanken machen, und man kann möglicherweise eine Auseinandersetzung mit dem Problem vermeiden, wie der Nutzen für eine Spezies die Vernichtung einer anderen Spezies rechtfertigen kann. Wie gesagt: Ich denke, dass man diesem Weg widerstehen muss. Wie schwierig die zu beantwortenden Fragen auch sein mögen, man erreicht in Wirklichkeit nichts, wenn man so zu tun versucht, als wären die Schmerzen von Tieren nicht von Belang oder als wäre ihr Leben völlig wertlos.

Soll das heißen, dass uns jede Möglichkeit, unserem Leben zu nützen und es zu verbessern, verwehrt bleibt? Aber dieser Einwand verfehlt den entscheidenden Punkt: Es geht darum, wie weit wir gehen dürfen, um unser Leben zu verbessern und zu bereichern. Dürfen wir – wohl oder übel – töten, um diese Ziele zu erreichen? Diese Frage schlägt sich im Alltagsleben der Menschen nieder: Darf ich eine andere Person opfern, um mich selbst zu retten? Darf ich eine Vielzahl opfern? [...]

Der Diskussion ist noch eine andere wichtige Grenze gesetzt, die es zu beachten gilt. Angenommen, durch eine intensive Verwendung von Tieren wäre ein erheblicher Nutzen greifbar, z. B. ein Durchbruch bei einer bestimmten Art von Herzkrankheit: Die meisten von uns dürften wohl denken, dass die Verhütung und Heilung dieser schrecklichen Krankheit die Verwendung von Tieren rechtfertigen würde. Wir müssen jedoch aufpassen, dass wir ein besonders beunruhigendes Problem nicht übersehen. Forscher und die übrigen von uns neigen zu der Annahme, dass mangels künstlicher Modelle usw. die betreffenden Forscher keine andere Wahl hatten, als Tiere zu verwenden. Aber dies ist genau genommen nicht richtig; sie hätten Menschen verwenden können. Sie hatten dafür außerdem einen gewichtigen Grund: Alle Daten deuten darauf hin, dass wir Ergebnisse aus menschlichen Modellen genauer auf Menschen übertragen können als Ergebnisse aus Tiermodellen.[7] [...]

Bei medizinischen Versuchen können also entweder Menschen oder Tiere verwendet werden, und ich habe bereits erwähnt, dass die Vernichtung eines wertvollen Lebens der Rechtfertigung bedarf. Demnach muss die Rechtfertigung der Verwendung und Vernichtung eines tierlichen Lebens ihre Grenzen finden sowohl in einer Theorie, was ein Leben wertvoll macht, als auch – um mit unserer Ablehnung der Verwendung von Menschen fertig zu werden – in einer nicht-speziesistischen Erklärung, warum menschliches Leben wertvoller ist als tierliches Leben, d. h. in einer Auffassung vom Wert des Lebens eines

7 Die Contergan-Tragödie ist hier das Standardbeispiel. Aber man sollte die Schwierigkeit des Rückschlusses von Tieren auf Menschen auch nicht übertreiben; schließlich ist es die Tatsache, dass sie in bestimmter Hinsicht Ähnlichkeiten mit uns aufweisen, die ihre Verwendung oft so wünschenswert macht.

Menschen im Vergleich zum Wert des Lebens eines Tieres, die sogar – das ist beachtenswert – manche Anhänger der Tierbefreiungsbewegung akzeptieren.[8]

Ich denke, recht viele von uns möchten sagen, dass es, wenn man einen Menschen oder eine Ratte töten kann, schlimmer ist, den Menschen zu töten. Aber was es schlimmer *macht*, kann nicht die Spezieszugehörigkeit sein. Worin besteht die Erklärung dann? Wie auch immer die vollständige Antwort ausfallen mag, sie scheint teilweise unsere implizite Ansicht zu enthalten, dass das Leben des Menschen wertvoller ist als das der Ratte. Diese Ansicht räumt durchaus ein, dass das Leben der Ratte einen Wert hat; worauf es ihr ankommt, ist, dass das Leben der Ratte nicht denselben Wert hat wie das des Menschen. Klar ist also, dass diese Ansicht keine Variante der Auffassung des »Alles ist erlaubt« darstellt. Aber sie wird ihrem Wesen nach dennoch speziesistisch sein, wenn nicht etwas anderes als die Spezieszugehörigkeit das Leben des Menschen wertvoller macht. Wenn wir zeigen können, was dieses etwas ist, dann können wir einen echten moralischen Unterschied zwischen der Tötung eines Menschen und der Tötung einer Ratte behaupten. Und von diesem Unterschied können wir dann im Nutzenargument Gebrauch machen, um bestimmte Tierversuche zu rechtfertigen.

Die zentrale Frage lautet somit: Was macht ein Leben wertvoll, und warum ist das Leben des Menschen wertvoller als das der Ratte? Die Antwort [...] ist eine Variante einer Position der Qualität des Lebens [...]: Der Wert eines Lebens ist abhängig von seiner Qualität, seine Qualität ist abhängig von seiner Reichhaltigkeit, und seine Reichhaltigkeit ist abhängig von seinen Fähigkeiten und seinem Spielraum der Bereicherung. In der Medizinethik allge-

8 Vgl. Tom Regan, »The Case for Animal Rights«, in: Peter Singer (Hrsg.), *In Defense of Animals*, Oxford 1985, S. 13. – Dt.: »In Sachen Rechte der Tiere«, in: Peter Singer (Hrsg.), *Verteidigt die Tiere*, Wien 1986, S. 42.

mein spielen Auffassungen, die den Wert eines Lebens an seiner Qualität festmachen, heute eine ganz entscheidende Rolle. Sie machen den Wert eines Lebens von seinem Inhalt oder seinen Erfahrungen abhängig. Eine Ratte hat ein Leben, das sich entfaltet, eine sich entfaltende Reihe an Erfahrungen; daher hat ihr Leben eine bestimmte Qualität und somit einen bestimmten Wert. Doch die Wissenschaft und die Beobachtung sagen uns, dass die Reichhaltigkeit ihres Lebens sich nicht mit der unseren vergleichen lässt, eben weil ihr Bereicherungsvermögen im Vergleich mit unserem stark beschnitten ist. Natürlich essen und schlafen wir und reproduzieren wir uns ebenso wie Ratten; aber derartige Tätigkeiten beschreiben nicht im Entferntesten die Reichhaltigkeit eines Lebens mit Freundschaft, Romantik, Liebe, Kindern, Kunst, Musik, Literatur, Wissenschaft und dem Vergnügen an intellektuellen Beschäftigungen. Und auch diese Dinge umfassen nicht die gesamte Bandbreite, wenn wir nur daran denken, wie wir unser Leben gestalten können, um in einer bestimmten Weise herausragend zu sein, ob als Künstler oder als Sportler. Diese letztgenannten Lebensweisen sind selbst die Quelle von Wert für uns. Keine Ratte hat jemals ein solches Leben gelebt, und alles, was wir über Ratten wissen, lässt uns denken, dass keine Ratte es jemals leben wird. Daher urteilen wir, dass der Wert des Lebens in beiden Fällen verschieden ist.

Die Behauptung von der größeren Reichhaltigkeit unseres Lebens muss im Kontext gesehen werden. Sie beruht nicht auf absolutem Wissen, sondern auf einer Meinung, für die wir gute Gründe haben. Zum Beispiel haben wir allen Grund zu glauben, dass viele Tiere, darunter Mäuse, einen weitaus feineren Geruchssinn haben als wir, und es ist vermutlich immer möglich, dass ihr feiner Geruchssinn sie in eine solche Ekstase versetzen kann, dass die Qualität ihres Lebens der unseres eigenen Lebens nahe kommt – trotz der Tatsache, dass Mäuse viele unserer Fähigkeiten nicht besitzen. So etwas ist zwar möglich, doch ich kann keinen Grund für die Annahme sehen, dass es tatsächlich so ist. Aber sollte ich nicht im Zweifelsfall zugunsten des Tieres entscheiden?[9] Vielleicht sollte ich das im Allgemeinen tun; aber ich muss das doch sicher nur in Fällen tun, wo es nicht bloß Hinweise gibt, sondern auch Hinweise über einen bestimmten Grad hinaus? Eine bloße Möglichkeit kommt an diesen Grad nicht heran, wie auch immer er festgelegt sein mag. Außerdem behauptet meine Reichhaltigkeitsthese nicht, dass das, was zur Qualität des Lebens eines Menschen gehört, genau das sei, was zur Qualität des Lebens eines Tieres gehört. Selbstverständlich sollte man Unterschiede zulassen. Aber was ich benötige, ist irgendein Grund zu glauben, dass solche Unterschiede es dem Leben des Tieres ermöglichen, an die Reichhaltigkeit unseres Lebens heranzukommen, wenn man alle unsere zusätzlichen Fähigkeiten berücksichtigt, und dieser Grund muss im Einklang sein mit den durch Wissenschaft und Beobachtung ermöglichten Erkenntnissen über die bei den betreffenden Tierarten vorhandenen Fähigkeiten. Normalerweise denken wir Folgendes: Wenn wir über eine Person bei ihrem Tod sagen, sie habe ein reiches, erfülltes Leben geführt, dann nehmen wir an, dass wir uns auf etwas unvergleichlich Höheres beziehen, als wenn wir dasselbe von einem Nagetier sagen würden. Ist dies nicht der Fall, reichen Argumente im Sinn von »Im Zweifel für das Tier« nicht aus, um unsere Sicherheit zu erschüttern.

Es sollte nun offensichtlich sein, was sich aus Auffassungen, die den Wert des Lebens von der Qualität des Lebens abhängig machen, für unsere Erörterung ergibt: Das Leben eines normalen erwachsenen Menschen ist wertvoller als das Leben eines Tieres, und aus diesem Grund ist es schlimmer, den Menschen zu töten. Einen Menschen zu

9 Vgl. diesbezüglich Steven F. Sapontzis, *Morals, Reason, and Animals*, Philadelphia (PA) 1987.

töten bedeutet, ein Wesen von höherem Wert zu vernichten. Und dies liegt nicht an der Spezieszugehörigkeit, sondern an der Reichhaltigkeit des einen Lebens im Vergleich zu der des anderen Lebens; die Auffassung ist folglich nicht speziesistisch. Diesen Unterschied zwischen dem Fall des Menschen und dem Fall des Tieres können wir wiederum in das Nutzenargument einfügen, um Tierversuche zu stützen.

Es sollte jedoch auch klar sein, dass nicht jedes Menschenleben dieselbe Qualität und Reichhaltigkeit besitzt wie das Leben eines normalen erwachsenen Menschen. Unzählige Menschen führen ein extrem verarmtes Leben, ein Leben außerdem, dem nicht nur ein hohes Maß an Reichhaltigkeit fehlt, sondern schon die Möglichkeiten der Bereicherung, die ein normales Leben hat. Schwer Hirngeschädigte, schwer behinderte Neugeborene, wie zum Beispiel solche, die ohne Gehirn oder mit dem hypoplastischen Linksherzsyndrom auf die Welt kommen, ältere Menschen, die sich vollständig in den Fängen der Alzheimer-Krankheit befinden, Menschen, die im Endstadium der Kardiomyopathie sterben – alle möglichen Beispiele fallen mir ein. Je nachdem, wie stark beeinträchtigt das Leben dieser bedauernswerten Menschen ist, kann es so weit unter die Qualität des gewöhnlichen menschlichen Lebens fallen, dass es zu einem Leben wird, das wir uns selbst nicht wünschen würden und das wir auch sonst niemandem aufzwingen wollten, und dass es somit zu einem Leben wird, das zumindest manche von uns zu der Ansicht veranlassen könnte, dass es nicht wert ist, gelebt zu werden. [...]

Tatsächlich kann die Qualität eines menschlichen Lebens so weit absinken, dass die Qualität des Lebens eines völlig gesunden Versuchstieres ihr, wie es scheint, leicht gleichkommen oder sie übertreffen kann, ja sogar ein Leben sein kann, das es nicht wert ist, für das Leben des Menschen geopfert zu werden. Nur wenn man sich auf das Dogma beruft, dass ein menschliches Leben beliebig niedriger Qualität ein tierliches Leben beliebig hoher Qualität im Wert übersteigt, kann man also sicher sein, dass das menschliche Leben stets wertvoller bleiben wird. Ich kann keinerlei Grund sehen, weshalb man irgendein derartiges Dogma – in meinen Augen ist es nichts anderes – akzeptieren sollte.

Unsere Situation ist also folgende: Wir können tatsächlich einen echten Unterschied zwischen dem Töten eines Menschen und dem Töten einer Ratte finden, aber dieser Unterschied existiert nur in den Fällen eines menschlichen Lebens, dessen Qualität der des Lebens eines normalen erwachsenen Menschen nahekommt. Wo ein menschliches Leben so weit unter dieser Qualität liegt, dass die Qualität des Lebens des gesunden Versuchstieres der Qualität dieses Lebens gleichkommt oder sie übersteigt, stehen wir vor der grundlegendsten Frage: Was rechtfertigt es, dass wir das Tier und nicht den Menschen verwenden, vorausgesetzt, der Nutzen, den wir erstreben, kann in beiden Fällen gleichermaßen erzielt werden? Wie gesagt: Was man braucht, um Versuche am Menschen zu verhindern, ist etwas, das sicherstellt, dass jedes menschliche Leben, wie niedrig auch immer dessen Qualität ist, jedes tierliche Leben, wie hoch auch immer dessen Qualität ist, an Wert übersteigt. Mir ist nichts Derartiges bekannt. [...]

Man muss außerdem aufpassen, dass die vernünftige Reflexion über die Verwendung von Menschen, die rationale Auseinandersetzung mit dem *Argument*, nicht durch Versuche außer Kraft gesetzt wird, welche Bilder der medizinischen Praktiken in den deutschen Lagern des Zweiten Weltkrieges heraufbeschwören. Entscheidungen über die Qualität von Leben, bei denen es um Leben und Tod geht, werden in unseren Krankenhäusern tagtäglich gefällt, ohne dass diejenigen, die sie fällen, zwangsläufig eine schiefe Ebene des Tötens hinabgleiten und zu Monstern würden. Wir brauchen einen Grund für die Annahme, dass wir zwangsläufig eine schiefe Ebene hinabgleiten werden. Meine Großmutter sagte mir einst: »Nimm einen Drink, und du wirst ein Alkoholiker werden.« Sie lag falsch. Natürlich: Wenn ich nie einen Drink nehme, kann ich kein Alkoholiker werden; aber wenn ich andererseits beim Abendessen keinen Drink nehme, bedeutet das, auf einen der großen Genüsse des Lebens zu verzichten [...]. Meine Sorge besteht ganz klar darin, dass die vernünftige Reflexion über Argumente zu leicht beiseite gestoßen wird durch die Berufung auf Ängste vor schiefen Ebenen, die ins Verderben führen.

Plädiere ich demnach für Versuche an bedauernswerten Menschen? Nein,[10] das zu behaupten, trifft nicht den Punkt. Es geht vielmehr darum, dass es sich nicht vermeiden lässt, solche Versuche ins Auge zu fassen, *wenn* man das Nutzenargument anwendet, um Tierversuche zu rechtfertigen, und sich auf den Wert des menschlichen Lebens im Vergleich zu dem des Tieres stützt, um zu zeigen, warum der Nutzen nicht durch Versuche an Menschen erzielt werden darf. Und dies ist, behaupte ich, die Position, in der viele Mediziner, die Versuche durchführen, sich befinden: Das Streben nach Nutzen leitet ihre Forschung an Tieren, und der Vergleich des Wertes eines menschlichen und eines tierlichen Lebens ist die philosophische Untermauerung, auf die sie, wenn sie unter Druck gesetzt werden, zurückgreifen, um die Nichtverwendung von Menschen zu rechtfertigen. Die einzige Möglichkeit, die ich sehe, wie man vermeiden könnte, unter Voraussetzung dieser Faktoren Versuche an Menschen ins Auge zu fassen, besteht darin, sämtliche Tierversuche aufzugeben –

10 Im Moment bin ich mir sehr sicher, dass die Nebenwirkungen solcher Versuche wirklich ausgesprochen negativ wären. Die Menschen wären entsetzt über solche Versuche, würden nur widerwillig ins Krankenhaus gehen und sich von Medizinern behandeln lassen, und sie sähen das Arzt-Patienten-Verhältnis mit Sicherheit in einem neuen, von starkem Misstrauen gekennzeichneten Licht.

ein eigenartiger Hintereingang für *Gegner* von Tierversuchen. Aber wie wahrscheinlich ist es, dass Mediziner und die Übrigen von uns die Suche nach dem Nutzen aufgeben? Damit bleibt die Frage, welchen Wert ein Leben im Vergleich zu einem anderen hat, strittig. Und das, was man hier als Ersatz benötigt, ist, wie wir gesehen haben, etwas, das *in jedem einzelnen Fall* garantiert, dass ein menschliches Leben, wie schlecht es darum auch bestellt sein mag, immer wertvoller ist als das Leben eines Tieres.

Ich denke, Tierversuche lassen sich also rechtfertigen, aber ihre Rechtfertigung fordert einen gewissen Preis, zumindest dann, wenn diese Rechtfertigung – wie es bei mir und bei unzähligen anderen der Fall ist – auf dem Nutzenargument und dem Vergleich zwischen dem Wert eines menschlichen Lebens und dem eines tierlichen Lebens beruht. Dieser Preis besteht darin, dass man sich der Aussicht auf Versuche an Menschen aussetzt. Wir haben drei Optionen: Wir können den Preis zahlen und Versuche an Menschen vornehmen; wir können es vermeiden, diesen Preis zu zahlen, indem wir Tierversuche aufgeben und somit auf einen großen Teil des Nutzens verzichten, den die medizinische Forschung uns beschert; oder wir können jene magische Zutat benennen, die den Wert unseres Lebens auf angenehme Weise so transformiert, dass er alles übersteigt, was auf Tiere zutreffen könnte.

Schließlich habe ich in diesem Aufsatz nichts über Religion gesagt, weil deren Einbeziehung viel zu viele andere Fragen aufwerfen würde, als dass sie hier berücksichtigt werden könnte. Aber es ist wohl so, dass manche denken, die Religion halte die magische Zutat bereit. Andere halten sie für einen Blindgänger. Denn viele Mediziner und andere Menschen sind nicht mehr religiös, denken nicht, dass ihre moralischen Ansichten in irgendeiner Religion begründet sind, und sehen für die Auseinandersetzung mit moralischen und gesellschaftlichen Fragen keinen Bedarf nach weiteren endlosen metaphysischen Diskussionen über die

Existenz und das Wesen Gottes oder über die Verdienste oder Wahrheit dieser oder jener Religion, die von ihr selbst verkündet werden. Gläubigen wird das hart erscheinen. Was *mich* am meisten beeindruckt, z. B. im Blick auf das Christentum, ist, wie auffallend angenehm so viele der Doktrinen für Menschen sind: *Wir* erhalten die Herrschaft, *wir* sind nach dem Ebenbild Gottes geschaffen, *wir* bekommen eine unsterbliche Seele, und *wir* sind diejenigen, denen die Behauptung von der Heiligkeit des Lebens zugute kommt (ich bestreite nicht, dass manche Christen dies alles ändern wollen[11]). Wenn ich es leicht abwertend ausdrücken darf: Diese Behauptungen machen es uns zu leicht, Tiere als Gesundheitsressourcen aufzufassen, wo doch die Moralität jeder derartigen Ansicht gerade ein Teil dessen ist, worüber wir diskutieren möchten.

11 Vgl. Andrew Linzey, *Animal Rights*, London 1978.

GÜNTHER PATZIG

Der wissenschaftliche Tierversuch unter ethischen Aspekten

Die Probleme einer Begründung von Verhaltensnormen, die das Verhältnis des Menschen zu seiner natürlichen Umwelt und hier besonders das Verhalten des Menschen gegenüber den Tieren betreffen, sind, wie die zum Teil stark emotional geführte Diskussion in den Medien und in den für Wissenschaftspolitik und Gesetzgebung zuständigen Gremien [...] beleg[t], dringlich und zugleich nicht trivial.

In meinem Beitrag möchte ich zunächst einen Überblick über die wichtigsten Begründungsansätze innerhalb der ethischen Theorienbildung geben und dann einen eigenen Versuch zur Diskussion stellen, eine rational überprüfte Basis für die hier in Betracht kommenden Verhaltensnormen zu entwickeln.

[...]

Wir wenden uns nun den verschiedenen Begründungsansätzen zu, die als Basis der menschlichen Verpflichtung zu einem »humanen«, schonenden Umgang mit dem einzelnen Tier herangezogen worden sind und auch heute noch in der Diskussion vor allem vertreten werden. Ich möchte diese Begründungsansätze der leichteren Übersicht wegen in zwei Klassen mit je zwei wichtigen Varianten einteilen:

(1) die religiös oder metaphysisch fundierten Begründungsansätze und

(2) die jedenfalls der Intention nach rein rational argumentierenden Begründungsansätze.

In der ersten Gruppe sind für unsere europäische Tradition kennzeichnend (1a) die auf christliche, zum Teil freilich schon alttestamentliche Vorstellungen, daneben (1b) jene Theorien, die auf Grundbegriffe wie »Harmonie mit der Natur« oder »Ehrfurcht vor dem Leben« zurückgreifen. Die religiös motivierten Ansätze zur Begründung einer moralischen Verpflichtung zu Naturschutz und Tierschutz operieren mit der Vorstellung einer durch Gottes Gebot und Schöpfungsordnung begründeten *Statthalterschaft* des Menschen über die Natur:

Der Mensch hat vor Gott eine Verantwortung hinsichtlich der Natur übernommen. Er soll die Natur als Gottes Werk behutsam nutzen und insbesondere den nichtmenschlichen Lebewesen als Mitgeschöpfen in einer göttlichen Weltordnung schonend und gleichsam brüderlich begegnen.

Dieser religiös fundierten Einstellung kann man Respekt nicht versagen; angesichts der Notwendigkeit, zur Abwehr katastrophaler Schäden in der Biosphäre auch eingreifende Veränderungen des menschlichen Verhaltens durchzusetzen, muß man für jedes Motiv dankbar sein, das eine hinreichend große Gruppe von Menschen dazu veranlassen könnte, ihr Verhalten hinsichtlich der natürlichen Umwelt zu überprüfen und im Sinne einer Bewahrung und Erhaltung der Natur neu zu ordnen. Jedoch leidet dieser Begründungsansatz an der entscheidenden Schwäche, sich auf Prämissen zu stützen, die nur dem Gläubigen zugänglich sind und nicht gegenüber jedermann mit rational nachvollziehbaren Argumenten vertretbar wären.

Derselbe Vorbehalt muß sich gegen jene Begründungsansätze richten, die (2) den Menschen zur »Ehrfurcht vor dem Leben« in allen seinen Gestalten und zur Harmonie mit der Natur auffordern, die also dem Leben und der Natur *Selbstwertcharakter* zubilligen, dem wir in unserem Verhalten Rechnung tragen müssen. Albert Schweitzer ist der in der jüngst vergangenen Zeit herausragende Vertreter einer solchen Auffassung gewesen.[1] Er bezeichnete

1 Albert Schweitzer, *Kultur und Ethik*, München 1960, 2. Aufl. 1972.

sich als »Mörder von Bakterien«, wenn er z. B. durch Gaben von Sulfonamiden einen Menschen von einer gefährlichen Infektionskrankheit befreite. Jeder, der Leben vernichtet oder schädigt, aus welchen Gründen auch immer, handelt nach Albert Schweitzer böse und lädt insofern moralische Schuld auf sich. Diese Ansicht hat die Schwierigkeit, daß sie mit dem Begriff eines absoluten Werts des Lebens operiert; eine metaphysische Voraussetzung, die sich nicht weiter begründen läßt. Werte, so werde ich gleich noch näher ausführen, können sinnvoll nur als das definiert werden, was irgendeinem Bedürfnis, Interesse oder Wunsch eines lebenden Wesens entspricht. Es ist ferner in hohem Maße kontraintuitiv, in gleicher Weise, wenn auch nicht in gleichem Maße, das Leben von Bakterien und Algen, wie das von hochentwickelten Wirbeltieren, durch Rücksicht auf den abstrakten Wert des Lebens oder einen für jedes Lebewesen postulierten »Lebenswillen«, schützen zu wollen.

Ein besonders kritischer und heikler Punkt der Schweitzerschen Auffassung – und dieser Einwand richtet sich gegen alle Philosophen und Theologen, die eine unvermeidliche Verstrickung des Menschen in moralische Schuld behaupten – ist der folgende: Schweitzer meint, jeder Mensch müsse dadurch moralische Schuld auf sich laden, daß er in seinem Verhalten unter Entscheidungszwang nicht dem »Lebenswillen« *aller* Lebewesen entsprechen könne: Wir sind verpflichtet, Werte und Interessen zu respektieren; wir können in vielen Situationen nicht alle involvierten Werte und Interessen berücksichtigen; daher machen wir uns in solchen Situationen durch jede überhaupt mögliche Handlung moralisch schuldig. Es ist eine gefährliche Inflation des Schuldbegriffs – und eine psychohygienisch sehr bedenkliche dazu –, wenn behauptet wird, auch der Arzt, der Bakterien tötet, um das Leben eines Menschen zu retten, verstricke sich dabei notwendig in moralische Schuld – eben gegenüber den Bakterien, deren Lebensrecht und Lebenswillen er verletzen müsse. Moralische Schuld, so behaupte ich mit Nachdruck, kann nur den treffen, der in einer Konfliktsituation nicht die *wichtigsten* der in Konkurrenz stehenden Interessen in angemessener Weise berücksichtigt, obwohl ihm eine solche Handlungsweise offengestanden hätte. Wer in solchen im Extremfall tragisch zu nennenden Fällen einer Präferenzentscheidung unter Handlungszwang nach bester Einsicht die beste der zur Verfügung stehenden Handlungsalternativen wählt oder eine von mehreren gleichberechtigten Handlungsalternativen, der ist von moralischer Schuld frei. Freilich sollte er bedauern, daß das menschliche Leben uns ständig in Situationen verwickelt, in denen wir nicht alle Interessen und Werte, die auf dem Spiel stehen, gleichmäßig berücksichtigen können. Die Doktrin von der unentrinnbaren moralischen Schuld in Konfliktsituationen kann sogar zu einer gefährlichen Gleichgültigkeit gegenüber moralischen Verpflichtungen überhaupt führen, in jedem Falle gewissenhaft nach der relativ besten Lösung zu suchen. Wenn man, wie man auch handelt, moralische Schuld auf sich lädt, wird die Bereitschaft, sich um die optimale Lösung zu bemühen, auf Dauer geschwächt.

Ich wende mich nun der Klasse (2) der rationalen, über Erfahrung und Vernunft nicht prinzipiell hinausgreifenden Begründungsansätze zu, die für Umweltschutz und speziell Tierschutz entwickelt worden sind. Auch hier lassen sich wieder zwei Unterklassen bilden: (2a) die anthropozentrischen Begründungsansätze und (2b) die nicht-anthropozentrischen Begründungsansätze.

Anthropozentrisch argumentieren z. B. Thomas von Aquin und Kant, deren Auffassung auch der rechtlichen Dogmatik im Tierschutzbereich lange als Basis gedient hat. Bei Thomas von Aquin heißt es: »Es gibt eine doppelte Zuneigung des Menschen: eine gemäß der Vernunft; und eine gemäß der Leidenschaft. Nach der Zuneigung der Vernunft ist es nun gleichgültig, was der Mensch mit den Tieren tut; denn alle sind von Gott seiner Herrschaft unterworfen ... Nach der Zuneigung der Leidenschaft wird der Mensch indes auch von Empfindungen den Tieren gegenüber bewegt, denn da aus dem Unglück anderer das Mitgefühl entsteht und die Tiere gleichfalls Schmerzen verspüren, kann im Menschen auch eine Regung des Mitgefühls mit den Schmerzen der Tiere aufkommen. Es liegt aber sehr nahe, daß derjenige, der mit den Tieren Mitgefühl zeigt, daraus empfänglicher wird für Gefühle des Erbarmens den Menschen gegenüber«; daher heißt es Sprüche 12,10: »Der Fromme kennt das Fühlen seiner Tiere; des Bösen Seele aber ist grausam«.[2]

Das Tier wird hier, wie man sieht, mittelbar geschützt, weil Mitgefühl mit den Tieren die Empfindungsfähigkeit für Mitleid mit leidenden Menschen fördern kann.

Ähnlich argumentiert Kant im berühmten, man muß wohl schon sagen berüchtigten, § 17 der »Metaphysischen Anfangsgründe der Tugendlehre«, dem zweiten Teil der »Metaphysik der Sitten« von 1797:

> »In Ansehung des lebenden, obgleich vernunftlosen Theils der Geschöpfe ist die Pflicht der Enthaltung von gewaltsamer und zugleich grausamer Behandlung der Thiere der Pflicht des Menschen gegen sich selbst weit inniglicher entgegengesetzt« (als bei der Pflicht, das Schöne, obgleich Leblose in der Natur nicht zu zerstören), »weil dadurch das Mitgefühl an ihrem Leiden im Menschen abgestumpft und dadurch eine der Moralität im Verhältnisse zu anderen Menschen sehr diensame natürliche Anlage geschwächt und nach und nach ausgetilgt wird; obgleich ihre behende (ohne Qual verrichtete) Tödtung, oder auch ihre, nur nicht bis über Ver-

2 Thomas von Aquin, *Summa Theologica II*, I, Quaestio 102, Art. 6, zitiert (mit leichten Änderungen) nach: Thomas von Aquin, *Summa Theologica*, kommentiert von Otto Hermann Pesch, Bd. 13, Heidelberg–Graz–Wien–Köln 1977, S. 374.

mögen angestrengte Arbeit (dergleichen auch wohl Menschen sich gefallen lassen müssen) unter die Befugnisse des Menschen gehören; da hingegen die martervollen physischen Versuche zum bloßen Behuf der Speculation, wenn auch ohne sie der Zweck erreicht werden könnte, zu verabscheuen sind.«[3]

Es ist sehr charakteristisch, daß Kant diese Ausführungen unter den Titel stellt: »Von der Amphibolie der moralischen Reflexionsbegriffe: das, was Pflicht des Menschen gegen sich selbst ist, für Pflicht gegen Andere zu halten« (a. a. O., S. 442). Es ist also nur scheinbar so, daß wir den Tieren gegenüber zu schonender Behandlung moralisch verpflichtet wären; in Wirklichkeit sind die Tiere nur ein Anlaß dafür, uns unserer Pflichten gegen uns selbst, d. h. unserer moralischen Selbsterziehung, eingedenk zu sein.

Die Basis der Doktrin bei Thomas von Aquin ist die Ansicht, nur der Mensch besitze eine Seele, die Tiere nicht; moralische Verpflichtungen im eigentlichen Sinne könne der Mensch aber nur gegenüber seinesgleichen und Gott haben. Bei Kant wird diese Auffassung entsprechend säkularisiert: An die Stelle der unsterblichen Seele tritt der Besitz der Vernunft: Pflichten können nur Vernunftwesen haben, und diese können auch nur gegenüber Vernunftwesen bestehen. Daher sind die vermeintlichen Pflichten des Menschen gegenüber den Tieren in Wirklichkeit nur Pflichten des Menschen gegen sich selbst.

Es ist aber schwer einzusehen, warum damit, daß nur ein Vernunftwesen Pflichten haben kann, auch schon ausgemacht sein sollte, daß diese Pflichten nur *gegenüber* anderen Vernunftwesen (oder sich selbst) bestehen können. Außerdem ist die Voraussetzung daß alle Menschen Vernunft besitzen, die Kant einführt, offensichtlich dogma-

3 Kants Werke, Akademieausgabe, Bd. VI, Berlin 1969, S. 443. Statt »entgegengesetzt« (S. 443, Z. 13) müßte es natürlich dem Sinn nach vielmehr »verbunden« o. ä. heißen.

tisch. Was den Menschen als solchen auszeichnet, ist nicht Vernunft*besitz*, sondern Vernunft*fähigkeit*. Ob diese Vernunftfähigkeit aktualisiert wird, hängt von vielerlei Voraussetzungen ab, die vielfältig gestört werden können. Der einzelne Mensch erreicht Vernunft und damit Personsein, Bewußtsein der eigenen Identität, individuelle Lebensplanung erst im Verlaufe einer komplizierten Entwicklung vom Neugeborenen zum Jugendlichen. Genetische Schäden, Krankheiten und Störungen des sozialen Umfeldes können den Vernunftbesitz verhindern und vorübergehend oder irreversibel beenden.

Soll daraus folgen, daß wir gegenüber solchen Menschen, die noch nicht, zur Zeit nicht oder nicht mehr im Besitz ihrer Vernunftkompetenz und ihres Status als Personen sind, keine moralischen Verpflichtungen haben? Es sieht eher so aus, als ob Kant und alle, die wie er argumentieren, eine Vorentscheidung, daß nämlich moralische Verpflichtungen nur gegenüber *Menschen* und gegenüber allen Menschen bestehen können, nachträglich durch eher schwache Argumente abzusichern bemüht sind. Diese Argumentation wird übrigens auch heute noch gern benutzt, z. B. in den sonst gut durchdachten »Thesen der Max-Planck-Gesellschaft zum Tierschutzrecht«, in denen es unter II heißt:

> »Andererseits halten wir eine Gleichstellung von Mensch und Tier hinsichtlich des Rechts auf Leben für eine Utopie, die das menschliche Primat« (richtiger: *den* menschlichen Primat, G. P.) »unserer Moralvorstellungen und damit der menschlichen Existenz insgesamt in Frage stellt.«[4]

Auch hier wieder: Weil wir Moralvorstellungen haben, die Tiere aber nicht, können wir daran festhalten, daß menschliche Interessen und Bedürfnisse denen der Tiere

4 »Die Zeit« vom 26. 4. 1984.

uneingeschränkt vorzuziehen sind. Hier liegt offensichtlich ein Fehlschluß vor. Denn daß wir moralisch berechtigt sind, die Interessen der Menschen den Interessen und Bedürfnissen der Tiere (in gewissem Umfange, nicht uneingeschränkt) vorzuordnen, läßt sich, wie ich darlegen werde, begründen; aber es läßt sich nicht durch den schlichten pauschalen Hinweis auf den Vernunftbesitz oder auf den Besitz von Moralvorstellungen beim Menschen, die bei den Tieren ganz fehlen, begründen. Es ist sogar fast paradox, daraus, daß nur der Mensch moralische Verpflichtungen empfinden kann, abzuleiten, daß er diese moralischen Verpflichtungen gegenüber den Tieren außer Kraft setzen kann.

Der Ansatz Kants, grausame Behandlung von Tieren deshalb und nur deshalb als moralisch unzulässig zu bezeichnen, weil eine Gewöhnung an brutalen Umgang mit Tieren die Bereitschaft zur Moralität im Umgang mit anderen Menschen schwächen würde, ist schon von Schopenhauer als vollkommen ungeeignete Rekonstruktion unseres moralischen Bewußtseins hinsichtlich des Tierschutzes kritisiert worden: »Also bloß zur Übung sollen wir mit den Tieren Mitleid haben!«[5] Aber Schopenhauers eigener Lösungsvorschlag, daß wir nämlich im Tier, wegen der *metaphysischen Identität* aller Lebewesen als Ausprägung des Weltwillens, uns selbst begegnen, führt auch nicht zum Ziel: Mitleid ist nicht Selbstmitleid, und Schopenhauers Identitätsannahme ist natürlich eine alle Erfahrung übersteigende metaphysische Hypothese.

Weder der Schöpfungsauftrag Gottes an den Menschen, noch der absolute Wert alles Lebens, noch die metaphysische Einheit aller Lebewesen können als akzeptable Basis für eine Begründung der Normen dienen, die unser Verhalten gegenüber den Tieren regeln (oder regeln sollten!).

5 Arthur Schopenhauer, »Grundlage der Moral« § 8, in: Werke, hrsg. v. A. Hübscher. Bd. 4, 3. Aufl., Wiesbaden 1972, S. 162.

Wenn andererseits Kants Konstruktion einer bloß mittelbaren Verpflichtung gegenüber den Tieren (die eigentlich eine Verpflichtung des Menschen gegen sich selbst ist) uns geradezu als Gipfelpunkt der anthropozentrischen Verirrung erscheint, insofern die Verpflichtung, die Tiere zu schonen, sich als bloßes Mittel zur moralischen Selbsterziehung des Menschen darstellt – was haben wir an der Hand, um eine tragfähigere Basis des Tierschutzes und seiner moralischen Normierung zu konstruieren?

Wir haben dafür eine nach meinem Urteil ausreichende Prämissenmenge: einerseits das »Vernunftprinzip«, das auch in anderen Bereichen die Basis moralischer Normenbegründung abgeben kann, dazu eine unbezweifelbare empirische Basis in der Leidensfähigkeit der Tiere, jedenfalls derer, die ein zentrales Nervensystem entwickelt haben. Das Vernunftprinzip verpflichtet mich, Interessen, die ich bei mir selbst als realisierungswürdig betrachte, ebendeshalb auch bei allen anderen Individuen, die die gleichen Interessen haben, als realisierungswürdig anzuerkennen, es sei denn, ich könnte *einleuchtende Gründe* dafür geltend machen, warum sie im Falle anderer Individuen nicht in gleicher Weise berücksichtigungswürdig sind. Entsprechend verpflichtet mich das Vernunftprinzip, eine Verhaltensnorm, die ich hinsichtlich des Verhaltens anderer Menschen mir gegenüber für richtig halte, auch auf mein eigenes Verhalten ihnen gegenüber anzuwenden. Die Einschränkung auf Menschen ist nun nicht wesentlich; denn meine Verhaltensnorm muß gegenüber allen Wesen gelten, die mir gegenüber insofern in einer vergleichbaren Lage sind. Ausnahmen müssen begründet werden. Zunächst freilich gilt das Vernunftprinzip für das Verhalten unter Menschen. Aber es scheint nicht rational begründbar, warum wir in Hinsicht auf den Anspruch auf Schmerzvermeidung einen radikalen Unterschied zwischen Menschen und nicht-menschlichen Lebewesen sollten machen dürfen, solange diese sich eindeutig so verhalten, daß wir annehmen müssen, auch sie könnten Schmerz und Lust, Behagen und Not, Lebensfreude und Angst empfinden. Wie schon Jeremy Bentham in der seiner Zeit weit vorauseilenden Anmerkung zu seiner »Introduction to the Principles of Morals and Legislation« (1789) formuliert hat:

> »The day may come, when the rest of the animal creation may acquire those rights which never could have been withholden from them but by the hand of tyranny. The French have already discovered that the blackness of the skin is no reason why a human being should be abandoned without redress to the caprice of a tormentor ... What else is it that should trace the insuperable line? Is it the faculty of reason, or, perhaps, the faculty of discourse? But a full-grown horse or dog is beyond comparison a more rational, as well as a more conversable animal, than an infant of a day, or a week, or even a month, old. But suppose the case were otherwise, what would it avail? The question is not, Can they reason? nor, Can they talk? but, Can they suffer?«[6]

Man möchte antworten: »They can indeed, and they do!« Es scheint mir auch unserer unmittelbaren moralischen Intuition – wenn es so etwas gibt – zu entsprechen, wenn wir als Begründung für das Verbot, Tiere unnötig Leiden und Schmerzen auszusetzen, nicht einen abstrakten *Wert des Lebens* heranziehen, der Bakterien, Insekten und Säugetieren in gleicher Weise zukäme, sondern die Evidenz der Forderung, daß *Schmerzen* und *Leiden* wenn möglich nicht zugefügt werden sollen und, wo sie auftreten, möglichst gelindert werden sollen. Die Basis dieser Einstellung ist unser eigenes lebhaftes Interesse an Schmerzvermeidung und das Vernunftprinzip, das mir sagt,

6 Jeremy Bentham, *An Introduction to the Principles of Morals and Legislation* (1789), hrsg. v. L. J. Lafleur. New York 1948, S. 310 f.

daß ich ein entsprechendes Interesse jedem zubilligen muß, der sich mit mir insofern in gleicher Lage befindet. Daher kann das moralische Gebot, Tiere zu schonen, sich nur auf das Leiden, das den Tieren sonst zugefügt werden würde, beziehen, und in dem Maße dringlicher werden, in dem das Leidenspotential zunimmt. Versuche an Heuschrecken und Drosophila sind solange als völlig verschieden von Versuchen z. B. an Hunden, Katzen und Primaten zu behandeln, als davon ausgegangen werden kann, daß die Schmerzempfindlichkeit und Angstbereitschaft bei Insekten um Größenordnungen niedriger liegt, als bei den hochentwickelten Säugern. Die Tatsache, daß die Gegner medizinischer Tierversuche besonders heftig reagieren, wenn es um Versuche an Hunden und Katzen, also vertrauten Hausgenossen geht, ist von den Befürwortern von Tierversuchen allein darauf zurückgeführt worden, daß hier »unbewußte Stimmungen« gegenüber Tierarten, mit denen wir »besonders leicht kommunizieren können«, eine wesentliche Rolle spielen (so K. Gärtner in »Tierversuche in der Forschung«, Berichte und Mitteilungen der Max-Planck-Gesellschaft, 1 [1981], S. 35, so auch die These VI der Max-Planck-Gesellschaft a. a. O.). Aber es gibt eine einfachere Erklärung, daß wir nämlich von diesen Tieren aus näherem Umgang genau wissen oder zu wissen glauben, wie stark sie auf Schmerzen und bedrohliche Situationen reagieren.

Wir gehen also davon aus, daß Tiere einen prima-facie-Anspruch an uns haben, daß ihr vitales Bedürfnis, möglichst schmerz- und angstfrei zu existieren, respektiert wird und daß uns aus diesem Anspruch moralische Verpflichtungen hinsichtlich unseres Verhaltens gegenüber den Tieren erwachsen. Der Anspruch und damit die moralische Verpflichtung wächst naturgemäß mit der Leidensintensität, die wir nach allen uns zugänglichen Daten vermuten müssen, und ist daher sowohl von der Tierart abhängig, um die es jeweils geht, etwa bei medizinischen

Versuchen, als auch von der Art des Eingriffs, der erwogen wird. Diese Basis reicht natürlich schon aus, jede Tierquälerei, die dem Tier *willkürlich* Schmerzen zufügt, als moralisch strikt unzulässig zu kennzeichnen. Wenn wir uns daran erinnern, wie lange solche Tierquälerei auch im sogenannten christlichen Europa noch an der Tagesordnung war, so können wir die inzwischen eingetretene Entwicklung zu einer größeren Sensibilität gegenüber dem Leiden der Tiere als einen Kulturfortschritt begrüßen. Man braucht nur an die im Mittelalter besonders in England überaus populäre Veranstaltung des »bear-baiting« zu denken, bei der ein angepflockter Bär von darauf dressierten Bluthunden attackiert und schließlich zerfleischt wurde. Es gibt Berichte, in denen Aristokraten über die köstliche Erheiterung sprechen, die sie angesichts der hilflosen Wut des Bären und der geschickten Angriffstaktik der Hunde empfunden haben. Erst 1835 wurden derlei Volksbelustigungen durch einen Act of Parliament verboten; zu der Mentalitätsänderung, die sich schließlich in der gesetzlichen Abschaffung ausdrückte, haben, wie berichtet wird, besonders die Puritaner beigetragen.

Ganz anders natürlich sieht es aus, wenn die dem Tier zugefügten Leiden im Rahmen von Versuchen stehen, die dem Ziel dienen, Leiden und Krankheit bei Menschen (und natürlich in vielen Fällen auch bei Tieren) besser verhindern und bekämpfen zu können.

In diesem Zusammenhang ist auf den prima-facie-Charakter des Schonungsgebots zu verweisen: Solche primafacie Ansprüche können bei Vorliegen hinreichend starker Gegengründe von diesen überwogen werden.

Es sind nach meinem Urteil (obwohl einige kompetente Philosophen, wie z. B. Peter Singer, hierüber entschieden anders denken) keine rationalen Gründe erkennbar, die es dem Menschen verbieten würden, Tiere zum Zwecke seiner Ernährung zu töten, wenn dies schmerzlos geschieht. Auch ist nichts dagegen einzuwenden, wenn Tiere gezüchtet und gehalten werden, um den menschlichen Nahrungsbedarf zu decken. Jedoch muß sichergestellt sein, daß während der Lebenszeit der Tiere durch die Art ihrer Haltung ihre vitalen Grundbedürfnisse angemessen befriedigt werden. Es bedarf keiner näheren Erörterung, daß bei der Aufzucht von Mastkälbern und in der Batteriehaltung von Legehennen, um nur besonders krasse Beispiele zu nennen, diese Standards bei weitem nicht erfüllt sind.

Es entspricht diesem Grundsatz, daß auch wenig gegen die Praxis eingewandt werden kann, Tiere im Verlauf therapeutischer Experimente und auch grundlagenwissenschaftlicher Versuche zu *töten*, vorausgesetzt, daß dies schmerzlos geschieht. Problematisch sind vor allem die Versuche, die nicht ohne Schmerz- und Angstreaktionen der betroffenen Tierindividuen durchgeführt werden können. Hier erhebt sich die Frage: Warum dürfen wir mit Tieren Experimente ausführen, die wir mit Menschen schlechterdings nicht, oder nur mit ihrer ausdrücklichen Einwilligung vornehmen dürften? Albert Schweitzer versuchte eine Antwort auf diese Frage zu geben durch den Hinweis, dem Leben eines Menschen komme ein *höherer Wert* zu als dem eines Tieres. Diese Ansicht hat zunächst etwas Überzeugendes und wird wohl von vielen Medizinern geteilt. Aber sie wirft doch die bange Frage auf, ob nicht auch das Leben eines bestimmten Menschen A einen höheren Wert für die Menschheit haben könnte als das Leben eines Menschen B. Auch wenn man absolute Werte als Chimären ansieht und von Werten nur in dem Sinne reden möchte, in dem sie Realisierungsbedingungen für Bedürfnisse, Interessen und Wünsche von Lebewesen sein können, kann uns doch nichts hindern, anzunehmen, daß das Leben z. B. eines hochbegabten Künstlers, eines produktiven Wissenschaftlers oder einer Mutter mehrerer Kinder einen *höheren Wert für die Menschheit* haben dürfte als das eines unreformierbaren Kriminellen oder eines debilen Alkoholikers, von denen keinerlei positive

Beiträge zum Leben der Allgemeinheit mehr zu erwarten sind. Trotzdem würde sich alles in uns sträuben, menschliche Individuen vom Typ B für Experimente freizugeben, die dazu führen könnten, das Leben eines Menschen von Typ A zu verlängern oder zu erhalten. Und diese moralische Intuition ist auch begründbar: Das *Interesse* jedes Menschen, in seiner Integrität und Gesundheit nicht beeinträchtigt zu werden und zum bloßen Mittel der Lebenssicherung anderer Menschen gemacht zu werden, sehen wir als geschützt an, und zwar ohne Rücksicht auf die Vorteile, die sich die Allgemeinheit von der Existenz des Individuums jeweils versprechen könnte.

Ebensowenig also, wie ein absoluter Wert des Lebens als solcher uns moralisch (im Sinne von Albert Schweitzer) dazu verpflichten kann, das Leben oder den »Lebenswillen« aller Lebewesen zu respektieren, ebensowenig kann uns ein absolut höherer Wert des menschlichen Lebens als solchen schon dazu berechtigen, wiederum im Sinne von Albert Schweitzer, über die Basisbedürfnisse nichtmenschlicher Lebewesen nach Belieben zu verfügen.

Vielmehr müssen wir unsere Überlegungen auf die besondere Existenzform des Menschen und die allerdings wesentlichen Unterschiede zwischen Menschen und nichtmenschlichen Lebewesen abstellen: Menschliche Leidensfähigkeit ist angesichts des Selbstbewußtseins und des Resonanzbodens von Erinnerung und Zukunftserwartung in ihrer Qualität von der Leidensfähigkeit der Tiere verschieden. Nur der Mensch hat ein Bewußtsein der ständigen Bedrohung seines Lebens durch den Tod, nur er hat ein kulturell vermitteltes Interesse an einem sinnvollen Lebensganzen, einem Plan, der seine gesamte Biographie umfassen kann. Nur beim Menschen wird sein Leid vervielfacht durch die Sorge und den Kummer seiner Angehörigen und Freunde; man denke an das, was Eltern eines unheilbar erkrankten Kindes durchmachen. (Die Verhaltensforscher haben inzwischen Belege dafür, daß solche emotionalen Beziehungen auch bei hochentwickelten Säugetieren vorkommen; diese Gesichtspunkte müßten allerdings bei der Abwägung der beiderseitigen Interessen berücksichtigt werden.)

Es ist daher die *qualitative Differenz* menschlicher Lebens- und Schmerzfähigkeit gegenüber dem entsprechenden Potential bei den nichtmenschlichen Lebewesen, die als das wichtigste Argument für die Ungleichbehandlung zwischen Menschen und Tieren in Betracht kommt. Daraus ergibt sich freilich, daß menschliche Individuen, die aufgrund massiver Defekte jene spezifisch menschlichen Eigenschaften nicht haben, die wir in dem Begriff »Personsein« zusammenfassen können und die den Unterschied des »normalen« Menschen gegenüber den nichtmenschlichen Lebewesen ausmachen, in striktem Sinne nicht in gleicher Weise wie »normale« Menschen einen besonderen Schutz beanspruchen könnten. Daß wir solche Individuen trotzdem in unsere auf alle Menschen in gleicher Weise gerichteten moralischen Garantien einbeziehen, bedarf einer besonderen Begründung. Es kann aber damit gut begründet werden, daß es sehr gefährlich wäre, im Hinblick auf den Respekt vor menschlicher Integrität irgendwelche Ausnahmen zuzulassen. Es wäre nämlich zu befürchten, daß unter Einwirkung starker, z. B. politischer Motive und Affekte sich Tendenzen durchsetzen könnten, bestimmten Gruppen von Individuen, insbesondere unbequemen Minderheiten, mit dem Argument, sie seien nicht eigentlich Menschen im vollen Sinne des Wortes, den Schutz zu entziehen, der ihnen als Menschen zusteht – die Behandlung politischer Dissidenten als Geisteskranker ist hierfür nur ein warnendes Beispiel.

Im Ganzen betrachtet läßt sich daher die Praxis der *therapeutischen* Versuche auch an höheren Tieren moralisch rechtfertigen. Wichtig ist, daß sie angesichts des prima-facie-Gebots, das Basisbedürfnis aller Lebewesen nach Schmerz- und Leidvermeidung zu respektieren, *in jedem*

Falle gerechtfertigt, d. h. argumentativ begründet werden müssen. Der bloße Artunterschied zwischen Tier und Mensch und der höhere Wert menschlichen Lebens reichen als Pauschalbegründungen, die Tierexperimente global rechtfertigen könnten, nicht aus. Es muß in jedem Falle eine Einzelabwägung stattfinden, ob die therapeutischen Versuche und der mit ihnen unvermeidlich verbundene Betrag an Schmerz, Leid und Streß den Ansprüchen der Verhältnismäßigkeit genügen, ob sie also erforderlich und geeignet sind, um das Ziel zu erreichen, und ob Aufwand und Ertrag in einem rationalen Verhältnis zueinander stehen. Diese Forderung geht über die allgemeine Klausel des Tierschutzgesetzes § 1: »Niemand darf einem Tier *ohne vernünftigen Grund* Schmerzen, Leiden oder Schäden zufügen« doch deutlich hinaus; denn was ein »vernünftiger Grund« ist, wird – wie schon oft betont worden ist – vom Wortlaut des Gesetzes allzusehr der persönlichen Entscheidung des Tierhalters oder Forschers überlassen.

Kein Vernünftiger kann ernstlich bezweifeln, daß die naturwissenschaftliche Medizin einen unschätzbaren Beitrag zur Vermeidung menschlicher Leiden, und nicht nur menschlicher Leiden, geleistet hat und fortfährt zu leisten. Es unterliegt ebensowenig einem begründeten Zweifel, daß Tierversuche (therapeutische und der Grundlagenforschung dienende) eine wesentliche Voraussetzung der säkularen Erfolge der Medizin gewesen sind und weiterhin sein werden. Andererseits ist der Eindruck entstanden, daß die Wissenschaftler angesichts des im Ganzen so segensreichen Erfolgs ihrer Tätigkeit jedenfalls zum Teil die Ansicht entwickelt haben, daß der Anteil der Kosten an Schmerzen und Leiden, der auf Versuchstiere entfällt, *vernachlässigt werden* könne.

Es würde die Kompetenzen des Philosophen überschreiten, wenn er über die Entwicklung der grundsätzlichen Gesichtspunkte hinaus, die bei einer Güterabwägung ins Gewicht fallen müssen, auch konkrete Richtlinien für das Verhalten des Wissenschaftlers vorgeben wollte. Er kann nur die Gründe entwickeln, aus denen sich eine *prinzipielle Zulässigkeit* von Tierversuchen ergibt, und auf die Einschränkungen hinweisen, die diese Zulässigkeit begrenzen. Die Entscheidung im Einzelfall sollte nach meiner Meinung Ethik-Kommissionen zufallen, die gegen den Vorwurf gesichert sind, sie würden die Grenzziehung jeweils im eigenen Interesse vornehmen, so wie es dem einzelnen Forscher, im Regelfall wohl zu Unrecht, unterstellt werden könnte.

Der Ethiker kann ferner darauf hinweisen, daß die Gemeinschaft der Wissenschaftler vor der moralischen Verpflichtung steht, alles zu tun, um den Anteil tierischen Leidens zu minimieren, also das zu leisten, was im Englischen mit dem Schlagwort »refinement, replacement and reduction«* angedeutet wird. *Tierversuche sind moralisch erlaubt, wenn ein deutlicher Zusammenhang zwischen den Ergebnissen des Tierversuchs und der auf andere Weise nicht erreichbaren Verminderung menschlichen Leidens auf längere Sicht aufgewiesen werden kann.* Wo ein solcher Zusammenhang nicht nachweisbar ist, etwa bei den Versuchsreihen zur Überprüfung der Unschädlichkeit von dekorativen Kosmetika, scheint mir eine moralische Rechtfertigung von Tierversuchen eindeutig nicht möglich zu sein.

Offen muß einstweilen die Frage bleiben, ob Tierversuche, in denen Versuchstiere erheblichen Leiden und Streß unterworfen werden müssen, gerechtfertigt werden können, wenn sie *ohne nachvollziehbare Verbindung zur Ver-*

* Diese als »Drei R's« bekanntgewordenen Prinzipien verlangen mit Bezug auf Tierversuche:
1. Reduktion (reduction) der Anzahl der verwendeten Tiere,
2. Verfeinerung (refinement) der Versuchsverfahren, um das Leiden der Tiere zu verringern und ihr Wohlergehen zu verbessern,
3. Ersetzung (replacement) von Tierversuchen durch alternative Verfahren, wo immer das möglich ist. Anm. d. Herausg.

minderung menschlichen Leidens dem Erkenntnisgewinn der Grundlagenforschung dienen.

Das ist kein Votum gegen die große Bedeutung der Grundlagenforschung, sondern eine Konsequenz der These, daß bei Tierversuchen verursachtes Leid gegen verhindertes oder in Zukunft zu verhinderndes Leid abgewogen werden muß. O. Höffe entscheidet sich in seinem lesenswerten Beitrag »Der wissenschaftliche Tierversuch« zu dem von E. Ströker herausgegebenen Band »Ethik der Wissenschaften«, Bd. 1, dazu, Tierexperimente, die mit Leiden verbunden sind, im Bereich der Grundlagenforschung als moralisch unzulässig zu bezeichnen.[7] Ich neige dazu, auch der Grundlagenforschung eine, wenngleich mittelbare, wichtige Funktion für die therapeutische Forschung zuzusprechen. Ohne hervorragende Grundlagenforschung wird auch die angewandte Forschung allmählich austrocknen. Vielleicht kann die zunächst zweckfreie Grundlagenforschung auch Ergebnisse implizieren, die sogar für die Überlebenschancen der Menschheit von realer Bedeutung sind. Damit möchte ich nicht die Meinung vertreten, daß Grundlagenforschung *nur deshalb* schätzenswert sei, weil sie in gewissen Fällen solche Wirkungen haben kann. Zweckfreie Grundlagenforschung ist vielmehr ein Unternehmen, in dem eines der höchsten Kulturinteressen des Menschen sich ausdrückt, das Bedürfnis nach vertiefter Erkenntnis der Wirklichkeit, von der wir ein Teil sind. In unserem Zusammenhang geht es aber um die Frage, inwieweit diesem Interesse Schmerzen und Leiden von Lebewesen dienstbar gemacht werden dürfen. Und diese Frage kann nicht mehr durch den Hinweis auf das Interesse der Menschheit an zweckfreier Erkenntnis, sondern nur durch die skizzierte Verbindung zu möglicher Verbesserung menschlicher Lebenschancen befriedi-

7 Otfried Höffe, »Der wissenschaftliche Tierversuch«, in: E. Ströker (Hrsg.), *Ethik der Wissenschaften*, Bd. 1, Paderborn–München usw. 1983, S. 117–150, bes. S. 126.

gend beantwortet werden. Jedenfalls ist nicht abzusehen, woher man die Maßstäbe nehmen soll, die für ein rationales Abwägungsverfahren zwischen Erkenntnisgewinn und dem Leiden von Versuchstieren gebraucht würden.

Ich möchte aber ausdrücklich hinzufügen, daß ich hinsichtlich der Frage der moralischen Zulässigkeit von Tierversuchen zur Klärung von rein theoretischen Problemen, die mit erheblichen Leiden der Versuchstiere verbunden sind, noch keine mich überzeugende Lösung gefunden habe. Ich schließe also meinen Vortrag mit einer offenen Frage; das scheint mir aber durchaus angemessen angesichts der Schwierigkeit und Komplexität der Probleme, denen wir uns heute gegenübersehen. [...]

BARUCH A. BRODY

Zur Verteidigung der Forschung an Tieren

[...] Was verstehe ich unter einer vernünftigen forschungsfreundlichen Position in Bezug auf Tierversuche, unter der Art von Position, die ich verteidigen möchte? Meiner Auffassung nach müsste sich eine solche Position mindestens auf folgende Thesen festlegen:

1. Tiere haben Interessen (zumindest das Interesse, nicht zu leiden, und vielleicht auch andere), auf die sich entweder die an ihnen vorgenommenen Versuche oder die Bedingungen, unter denen sie vor, während und nach den Versuchen leben, nachteilig auswirken können.

2. Diese nachteiligen Auswirkungen auf die Interessen von Tieren sind moralisch relevant und müssen bei der Entscheidung, ob ein bestimmtes Tierversuchsprogramm gerechtfertigt ist oder modifiziert oder verworfen werden muss, berücksichtigt werden.

3. Die Rechtfertigung dafür, ein Versuchsprogramm an Tieren durchzuführen, das sich auf deren Interessen nachteilig auswirken würde, besteht in dem Nutzen, den Menschen aus dem betreffenden Versuch ziehen würden.

4. Bei der Entscheidung, ob der betreffende Versuch gerechtfertigt ist oder nicht, sollte menschlichen Interessen größere Bedeutung beigemessen werden als tierlichen Interessen.

[...] Betrachten wir ein ganzes Kontinuum an Positionen, das von der Behauptung reicht, dass tierliche Interessen und menschliche Interessen gleichermaßen zählen (die *Position gleicher Bedeutung*), bis hin zu der Behauptung, dass auch dann, wenn man tierliche Interessen berücksichtigt, menschliche Interessen stets Vorrang haben (die *Position menschlichen Vorrangs*). Beim Übergang von der ersten Position zur zweiten werden tierliche Interessen zunehmend schwächer gewichtet als menschliche Interessen. Die Zwischenpositionen reichen von solchen, die tierliche Interessen nur geringfügig schwächer gewichten (und sich damit der Position gleicher Bedeutung immer weiter annähern), bis hin zu solchen, die sie sehr viel schwächer gewichten (und sich damit immer weiter der Position menschlichen Vorrangs annähern). Die Position der Vereinigten Staaten liegt am Ende des Kontinuums, das den Vorrang des Menschen fordert, und die Tierrechtebewegung befindet sich, da sie die These (4) der forschungsbefürwortenden Position ablehnt, am anderen Ende des Kontinuums. Die europäischen Positionen liegen irgendwo dazwischen; allerdings lässt sich unter Bezugnahme auf ihre geltenden Regelungen nicht bestimmen, wo genau sie auf dem Kontinuum einzuordnen sind. [...]

Die These (4) der forschungsfreundlichen Position – das Prinzip, menschlichen Interessen größere Bedeutung beizumessen als tierlichen Interessen – wird in den Vereinigten Staaten und in Europa sehr unterschiedlich interpretiert. Für die Vereinigten Staaten bedeutet diese These, dass im Hinblick auf die Durchführung von Forschungsversuchen menschliche Interessen immer einen lexikalischen Vorrang* vor tierlichen Interessen besitzen. Dieser lexikalische Vorrang entspricht nicht den europäischen Positionen, welche ein gewisses Maß an Interessenabwägung zulassen. Aber es deutet nichts darauf hin, dass die Europäer die These (4) zurückgewiesen hätten und sich die Position gleicher Bedeutung angeeignet hätten, die für die Position der Tierrechte charakteristisch ist. Vielmehr

* Die Idee eines lexikalischen Vorrangs übernimmt Brody vermutlich von John Rawls (vgl. *A Theory of Justice*, Cambridge 1971. – Dt.: *Eine Theorie der Gerechtigkeit*, Frankfurt a. M. 1975, insbes. § 8). In diesem Zusammenhang ist damit gemeint, dass tierliche Interessen erst dann Berücksichtigung finden, wenn die Interessen von Menschen bereits vollständig befriedigt worden sind. Anm. d. Übers.

scheinen sie tierliche Interessen im Vergleich zu menschlichen Interessen schwächer zu gewichten, wobei das genaue Maß, in dem tierliche Interessen geringer gewichtet werden, unterbestimmt bleibt.

Gibt es Gründe für die Annahme, dass ein Ansatz, der einen lexikalischen Vorrang fordert, das, wofür die These (4) steht, besser zum Ausdruck bringt als ein Ansatz der schwächeren Gewichtung (und umgekehrt)? [...]

Bevor wir versuchen, einen Ansatz zur Rechtfertigung der schwächeren Gewichtung auszuarbeiten, ist es wichtig, dass wir uns darüber im Klaren sind, was genau mit schwächerer Gewichtung gemeint ist. [...] Schwächer zu gewichten [...] besteht in der Behauptung, dass dieselbe Schmerzeinheit moralisch gesehen weniger zählt, wenn sie von einem Tier erlebt wird, als wenn sie von einem Menschen erlebt wird, und zwar nicht aufgrund der zusätzlichen Erlebnisse, die für Menschen damit zusammenhängen, sondern schlicht aufgrund der Spezieszugehörigkeit desjenigen, der diese Erlebnisse hat. Das schwächere Gewichten lehnt es direkt ab, die Interessen aller Spezies gleich zu berücksichtigen.

Ich hebe diesen Punkt hervor, um zu verdeutlichen, dass die *schwächere Gewichtung* tierlicher Interessen sich radikal vom *Vorziehen* menschlicher Interessen unterscheidet, das sogar Tierschützer wie Peter Singer akzeptieren [...].

Aber für Singer und andere Verfechter der Position gleicher Bedeutung folgt hieraus nur, dass Menschen mehr leiden könnten und dass dieser quantitative Unterschied im Ausmaß des Leidens moralisch relevant ist. Sie bestreiten – was diejenigen, die die Position der schwächeren Gewichtung vertreten, bejahen –, dass selbst dann, wenn kein quantitativer Unterschied im Ausmaß des Leidens vorliegt, das menschliche Leiden moralisch gesehen mehr zählt.

Mit diesem Verständnis der Position schwächerer Gewichtung können wir leicht einsehen, warum viele diese

Position als moralisch inakzeptabel betrachten würden. Warum sollte das moralische Gewicht desselben Betrags an Leiden je nach Spezieszugehörigkeit des leidenden Wesens unterschiedlich sein, wenn keine mit dem Leiden zusammenhängenden zusätzlichen Unterschiede vorliegen?

[...] Ich sehe für den Anhänger der Position schwächerer Gewichtung keine andere vernünftige Alternative, als die gesamte Vorstellung, dass wir generell zu einer gleichen Berücksichtigung von Interessen moralisch verpflichtet sind, in Frage zu stellen. Das ist ein plausibler Schritt, denn die gleiche Berücksichtigung von Interessen ist in der zeitgenössischen Moralphilosophie bereits vielfach in Frage gestellt worden, und zwar völlig unabhängig von der Debatte über das moralische Gewicht tierlicher Interessen. Ich würde das Aufkommen der Vorstellung, dass wir eine gleiche Berücksichtigung von Interessen nicht akzeptieren sollten, mit der von W. D. Ross bereits 1930 aufgestellten Behauptung in Verbindung bringen, dass wir spezielle Verpflichtungen gegenüber uns selbst, unseren Familienangehörigen, unseren Freunden, unseren Mitbürgern usw. haben.[1] Die Anerkennung dieser speziellen Verpflichtungen bedeutet natürlich, den Interessen mancher Wesen (derjenigen, denen gegenüber wir spezielle Verpflichtungen haben) höhere Priorität beizumessen als den Interessen anderer (derjenigen, denen gegenüber wir keine solchen speziellen Verpflichtungen haben). Ebenso wichtig ist die in den 1980er-Jahren besonders hervorgehobene Auffassung, dass wir ein moralisch zulässiges Vorrecht besitzen, unseren eigenen Interessen an der Erfüllung mancher unserer zentralen Ziele besondere Beachtung zu schenken.[2] Die Anerkennung dieses Vorrechts bedeutet, dass wir wenigstens manchen unserer Interessen

1 William David Ross, *The Right and the Good*, Oxford 1930, Kap. 2.
2 Samuel Scheffler, *The Rejection of Consequentialism*, Oxford 1982, Kap. 3.

höhere Priorität beimessen als den Interessen anderer. Jede dieser Auffassungen setzt, auf je unterschiedliche Weise, eine Ablehnung der gleichen Berücksichtigung von Interessen voraus, und beide Auffassungen lassen sich am besten als Weisen verstehen, bestimmte Interessen schwächer zu gewichten.

Wie sollten wir unsere speziellen Verpflichtungen auffassen? *Eine* gute Auffassungsweise ist, dass wir gegenüber manchen Menschen in besonderer Weise dazu verpflichtet sind, ihren Interessen höhere Priorität beizumessen als den Interessen anderer. Dies kann von uns verlangen, die Erfüllung ihrer Interessen sogar um den Preis zu fördern, dass wir die gewichtigeren Interessen Fremder nicht befördern. Man beachte dabei, dass es unplausibel ist, dies als eine Variante des lexikalischen Vorranges anzusehen, die die Interessen derjenigen Menschen bevorzugt, gegenüber denen wir spezielle Verpflichtungen haben. Denn wenn ihre Interessen, die auf dem Spiel stehen, unbedeutend sind und wenn die damit konkurrierenden Interessen Fremder beträchtlich sind, dann sind wir nicht verpflichtet, die Interessen derjenigen, denen gegenüber wir spezielle Verpflichtungen haben, an die erste Stelle zu setzen; vielleicht wäre dies auch gar nicht zulässig. Dem Anschein nach also könnten spezielle Verpflichtungen gut auf die Weise aufgefasst werden, dass sie von uns verlangen, die Interessen Fremder schwächer zu gewichten, wenn sie mit den Interessen derjenigen, denen gegenüber wir spezielle Verpflichtungen haben, konkurrieren.

Dieser Ansatz ist auch sehr aufschlussreich im Hinblick auf unser Vorrecht, unsere persönlichen Ziele selbst um den Preis, dass wir anderen bei der Verfolgung ihrer Interessen nicht helfen (oder sie dabei sogar behindern), zu verfolgen. Hierbei handelt es sich, um es nochmals zu sagen, kaum um einen Fall lexikalischen Vorrangs. Gleichgültig wie wichtig ein Ziel für mich sein mag, bin ich möglicherweise moralisch verpflichtet, es hintanzustellen, wenn die damit konkurrierenden Interessen anderer besonders wichtig sind. Unser Vorrecht sollte man am besten so auffassen, dass es uns nur erlaubt, die Interessen Fremder schwächer zu gewichten, wenn sie mit unseren Interessen, unsere Ziele zu erreichen, konkurrieren.

Dies bedeutet übrigens, dass wir also in Wahrheit eine ganze Familie von Theorien über spezielle Verpflichtungen und über persönliche Vorrechte haben. Die unterschiedlichen Theorien werden sich durch die von ihnen als akzeptabel angesehene Rate der Schwächergewichtung voneinander unterscheiden.

Aus dieser Perspektive gesehen erscheint es nicht mehr als ungewöhnlich, im Hinblick auf Tierversuche einen Ansatz der schwächeren Gewichtung zu vertreten. Anstatt eine besondere schwächere Gewichtung tierlicher Interessen zu beinhalten, welche die grundlegende moralische Forderung gleicher Interessenberücksichtigung verletzt, stellt dieser Ansatz ein weiteres Beispiel für eine Schwächergewichtung der Interessen Fremder dar – ein Merkmal, das in der Moral weit verbreitet ist.

Wir können sehen, dass sich dieses Argument auch auf andere Weise entwickeln lässt, wenn wir den Unterschied zwischen den folgenden zwei Fragen betrachten:

1A Warum sollten die Interessen meiner Kinder mehr zählen als die anderer?

1B Warum sollten die Interessen meiner Kinder für mich mehr zählen als die anderer?

Die erste Frage, die aus einer unpersönlichen Perspektive gestellt wird, ist unbeantwortbar. Die zweite Frage, die aus der persönlichen Perspektive gestellt wird, ist beantwortbar. Dasselbe ist über das folgende Fragenpaar zu sagen:

2A Warum sollten die Interessen von Menschen mehr zählen als die von Tieren?

2B Warum sollten die Interessen von Menschen für Menschen mehr zählen als die von Tieren?

Wie bei dem vorigen Fragenpaar gilt: Was aus der einen Perspektive nicht zu beantworten ist, mag aus der anderen Perspektive durchaus beantwortbar sein.

Es besteht natürlich ein wichtiger Unterschied zwischen speziellen Verpflichtungen – auch denen, die man sich selbst gegenüber hat – und persönlichen Vorrechten. Erstere *erfordern*, dass man bestimmten Interessen Priorität beimisst, während letztere einem dies lediglich *erlauben*. Dieser Unterschied ist hilfreich, um eine gewisse Zweideutigkeit in der vernünftigen forschungsfreundlichen Position zu erklären. Während ihre Anhänger häufig offenbar nur die Zulässigkeit von Tierversuchen zu verteidigen suchen, reden sie manchmal so, als würden sie argumentieren, dass diese Versuche erforderlich sind. Man betrachte zum Beispiel die von der amerikanischen Arzneimittelzulassungsbehörde erhobene generelle Forderung, dass neue Medikamente zuerst an Tieren getestet werden müssen, bevor sie an Menschen getestet werden. Diesbezüglich würde ich Folgendes vorbringen: Wenn die Anhänger von Tierversuchen ihre Zulässigkeit verteidigen, berufen sie sich auf die Analogie zu Vorrechten, aber wenn sie diese Versuche einfordern wollen, berufen sie sich auf die Analogie zu speziellen Verpflichtungen. Nach der letzteren Ansicht haben wir gegenüber Menschen eine Verpflichtung, die zu unseren speziellen Verpflichtungen gegenüber Mitgliedern unserer eigenen Spezies gehört, tierliche Interessen schwächer zu gewichten als menschliche Interessen, indem man neue Medikamente zuerst an Tieren testet. [...]

Worauf meine Argumente vorausdeuten, ist das Erfordernis weiteren ethischen Nachdenkens über die kontroversen Fragen. Wir haben gesehen, dass die Moral auf legitime Weise das schwächere Gewichten selbst der Interessen anderer Menschen enthalten kann, nämlich dann, wenn man aus einem Vorrecht oder einer speziellen Verpflichtung handelt. Eine Frage, die viel weitergehend untersucht werden muss, ist, was eine legitime schwächere Gewichtung von einer Diskriminierung unterscheidet. Nur eine Antwort auf diese Frage kann die auf schwächerer Gewichtung beruhende vernünftige forschungsfreundliche Position, die ich in diesem Artikel geäußert habe, vollständig rechtfertigen.

BERNARD E. ROLLIN

Forschungsfreiheit versus moralischer Status von Tieren

[...] Auf der einen Seite behaupten VerfechterInnen der Grundlagenforschung, sie sei der Kern menschlichen Denkens, die Wurzel der Wissenschaft und nichts Geringeres als das Streben nach Erkenntnis. Unsere gesamte Zivilisation und aller Fortschritt, so wird argumentiert, seien davon abhängig, dass Menschen die Erlaubnis erhalten, den Fragen, die ihre Neugier entfachen, nachzugehen. Mit Blick auf das utilitaristische Prinzip können wir einräumen, dass Grundlagenforschung nicht immer eindeutig erkennbaren Nutzen für das menschliche Glück oder Wohlergehen mit sich bringt. Andererseits kann man nie wissen, welche Anwendungsmöglichkeiten ein Forschungsergebnis haben wird, wie realitätsfern es auch erscheinen mag. Crick und Watson dachten sicherlich nicht, dass sie mit ihrer Arbeit einen Grundstein für die Veränderung menschlicher Genmuster legen würden. Meine Frau war ziemlich überrascht, als sie erfuhr, dass sich ihre abstrakten mathematischen Untersuchungen über sonderbare Geometrien, die wir uns nicht einmal richtig vorstellen können, direkt darauf anwenden ließen, mit Satelliten zu kommunizieren und sie zu kontrollieren. Jede Erkenntnis könnte ein nie da gewesenes Nutzenpotential in sich bergen und Auswirkungen haben, die ihre EntdeckerInnen sich nicht hätten träumen lassen. Dies ist in der Tat die Idee hinter den Aktivitäten von Forschungseinrichtungen [...], in denen talentierte WissenschaftlerInnen im Wesentlichen die Freiheit erhalten, ihrer Neugier ohne Rücksicht auf unmittelbare, praktische Ergebnisse zu folgen. Es ist unmoralisch, dem Fortschritt der Erkenntnis die Tür zu verschließen; es ist eine Zurückweisung des Kerns unseres Menschseins. Als Zivilisation haben wir lange und hart dafür gekämpft, uns von politischen, theologischen und abergläubischen Einschränkungen rationalen Forschens zu befreien; wir sollten diese Freiheit nicht billig verkaufen.

Diese Argumente sind schlagkräftig, und als jemand, der intellektuelle Freiheit und Betätigung über alles schätzt, kann ich ihre Anziehungskraft spüren. Aber es finden sich überzeugende Argumente auch auf der anderen Seite. Es ist wahr, dass rationales Forschen ein integraler Bestandteil unseres Menschseins ist, aber dies gilt auch für die Moral. Wenige von uns stufen Wissen höher ein als moralisches Recht und Unrecht. Wenn das Streben nach Erkenntnis unser Hauptanliegen wäre, würden wir jenen, die kaltblütig mit Menschen experimentieren, Beifall spenden, statt ihnen unsere Abscheu und Empörung zu zeigen. Wir könnten viel erfahren durch Versuche an ungewollten Kindern, geistig Zurückgebliebenen, Hirngeschädigten, Sterbenskranken. Und doch schaudern wir bei dem Gedanken; wir sehen die Nazi-»Experimentatoren« nicht als freie Forscher, sondern als pervertierte Ungeheuer. Wissen muss sich dem Mitleid, dem Anstand und der Moral beugen. In den mehr als 55 Jahren, seit die Nazi-Gräuel aufgedeckt wurden, haben die Gesellschaften lange und hart daran gearbeitet, strenge ethische Regeln für die Forschung an Menschen zu entwickeln; unglücklicherweise sind sie dabei oft auf den Widerspruch von Wissenschaftlern gestoßen. An größeren Universitäten wie meiner werden derartige Forschungsprojekte von Kontrollgruppen gründlich geprüft, und zwar vollständig gestützt von Bundesgesetzen und -verordnungen. Selbst »gutartige« Versuche, bei denen es um so harmlose Dinge wie das Auswendiglernen von Wörterlisten geht, müssen zunächst geprüft und genehmigt werden. (Da ich seit über 30 Jahren einer solchen Kommission angehöre, kann ich bezeugen, mit welcher Gewissenhaftigkeit deren Mitglieder sämtliche Rechte der Versuchsperson schützen.) Unerlaubte Versuche gibt es natürlich weiterhin, vor allem an Universitätskliniken, Versuche an bedürftigen und ungebildeten Leuten, an Obdachlosen, an solchen Menschen, die sich nicht selbst schützen können. Allerdings ist es so, dass dies von der Gesellschaft nicht stillschweigend geduldet oder unterstützt wird und dass es von den meisten Menschen ganz klar als moralisch falsch angesehen wird.

Das Streben nach Erkenntnis muss also durch moralische Rücksicht in Schranken gehalten werden. Und [...] Tiere haben einen grundlegenden und rechtmäßigen Anspruch auf moralische Rücksicht, ebenso wie wir. Allein aus diesem Grund müssen Tiere vor jenen Leuten geschützt werden, deren Wissensdurst ihre moralische Sensibilität überwiegt. Es ist völlig utopisch zu erwarten, dass Grundlagenforschung an Tieren gänzlich eingestellt wird; wie ich vorher gesagt habe, ist die Gesellschaft nicht bereit, auf den möglichen Nutzen, den solche Forschung mit sich bringen könnte, zu verzichten. Würde es plötzlich keine Tiere mehr geben, würden wir, so meine starke Vermutung, heimlich damit anfangen, mit den zuvor erwähnten wehrlosen Menschen zu experimentieren. [...]

Hingegen ist es nicht utopisch zu erwarten, dass ForscherInnen in Bezug auf das, was mit Tieren getan werden darf, Einschränkungen aus moralischen Gründen akzeptieren, ebenso wie sie Einschränkungen in Bezug auf das, was mit Menschen getan werden darf, akzeptiert haben. Das Recht zu forschen gilt, wie alle Rechte, nicht uneingeschränkt. Außerdem würde nur der naivste Forscher glauben, dass er heutzutage uneingeschränkte Forschungsfreiheit genießt. Allerlei einflussreiche Kräfte dienen heute der Einschränkung dieser Freiheit. So sind etwa bestimmte Forschungsarbeiten gesellschaftlich inakzeptabel; ein klares Beispiel hierfür sind Fälle von Wissenschaftlern wie William Shockley, dessen These es war, dass bestimmte

Rassengruppen intellektuell minderwertig seien. Solche Forschung wird von großen Universitäten und Fördereinrichtungen nicht unterstützt. Gleichermaßen hat die Forschungsgemeinschaft bestimmte Hypothesen und Theorien bereits von vornherein abgelehnt, oftmals ohne guten Grund – bloß deshalb, weil die Hypothese »unsinnig« und »offensichtlich absurd« sei. [...] Das erinnert einen in beklemmender Weise daran, wie die Bischöfe Galileis unorthodoxen Ansichten entgegentraten. Sie weigerten sich, durch das Teleskop zu sehen, weil sie bereits wüssten, dass der Mond makellos und vollkommen sei! Vor dreißig Jahren wäre man aus einer human- oder veterinärmedizinischen Fakultät hinausgelacht oder -geworfen worden, wenn man auch nur andeutungsweise vorgeschlagen hätte, sich mit Akupunktur zu befassen. Dramatischer ist der Fall des Immanuel Velikovsky, dessen radikale Ansichten über das Sonnensystem auf boshafte und hysterische Weise angegriffen wurden, und zwar von prominenten Wissenschaftlern, *die nicht einmal seine Bücher gelesen hatten und das auch noch zugaben!* Eine weitere einflussreiche Kraft, die in das Märchen freier Forschung hineinsticht, ist die Forschungsfinanzierung. Aufgrund der unglaublich hohen Kosten, die mit Forschung verbunden sind – Ausgaben für Gehälter, Verwaltungsapparat, technische Anlagen, Ausstattung, Material und so weiter –, kann so gut wie niemand auf eigene Faust ohne größere Finanzierungsquellen forschen. Die Fördereinrichtungen sind unberechenbar; oft sind sie den Launen der Forschungsmode, gesellschaftlichem Druck, Günstlingswirtschaft und politischer Beeinflussung unterworfen. Jeder Wissenschaftler und jede Wissenschaftlerin wird Ihnen wie selbstverständlich mitteilen, dass die besten WissenschaftlerInnen nicht unbedingt diejenigen sind, die finanziell gefördert werden. Ein Physiker, den ich kenne, argumentiert gewandt und überzeugend, dass selbst Einstein heute nicht finanziell gefördert würde – seine Arbeit war zu esoterisch, abstrakt und gegenläufig zum vorherrschenden Denken.

All dies zeigt, dass Freiheit der Forschung in einem tiefen Sinne eigentlich nur ein Slogan ist – man kann sich nicht einfach aussuchen zu erforschen, was immer einem interessant erscheint. Die Arena, in der Forschung betrieben wird, stellt ein komplexes Gefüge gesellschaftlicher, kultureller und politischer Faktoren dar. Warum sollte man dann zu diesen Einschränkungen nicht einfach noch einen vernünftigen, nämlich moralischen, Faktor hinzufügen? Warum sollte man nicht verlangen, dass Fördereinrichtungen und ForscherInnen auch auf die Interessen und das Wesen von Tieren Rücksicht nehmen?

GARY L. FRANCIONE

Xenotransplantationen und Tierrechte

Einleitung

Es gibt viele ethische Fragen, die durch Xenotransplantationen (Organverpflanzungen zwischen verschiedenen Spezies) aufgeworfen werden. In diesem Artikel werde ich kurz nur eine dieser ethischen Fragen erörtern, nämlich den moralischen Status der Nutzung nichtmenschlicher Tiere, die in Xenotransplantationen involviert sind. In wenigstens einem Sinn ist die Tatsache, dass die Tiernutzung im Kontext einer Xenotransplantation stattfindet, irrelevant: Wenn man akzeptiert, dass menschliche Tiere nichtmenschliche Tiere immer (oder fast immer) nutzen dürfen, um menschliche Zwecke zu erfüllen, dann sollte es keinen bedeutenden Unterschied machen, ob die Nutzung zum Zwecke einer Xenotransplantation oder zu irgendeinem anderen Zweck, wie etwa zur Medikamentenprüfung oder zur Nahrungsgewinnung, stattfindet. Umgekehrt gilt: Wenn man jede (oder fast jede) Ausbeutung nichtmenschlicher Tiere ablehnt, dann wird der Zweck der Ausbeutung wahrscheinlich keine Rolle spielen.

In einem anderen Sinn jedoch verdeutlichen Xenotransplantationen das moralische Grundproblem auf ziemlich dramatische Weise. Soweit eine Xenotransplantation erfolgreich ist oder in wenigstens einigen Fällen erfolgreich sein wird, kann man, so lässt sich argumentieren, einen direkten Nutzen feststellen, der sich aus der Ausbeutung des nichtmenschlichen Tieres ergibt. Dieser vorzeigbar zu greifende Nutzen unterscheidet die Xenotransplantation von zumindest einigen anderen Tierversuchsbeispielen, in denen ein Nutzen wahrscheinlich weitaus geringer ist. Immer dann, wenn sich über einen »direkten« Nutzen von Tierversuchen diskutieren lässt, scheint sich der Charakter der Debatte zu ändern, und es werden dann sogar einige Menschen, die normalerweise gegen die Ausbeutung von Tieren sind, zugunsten dessen »abwägen«, was als das menschliche Interesse wahrgenommen wird. Es scheint also, dass es starke moralische Argumente für zumindest manche Xenotransplantationen gibt, wenn man den vorzeigbaren Nutzen für Menschen nur gegen den Schaden, der Tieren zugefügt wird, abwägt.

Es ist klar, dass die Bemühungen, Xenotransplantationen zu perfektionieren, zunehmen werden. Klar ist aber auch, dass diese Bemühungen auf größeren Widerstand von Seiten der sogenannten »Tierrechte«-Community stoßen werden. [...] Erstens lehnen immer mehr Menschen den »Abwägungsansatz« als angemessenen Weg, moralische Probleme zu lösen, ab. Zweitens findet der Begriff der Tier*rechte* als die moralisch angemessene Alternative zum Abwägungsansatz zunehmende Akzeptanz. [...]

Interessenabwägung

Obwohl manche frühen DenkerInnen nichtmenschlichen Tieren durchaus Rechte zuschrieben, war die Bewegung für die »Rechte« von Tieren bis vor kurzem in Wahrheit eine Bewegung zum Schutz des »Wohlergehens« der Tiere. Das heißt: Die meisten Menschen, einschließlich derer, die sich sehr aktiv an dem Versuch beteiligten, die Bedingungen für Tiere zu verbessern, akzeptierten, dass Tiere von Menschen auf verschiedene Arten ausgebeutet werden könnten, dass Menschen aber eine Verpflichtung hätten, sicherzustellen, dass Tiere nicht in trivialer Weise benutzt werden und dass sie so gut wie möglich behandelt werden, so gut, wie es die jeweilige Art der Nutzung zulässt. Es war [nach dieser Auffassung] unsere Verantwortung, menschliche Interessen und tierliche Interessen gegeneinander *abzuwägen.* [...]

Das Problem an dieser Art von Ansatz ist offensichtlich: Solange diejenigen, die die Abwägung vornehmen, die Ansicht vertreten, dass praktisch jeder »Nutzen« die Verwendung von Tieren rechtfertigt, wird es keine wirksame Regulierung der Forschung an Tieren geben. Obwohl jede Person zustimmen würde, dass Tiere nicht zu »trivialen« Zwecken verwendet werden sollten, gibt es unzählige Beispiele einer Nutzung von Tieren, die als moralisch nicht rechtfertigbar zu betrachten ist, und zwar unabhängig davon, wie man »trivial« versteht. Dennoch würden die ExperimentatorInnen, die diese Versuche durchführten, ihre Arbeit kaum als »trivial« bezeichnen, und in den meisten Fällen haben das auch die unabhängigen FachkollegInnen nicht getan, die diese Versuche begutachteten.

Menschen nehmen die Abwägung vor, und bis vor kurzem haben die meisten Menschen es akzeptiert, dass die *Spezieszugehörigkeit* ein moralisch relevantes Kriterium ist, um die Mitgliedschaft in der moralischen Gemeinschaft zu bestimmen. Das heißt: Tierliche Interessen sind in diesem Abwägungsprozess systematisch unterbewertet worden aufgrund von Speziesdiskriminierung, die sich von einer Diskriminierung aufgrund der Rasse oder des Geschlechts durch nichts unterscheidet. Diese Speziesdiskriminierung oder, wie sie gewöhnlich genannt wird, der *Speziesismus*, hat zur Rechtfertigung barbarischer Grausamkeit gegen Tiere geführt.

Aber selbst wenn wir unseren Abwägungsansatz gewissenhafter anwenden sollten, wäre diese Herangehensweise an moralische Probleme immer noch unangemessen. Der Grund für diese Unangemessenheit ist, dass Abwägung *allein* praktisch nie eine befriedigende Antwort liefert. Man nehme zum Beispiel an, dass so gut wie alle BefürworterInnen der Xenotransplantationen auf die vorzeigbaren Folgen für die Verbesserung der menschlichen Gesundheit hinweisen würden, um diese Praxis zu rechtfertigen. Diejenigen, die Xenotransplantationen ablehnen, würden auf die negativen Folgen für die nichtmenschlichen Tiere verweisen. Obwohl beide Seiten einen Rahmen der Abwägung akzeptieren würden, würde es keine Übereinstimmung über das eigentliche Problem geben, da eine Berufung auf Folgen niemals zu einem Ergebnis führen kann, wenn nicht irgendeine Art von Übereinstimmung in der Bewertung dieser Folgen besteht.

Rechte

Obwohl wir auf den Abwägungsansatz zurückgreifen, um Probleme im Zusammenhang mit der Ausbeutung von Tieren zu lösen, bedienen sich viele von uns dieses Ansatzes gerade nicht, um andere moralische Probleme zu lösen. Zum Beispiel sind sehr wenige Menschen bereit, Interessen abzuwägen, wo es darum geht, Menschen ohne ihre Einwilligung als Organlieferanten oder als Versuchsobjekte zu gebrauchen.

Dass uns das widerstrebt, hat mit der Tatsache zu tun, dass wir zu keiner Abwägung bereit sind, wo grundlegende *Rechte* betroffen sind. Die meisten von uns denken, dass Menschen bestimmte Rechte besitzen. Manchmal wird der Charakter oder der Umfang dieser Rechte durch einen Abwägungsprozess bestimmt. Beispielsweise könnte ich in einer Gesellschaft leben, die mir ein Recht auf Gesundheitsversorgung gewährt, aber der Umfang dieses Rechts könnte dadurch bestimmt sein, dass mein Recht gegen andere Verwendungen der Ressourcen abgewogen wird. Jedoch gibt es bestimmte Rechte, bei denen eine solche Abwägung nicht erlaubt ist. Zum Beispiel vermute ich, dass wenige die Versklavung anderer Menschen als moralisch rechtfertigbar anerkennen würden, auch wenn nachgewiesen werden könnte, dass sich für alle freien Menschen wunderbare Folgen ergeben würden. Ein *Recht* fungiert als eine Art Schranke zwischen dem Rechtsträger und jedem anderen. Wenn ich ein Recht habe, frei zu sein, dann ist die Tatsache, dass es Ihnen von Nutzen sein wird, wenn ich versklavt werde, grundsätzlich irrelevant.

Bis vor kurzem konzentrierte sich die Auseinandersetzung zwischen denen, die Tiere nutzen, und denen, die eine solche Nutzung ablehnen, auf verschiedene Auffassungen von »Notwendigkeit« – eine Gruppe wog auf andere Weise ab als eine andere Gruppe, *aber beide wogen ab und erkannten die Rechtmäßigkeit eines Abwägungsansatzes an.* In der Tat muss sogar die von Peter Singer vertretene Position als Abwägungsansatz charakterisiert werden. Singer argumentierte, dass die Spezieszugehörigkeit kein moralisch relevantes Kriterium sei, um die Mitgliedschaft in der moralischen Gemeinschaft zu bestimmen, und dass gleichwertigen menschlichen und tierlichen Interessen im Abwägungsprozess dasselbe Gewicht zugemessen werden sollte.[1] Obwohl Singers Ansatz einen großen Teil der Tierausbeutung ausschließen würde, stellt er keinen Rechteansatz dar (weder für Menschen noch für Tiere).

Das theoretische Spielfeld änderte sich im Jahre 1983 radikal mit der Veröffentlichung von Tom Regans Theorie der Tierrechte.[2] Regan argumentierte überzeugend, dass bestimmte Tiere zumindest einige derselben Rechte haben, die Menschen haben, und Regan lehnt alle Formen von Abwägung ausdrücklich ab. Obwohl Regans Argumente komplex sind und es verdienen, in ihrer Gesamtheit gelesen zu werden, lässt sich die Stoßrichtung seines Ansatzes beschreiben als eine Anerkennung der Tatsache, dass Tiere einige derselben Merkmale besitzen, die uns veranlassen,

1 Peter Singer, *Animal Liberation*, New York (NY) ²1990. – Dt.: *Animal Liberation. Die Befreiung der Tiere*, Reinbek bei Hamburg 1996.
2 Tom Regan, *The Case for Animal Rights*, Berkeley (CA) 1983.

Menschen Rechte zuzusprechen. Indem wir die relevanten Rechte nicht auf nichtmenschliche Tiere ausdehnen, betreiben wir, so argumentiert Regan, bloße Speziesdiskriminierung. Regans Werk beginnt gerade, eine dramatische Wirkung auf das allgemeine Denken zu haben, und der Begriff der *Rechte* der Tiere – in Gegenüberstellung zu dem des *Wohlergehens* der Tiere – setzt sich allmählich durch.

Es liegt auf der Hand, dass es uns, sobald wir den Begriff der Tier*rechte* akzeptieren, nicht länger offensteht, zu fragen, ob sich die »Opferung« eines Pavians, um Baby Fae* zu helfen, moralisch rechtfertigen lässt. Der Pavian ist ebenso wenig *etwas*, das zum Nutzen von Baby Fae existiert, wie Baby Fae zum Nutzen des Pavians existiert. Die Abwägungsfrage wird irrelevant. [...]

Schluss

Sobald wir anerkennen, dass Tiere *Rechte* haben, muss sich der Rahmen unserer Debatte über die Moralität von Xenotransplantationen ändern. Das soll nicht heißen, dass ein Abwägungsansatz Xenotransplantationen billigen würde. Im Gegenteil: Der gegenwärtige Stand der medizinischen Technologie und der Ressourcenverteilung ist von solcher Art, dass man gut argumentieren könnte, dass zumindest manche Xenotransplantationen sich aus vielen Gründen moralisch nicht rechtfertigen lassen. Was aber wäre, wenn wir uns wirklich sicher sein könnten, dass eine bestimmte Xenotransplantation funktioniert? Wir ständen dann vor einer viel schwierigeren Entscheidung, wenn wir einen Ab-

* Das unter dem Namen Baby Fae bekannt gewordene Mädchen kam am 14. Oktober 1984 mit einem schweren Herzfehler auf die Welt. Am 26. Oktober wurde ihm in Kalifornien das Herz eines Pavians eingepflanzt. 20 Tage nach dem Eingriff starb das Mädchen infolge einer immunbedingten Abstoßung des Organs. Anm. d. Übers.

wägungsansatz verwenden. In der Tat wäre unter solchen Umständen der zu erzielende Nutzen ein anderer als der mutmaßliche Nutzen, wie er im Kontext der Grundlagenforschung vorkommt. Das heißt: Die Aussicht auf eine erfolgreiche Xenotransplantation wirft für den konsequentialistischen Moraltheoretiker, der Interessen abwägt, sehr schwierige Fragen auf.

Wenn wir jedoch stattdessen einen Rechteansatz akzeptieren (wonach ein Pavian oder eine Pavianin ein Individuum mit einem Existenzrecht ist, das nicht davon abhängt, ob sie oder er Menschen einen Nutzen bringt), dann ist es weit weniger schwer zu sehen, warum sich die Xenotransplantation moralisch nicht rechtfertigen lässt. Folgen sind dort irrelevant, wo grundlegende Rechte betroffen sind.

Tiere zu Nahrungszwecken

BART GRUZALSKI

Warum es falsch ist, Tiere zu essen, die zur Nahrungsgewinnung gezüchtet und geschlachtet wurden

Die ethische Position, wonach eine Person auf solche Weise leben sollte, dass sie so wenig wie möglich zur Gesamtsumme des Leidens in der Welt und so viel wie möglich zur Gesamtsumme des Positiven beiträgt, wird Utilitarismus genannt. In diesem Aufsatz entwickle ich eine klassisch-utilitaristische Argumentation gegen den Verzehr von Tieren, die zur Nahrungsgewinnung gezüchtet und getötet wurden. [...]

Das utilitaristische Argument [...]

Nach dem klassischen Utilitarismus John Stuart Mills sind Handlungen moralisch richtig, insoweit sie die Tendenz haben, das größte Glück für die größte Zahl zu erzeugen. Für unsere Zwecke werde ich dieses Kriterium als ein Prinzip hinsichtlich der vorhersehbaren positiven und negativen Folgen einzelner Handlungen interpretieren.[1] Wenn wir dieses Prinzip anwenden, müssen wir die Tatsache beachten, dass die meisten Handlungen mehrere vorhersehbare Folgen haben, die sich gegenseitig ausschließen

1 Eine genaue Erläuterung des Utilitarismus der vorhersehbaren Folge und eine Verteidigung des Ansatzes der vorhersehbaren Folge finden sich in meinem Aufsatz »Foreseeable Consequence Utilitarianism«, in: *Australasian Journal of Philosophy* 59, – (Juni 1981) No. 2, S. 163–76.

und die von unterschiedlichem Wert sind (z. B. hat ein Würfelwurf sechs vorhersehbare Folgen, und wir schätzen manche Folgen möglicherweise mehr als andere), und wir müssen sowohl die Wahrscheinlichkeit als auch den Wert jeder dieser vorhersehbaren Folgen bei der Beurteilung einer Handlung berücksichtigen. Nach diesem Ansatz ist eine Handlung dann und nur dann moralisch richtig, wenn sie das Beste ist, was eine Person tun kann, um die Erzeugung negativer Folgen zu vermeiden und um positive Folgen herbeizuführen. Auch wenn zum Beispiel die Wahrscheinlichkeit sehr gering ist, dass es zu einem schrecklichen Frontalzusammenstoß kommen wird, wenn man auf einer Landstraße in einer unübersichtlichen Kurve überholt, fällt aufgrund der Tatsache, dass der negative Wert dieser höchst unwahrscheinlichen vorhersehbaren Folge so groß ist, die Gesamtbeurteilung der vorhersehbaren Folgen des Überholens in einer unübersichtlichen Kurve negativ aus. Daher wäre die Ausführung dieser Handlung nach unserem utilitaristischen Prinzip typischerweise falsch. Bei der Anwendung dieses Prinzips bedienen wir uns der Standardkonzeption von Folgen: Ein Ereignis ist nur dann eine Folge einer Handlung, wenn es eine andere für den Akteur ausführbare Handlung gegeben hätte, die das Eintreten des betreffenden Ereignisses verhindert hätte. Zum Beispiel ist die Tatsache, dass mein Glas halb voll ist, eine Folge davon, dass ich es unter den Zapfhahn gehalten habe; denn hätte ich es stattdessen auf den Tresen gestellt – eine andere Handlung, die ich hätte ausführen können –, wäre es leer.

Von einem utilitaristischen Standpunkt aus ist es moralisch falsch, Tiere zu essen, die zur Nahrungsgewinnung gezüchtet und geschlachtet wurden, weil der Prozess der Aufzucht und Schlachtung von Tieren schreckliches Leiden erzeugt, das nicht entstünde, wenn die Menschen Vegetarier wären. Der Verzehr dieser Tiere ist also gemäß dem Utilitarismus moralisch falsch, es sei denn, es gibt vorhersehbare positive Folgen, die dieses Tierleiden überwiegen. Es *gibt* positive Folgen; die offenkundigste besteht darin, dass diese Tiere zu schmackhaften Fleischbissen werden. Aber es ist zu bezweifeln, dass der Genuss derjenigen, die diese Tiere essen, die Leiden aufwiegen kann, die mit der Gefangenschaft und mit der Schlachtung einhergehen. Erlebt eine Familie in einem Kentucky-Fried-Chicken-Restaurant durch den Verzehr eines Hühnchens eine solche Lust, dass diese Lust die Entbehrung, den Schmerz und den Schrecken überwiegt, die das Huhn erdulden musste, um am Ende auf einem mit Krautsalat garnierten Pappteller zu landen?

Die Plausibilität einer utilitaristischen Rechtfertigung des Fleischessens ist noch geringer, als es die vorangehende rhetorische Frage andeutet. Damit der Verzehr von Fleisch gerechtfertigt ist, muss der Schmerz, der Tieren durch diese Praxis zugefügt wird, nicht nur durch die Lust des Allesfressers *überwogen* werden, sondern *es darf auch keine alternative Handlung geben, die vorhersehbar zu einer besseren Lust-Schmerz-Bilanz führen würde*. Da der Verzehr von Pflanzen eine Alternative ist und da diese Alternative zu Gaumenfreuden, bester Gesundheit und keinem unnötigen Tierleiden führt, würde folglich eine Person, wenn sie versucht, nicht zu unnötigem Leiden auf der Welt beizutragen, keine Tiere essen, die zur Nahrungsgewinnung gezüchtet und geschlachtet wurden. Dieses Argument scheint sehr leicht verständlich, aber manche PhilosophInnen haben es unter Anwendung des Utilitarismus zu widerlegen versucht. [...] Ich prüfe [...] Versuche, den Verzehr von Tieren, die zur Nahrungsgewinnung gezüchtet und geschlachtet wurden, auf der Grundlage des Utilitarismus zu verteidigen. [...]

Verteidigung eins: Der Verzehr von Tieren, die in Familienbetrieben gezüchtet wurden

Die erste Verteidigung des Essens von Tieren, die wir betrachten, räumt ein, dass die industrielle Massentierhaltung schrecklich ist. Stattdessen spricht sie sich dafür aus, Tiere nur dann zu verzehren, wenn sie in Familienbetrieben gezüchtet worden sind. Michael Pollan behauptet, dass dann, wenn wir uns den von einer Familie gewissenhaft geführten Bauernhof ansehen, »aus Sicht des Tieres das Geschäft mit den Menschen ein großer Erfolg gewesen ist«[2]. James Cargile hat einen solchen Bauernhof, auf dem er Schweine züchtet und ihnen »alles« gibt, »was ein Schwein sich wünschen könnte für ein gutes Leben, aber ein kurzes«. Dabei behauptet er: Ihr »kurzes Leben ist besser als gar kein Leben«[3].

Diese Verteidigung des Verzehrs von Tieren durch Verweis auf Bauernhöfe in Familienhand beruht auf einer Reihe von Behauptungen:

(1) Die Lustgefühle der Tiere, die wir züchten, würden nicht entstehen, wenn wir sie nicht züchten würden.
(2) Die Lustgefühle dieser Tiere erhöhen den Gesamtbetrag des Glücks auf der Welt.
(3) Die Belastungen dieser Tiere werden durch ihre Lustgefühle überwogen.
(4) Keine andere Praxis würde die vorhersehbare Summe positiver Folgen auf der Welt erhöhen.

Während (1) und (2) zutreffend sind, ist (3) aus mehreren Gründen problematisch. Erstens werden Tiere, die in Familienbetrieben gezüchtet werden, mit Gewalt und uner-

2 Michael Pollan, »The Unnatural Idea of Animal Rights«, in: *New York Times Magazine*, 10. November 2002, S. 64.

3 James Cargile, »Comments on ›The Priority of Human Interests‹«, in: Harlan B. Miller / William H. Williams (Hrsg.), *Ethics and Animals*, Clifton (NJ) 1983, S. 49.

wartet in der Blüte ihres Lebens getötet. Zum Beispiel beträgt die Lebenserwartung eines Schweines zwischen zehn und zwanzig Jahre, doch Schweine, die zur Nahrungsgewinnung getötet werden, werden oft im Alter von sechs Monaten und fast immer vor ihrem zweiten Lebensjahr geschlachtet. Brathühnchen, die immer weiblich sind, werden im Alter von etwa sieben Wochen getötet, obwohl die Lebenserwartung eines Huhns rund sieben Jahre beträgt. Was passiert mit den männlichen Küken? Da Männchen als weniger schmackhaft gelten, werden die männlichen Küken wenige Tage, nachdem sie ausgeschlüpft sind, getötet. Noch schlechter für (3) ist, dass Tiere in Familienbetrieben oftmals im schrecklichen Großschlachthof getötet werden. [...] Selbst wenn das kurze Leben eines in Gesellschaft lebenden Tiers wie das des Schweines auf dem Bauernhof, das in einem Großschlachthof getötet wird, insgesamt einen positiven Wert haben sollte, wäre dies bestenfalls ein sehr gemischter positiver Wert. Außerdem finden die Landwirte auf solchen Bauernhöfen, wo sie ihre Tiere selbst schlachten, Betäubungsvorrichtungen wahrscheinlich zu teuer, und möglicherweise haben sie auch nicht die tägliche Übung, Tiere schnell zu töten. Man würde vermuten, dass der Kleinbauer, der seine Tiere erschlägt, ersticht oder erschießt, nicht selten einem verletzten Tier gegenüber stehen könnte, das extrem verschreckt und noch schwerer zu töten ist. In diesen Fällen erfahren diese sehr geselligen Tiere, nachdem sie mit ihren menschlichen Gefährten zusammengelebt und zu ihnen ein Vertrauensverhältnis entwickelt haben, in den letzten Augenblicken ihres Lebens einen Vertrauensbruch durch die Hand derjenigen, denen sie vertrauten. Schließlich schränken Landwirte selbst in Familienbetrieben die natürlichen Aktivitäten von Tieren ein. Cargiles Schweine suchen nicht in Gruppen von zehn oder zwanzig die Hügel und Täler der Blue Ridge Mountains nach Futter ab und essen Eicheln. Kühe dürfen ihre Kälber nicht so lange großziehen, wie sie es in einer natürlichen Umgebung täten. Diese Beobachtungen zeigen, warum (3) etwas fragwürdig ist.

Die entscheidende utilitaristische These, mit welcher der Verzehr von Tieren, die in Familienbetrieben leben, verteidigt wird, lautet (4): Keine andere Praxis würde die vorhersehbare Summe positiver Folgen auf der Welt vergrößern. Die Alternative, um die es geht, ist der Vegetarismus. Wenn wir uns die vegetarische Alternative zu eigen machen und damit aufhören, marktfähige Tiere zu züchten, würden wir viel weniger Land benötigen, um dieselbe Zahl an Menschen zu ernähren, da Pflanzen etwa zehnmal mehr Protein pro Acre* liefern als Fleisch. Wenn wir keine Tiere zur Nahrungsgewinnung züchten und schlachten würden, müssten wir beträchtlich weniger Getreide anbauen und könnten somit über 80 Prozent der Ressourcen, die gegenwärtig verwendet werden, um Vieh und Geflügel zu füttern, sparen.[4] Diese Ressourcen – brachliegende Felder, leere Scheunen –, die vorher die Lebensgrundlage für marktfähige Tieren waren, würden nun die Lebensgrundlage für andere Tiere bilden: Streifenhörnchen, Mäuse, Füchse, Waschbären, Hirsche, Eichhörnchen und andere Tiere, die man nicht vermarkten kann. Landwirte erschießen und vergiften manche dieser Tiere und stellen ihnen Fallen, um sowohl ihre Tiere, die für den Markt vorgesehen sind, als auch deren Futter zu schützen – eine weitere negative Folge für Tiere, die durch Familienbetriebe verursacht wird. Landwirte verringern die Zahl nicht marktgängiger Tiere auch dadurch drastisch, dass sie deren Lebensraum zerstören und sie aus Bereichen ausgrenzen, die sonst Teil ihres Verbreitungsgebiets wären. Im Gegensatz dazu ermöglicht die vegetarische Alternative es Tieren, die nicht vermarktet werden können, in größerer Zahl zu gedeihen. Es wird immer noch der Fall sein, dass wir durch eine vegetarische Le-

* Ein Acre entspricht ca. 4047 m^2. Anm. d. Übers.

4 John Robbins, *Diet for a New World*, New York 1993, S. 32–33.

bensweise das Leben und die Lustgefühle von *Kühen*, *Hühnern* und *Schweinen in Familienbetrieben* nicht unterstützen, aber es gibt keinen Grund für die Annahme, dass die Lustgefühle dieser Tiere den Lustgefühlen von *Eichhörnchen*, *Streifenhörnchen*, *Hasen*, *Präriehunden*, *Waschbären*, *Füchsen*, *Mäusen*, *Hirschen* und *Wildschweinen* nicht ebenbürtig sind. Diese Beobachtung widerlegt die zentrale Vorstellung, die der Verteidigung des Verzehrs von Tieren in der Landwirtschaft durch Verweis auf Bauernhöfe in Familienhand zugrunde liegt, dass nämlich die Gesamtmenge tierlichen Wohlergehens am besten dadurch vergrößert wird, dass wir Tiere zur Nahrungsgewinnung züchten. Diese Behauptung ist falsch. Die Tiere insgesamt hätten es besser, wenn die Menschen es – auch in Familienbetrieben – unterlassen würden, einige von ihnen zur Nahrungsgewinnung zu züchten und zu schlachten.

Verteidigung zwei: Die Geringfügigkeit tierlicher Lust- und Schmerzempfindungen

Obwohl der Verzehr von Tieren, die zur Nahrungsgewinnung gezüchtet wurden, nicht der beste Weg ist, um die Summe tierlichen Glücks auf der Welt zu erhöhen, könnte ein Kritiker argumentieren, dass es der beste Weg sei, um die Summe tierlichen *und menschlichen* Glücks zu erhöhen. Als ich die klassisch-utilitaristische Position zur Verwendung von Tieren zur Nahrungsgewinnung entwickelte, behauptete ich, es sei unplausibel zu denken, dass das Leiden, das ein Tier durch das Eingesperrtsein, den Transport und die mit der Schlachtung verbundenen Handlungen empfindet, überwogen wird durch die Lust, die sich aus dem Verzehr dieser Tiere gewinnen lässt. Der fleischessende Utilitarist mag darauf entgegnen, ich habe das entsprechende tierliche Leiden übertrieben. Sobald wir diese Übertreibung korrigieren, haben wir, so führt mein Kritiker aus, ein plausibles utilitaristisches Argument zur Verteidigung des Verzehrs von Tieren.

Eine Quelle dieser Übertreibung sei, so könnte mein Kritiker behaupten, meine implizite Annahme, dass Leiden und Lust von Tieren dieselbe Intensität wie Leiden und Lust von Menschen haben. Jan Narveson argumentiert, dass menschliche und tierliche Lust- und Leidensempfindungen nicht auf der gleichen Stufe stehen. Das Argument besteht aus zwei Schritten. Der erste besteht darin, dass Menschen höhere Fähigkeiten haben. Wie Narveson schreibt, beruhen diese Fähigkeiten auf unserem Vermögen, »uns klar bewusst zu sein, dass die Zukunft sich vor uns ausdehnt, und die Vergangenheit in die andere Richtung«[5]. Anders als niedere Tiere ist ein Mensch »in der Lage, ein Selbstverständnis zu haben, langfristige Pläne zu formulieren, allgemeine Tatsachen bezüglich seiner Umwelt richtig einzuschätzen und sie intelligent in seinen Plänen zu berücksichtigen, und seine Pläne vernünftig auszuführen oder dies zu versuchen«[6].

Im Lichte dieser »höheren Fähigkeiten« geht Narveson zum zweiten Schritt des Arguments über:

> Ist es nicht vernünftig, die Ansicht zu vertreten, dass die Bedeutung und somit die Qualität und daher letztlich der Nutzenwert der Leidensempfindungen von Wesen mit *komplexen* Fähigkeiten sich von dem der Leidensempfindungen niederer Wesen unterscheiden? Angenommen, eines der niederen Tiere leidet sehr heftig. Was gilt dann bei einem Tier mit *komplexen* Fähigkeiten als Leiden desselben Grads – sagen wir, bei einem Tier wie Beethoven oder Kierkegaard oder bei Ihnen, verehrte LeserInnen? Wenn wir den negativen

5 Jan Narveson, »Animal Rights Revisited«, in: Miller/Williams, *Ethics and Animals*, a. a. O., S. 53.

6 Jan Narveson, »Animal Rights«, in: *Canadian Journal of Philosophy* 7 (1977) S. 166.

> Nutzenwert einer von Schmerzen gequälten Kuh mit dem eines von Schmerzen gequälten – oder auch nur etwas frustrierten – Menschen vergleichen sollen, ist dann der Gedanke so absurd, dass der negative Wert im zweiten Fall größer ist?[7]

Narvesons vorsichtige Folgerung lautet, dass die Lust- und Schmerzempfindungen komplexer Wesen wertvoller sind als diejenigen weniger komplexer Wesen. Wenn die Nutztiere nicht im relevanten Sinne komplex sind, könnte somit die Lust, die Menschen aus dem Fleischessen gewinnen, aufgrund der Tatsache, dass es die Lust *komplexer* Wesen ist, das erforderliche Leiden nicht-komplexer Nutztiere überwiegen.

Diese Rechtfertigung des Fleischessens schlägt ebenfalls fehl. Die Annahme, dass Menschen fähig sind, die Zukunft auf eine Weise zu antizipieren, wie es Tieren nicht möglich ist, zeigt nicht, dass wir ein größeres Vermögen der Lustempfindung haben. *Ein* Grund, dies zu bezweifeln, besteht darin, dass solche Fähigkeiten die Wahrscheinlichkeit erhöhen, dass es uns *misslingt*, all das zu schätzen, was unseren Sinnen gegenwärtig ist. Der Narveson, der ein Filet Mignon isst, während er sich auf ein bevorstehendes Gespräch über Philosophie oder auf ein Beethovenkonzert freut, wird, eben aufgrund dieser auf die Zukunft gerichteten geistigen Aktivität, manche oder alle der möglichen Lustempfindungen, die sich aus dem Essen gewinnen ließen, versäumen. Aber selbst wenn wir annehmen, dass Menschen eine Fähigkeit haben, das Leben in höherem Maße zu genießen als Tiere, deutet die von Narveson angeführte Fähigkeit darauf hin, dass es gut möglich ist, dass Menschen, da sie durch Tagträume und auf die Zukunft gerichtete Gedanken abgelenkt sind, das Leben weniger genießen, und insbesondere das Essen we-

7 A. a. O., S. 168.

niger genießen – und dies ist in der Kontroverse die entscheidende Erfahrung auf der menschlichen Seite. Auf Seiten der Tiere stützen Narvesons Betrachtungen *nicht* die Behauptung, dass tierliche Schmerzen schwach sind. Ironischerweise stützen sie die Folgerung, dass Tiere durch Eingesperrtsein, Transport und Schlachtung starke und heftige Schmerzen empfinden, da keine auf die Zukunft bezogenen Ablenkungen vorhanden sind, die die entsprechende Schmerzempfindung und Furcht abschwächen würden.

Selbst wenn Narvesons Theorie über Lust und Schmerz nicht fehlerhaft wäre, würde es ihr dennoch nicht gelingen, eine Verteidigung des Fleischessens zu stützen. Jede utilitaristische Rechtfertigung des Fleischessens erfordert, dass die menschlichen Lustgefühle, die das tierliche Leiden wettmachen, nicht genauso gut durch eine andere Handlung erzeugt werden können. Aus der plausiblen Annahme, dass sich durch vegetarische Kochkunst gleich starke Lustempfindungen wie durch das Kochen mit Fleisch erreichen lassen, und aus der Tatsache, dass die vegetarische Alternative *weniger* Schmerz bei Tieren verursacht, folgt, dass es auch dann keine utilitaristische Rechtfertigung für den Verzehr von Fleisch gibt, wenn die Schmerzen von Tieren auf irgendeine Weise weniger wertvoll wären (was nicht zutrifft).

Verteidigung drei: Tiere sterben ohnehin

Obwohl die Fleischesserin keine Rechtfertigung dafür hat, den Wert tierlicher Erfahrungen niedriger einzustufen, könnte sie behaupten, dass ich vermutlich noch aus einem zweiten Grund das Tierleiden, das durch den Verzehr von Tieren entsteht, die zum Nahrungsgewinn gezüchtet wurden, überbewertet habe. Da Tiere ohnehin sterben, können wir, so das Argument, das Leiden, das mit dem Sterben eines Tieres einhergeht, nicht der Schlachtung von Tieren zur Nahrungsgewinnung zur Last legen. [...] Diese Annahme ist falsch. Selbst in denjenigen Schlachthöfen, in denen Tiere so schmerzlos wie möglich getötet werden, hören, sehen und riechen die Tiere die Schlachtung und geraten in Panik. Alles, was wir über Tiere wissen, deutet darauf hin, dass diese empfindungsfähigen Wesen im Hinblick auf das Erleben von Panik, Schmerz, Kummer, Angst und Stress Menschen auf eine Weise gleichen, die in diesem Zusammenhang bedeutsam ist. Es ist vernünftig zu glauben, dass unsere Kenntnis der Qualität des menschlichen Sterbens uns auch etwas über den Sterbeprozess anderer Tiere sagen wird. Die für Menschen schlimmsten Todesarten sind solche, die mit panischer Angst verbunden sind. Andere Faktoren, die zu einem schwierigen Sterbeprozess beitragen, sind unerwartetes Sterben, Sterben aufgrund einer körperlichen Verletzung und Sterben in unbekannter Umgebung. Wenn keiner dieser Faktoren vorliegt, ist der Sterbeprozess normalerweise leichter. Aus diesen minimalen Beobachtungen über das menschliche Sterben und aus der Beobachtung, dass Nutztiere normalerweise in panischer Angst, unter ungewohnten Umständen und in einer Kette unerwarteter Ereignisse (am einen Tag gefüttert zu werden, am nächsten Tag das Futter vorenthalten zu bekommen und dann auf eine Rampe gestoßen zu werden) geschlachtet werden, können wir hinsichtlich des Leidens von Tieren, die zur Nahrungsgewinnung geschlachtet werden, einige Folgerungen ziehen. Erstens: Das Erlebnis der Schlachtung ist für diese Tiere in keiner Weise besser, als es die schlimmsten in freier Wildbahn erlebten Todesarten sind, und es ist um einiges schlimmer als der Tod von Tieren, die aufgrund von Verletzung, Krankheit oder hohem Alter in vertrauter und nicht beängstigender Umgebung sterben. Da außerdem die Lebenserwartung eines ausgewachsenen Tieres, das zur Nahrungsgewinnung gezüchtet wird, viel kürzer ist als die Lebenserwartung eines vergleichbaren ausgewachsenen Tieres in der freien Wildbahn, wird es pro Gesamtpopulation ausgewachsener Tiere mehr Todesfälle unter Nutztieren als unter Wildtieren vergleichbarer Spezies geben. Folglich erzeugt die Schlachtung von Tieren zur Nahrungsgewinnung sowohl hinsichtlich der Quantität als auch hinsichtlich der Qualität des Sterbens sehr viel mit dem Tod zusammenhängende Qual und Angst, die nicht entstehen würden, wenn Menschen diese Tiere nicht essen würden. [...]

Schluss

Der Utilitarismus liefert ein starkes Argument dafür, dass man Tiere, die zur Nahrungsgewinnung gezüchtet und geschlachtet wurden, nicht essen sollte. Wir haben [...] utilitaristische Versuche betrachtet, dieses Argument zu widerlegen und den Verzehr dieser Tiere zu verteidigen. Jeder Verteidigungsversuch schlägt fehl.

Die Argumente in diesem Aufsatz zeigen nicht, dass *jede* Form von Fleischessen moralisch falsch ist. Nichts in diesem Aufsatz wird beispielsweise gegen das Essen von überfahrenen Tieren erwogen, und die hier entwickelten Argumente kritisieren nicht explizit das Jagen und Angeln, obwohl einige sich in diese Richtung ausweiten ließen. Was die Argumente dieses Aufsatzes zeigen, ist, dass eine Person, wenn sie das Beste zu tun versucht, um positive Folgen zu bewirken und nicht zum unnötigen Leiden empfindungsfähiger Wesen beizutragen, keine Tiere essen wird, die zur Nahrungsgewinnung gezüchtet und geschlachtet wurden. [...]

EVELYN B. PLUHAR

Das Recht, nicht gegessen zu werden

»Es kümmert mich doch nicht, was mit einer Kuh geschieht!« Warum, du meine Güte, fragte der verärgerte Verfasser des Leserbriefs, der mir in der *Vegetarian Times* vor einigen Jahren aufgefallen war, sollte das Magazin so viel Tinte wegen Missständen in der Massentierhaltung »verschwenden«?[1] Selbstverständlich, meinte er aufgebracht, ist der einzige berechtigte Grund, Vegetarier zu werden, die Sorge um die eigene Gesundheit. Die Sorge um die Kühe, Schweine, Hühner, Puten, Enten und anderen Wesen, deren Fleisch Menschen schätzen, ist nach Ansicht dieses Vegetariers völlig unangebracht. Es gibt gute Gründe, bei denen der *Mensch* im Mittelpunkt steht, weshalb man eine vegetarische Ernährung in Erwägung ziehen sollte. Warum sollte man also auch den Nutztieren zuliebe für Vegetarismus werben? [...]

Warum sollten wir andere als menschliche Interessen in Betracht ziehen? Was ist mit den nichtmenschlichen Wesen, die sich so viele Angehörige unserer Spezies schmecken lassen? Ich will darlegen, dass wir den stärksten Grund haben, ihre Interessen zusammen mit den unseren in die Waagschale zu werfen, nämlich die Achtung vor den grundlegenden moralischen Rechten, die alle Wesen besitzen, denen es etwas ausmachen kann, welche Erfahrungen ihnen zustoßen. Ich werde zuerst Argumente für ethischen Vegetarismus auf einer umfassenden Grundlage liefern und dann auf Einwände von bekannten Kritikern der Tierrechte eingehen.

1 Richard McGinnis, »Leserbrief«, in: *Vegetarian Times* (August 1993), S. 8.

Warum es uns interessieren sollte, was mit einer Kuh geschieht (und mit unseren anderen Verwandten)

Ein moralisches Recht ist ein berechtigter Anspruch, der von einem Wesen mit moralischer Bedeutung oder in dessen Interesse an moralische Akteure gerichtet werden kann. Soweit wir wissen, sind Menschen die einzigen Wesen auf diesem Planeten, die moralische Akteure sind (d. h. fähig sind, moralische Grundsätze zu verstehen und danach zu handeln). Daher werden rechtliche Forderungen an uns gerichtet: Wir sind verpflichtet, Wesen mit moralischer Bedeutung auf eine bestimmte Weise zu behandeln bzw. bestimmte Handlungen ihnen gegenüber zu unterlassen. Wenn nichtmenschliche Lebewesen moralische Rechte haben, folgt daraus, dass sie Wesen mit moralischer Bedeutung sind, nicht aber, dass sie die gleichen Rechte haben wie ein beliebiges menschliches Wesen. *Nichtelementare moralische Rechte* wie das Recht auf eine Ausbildung oder auf Gerechtigkeit am Arbeitsplatz haben nur diejenigen, die auch fähig sind, von diesen Rechten Gebrauch zu machen. Einzelne Menschen können völlig unterschiedliche nichtelementare Rechte haben. Falls nichtmenschliche Lebewesen moralische Rechte haben sollten, wäre das bei ihnen ebenso, und zwar im Verhältnis dieser Wesen untereinander wie auch im Verhältnis zu Menschen. So ist es möglich, dass Lebewesen von gleicher moralischer Bedeutung (z. B. ein kleines Kind und ein durchschnittlicher Erwachsener) nicht dieselben nichtelementaren moralischen Rechte haben. Sie haben allerdings die gleichen *Grundrechte* miteinander gemein, wie etwa das Recht auf Leben und das Recht, nicht gefoltert zu werden. All diese Rechte gelten natürlich prima facie (d. h. nicht absolut). Moralische Akteure können berechtigt sein, Wesen mit moralischer Bedeutung in Notwehr und möglicherweise auch unter anderen Umständen zu töten oder zu verletzen (z. B. wenn es der rationale Wunsch des von der moralischen Handlung Betroffenen und in ihrem bzw. seinem Interesse ist). Es stellt sich dann die Frage: Gibt es nichtmenschliche Tiere, die prima facie ein Recht auf Leben haben und die prima facie ein Recht haben, nicht durch Menschenhand zu leiden? Wenn dies der Fall sein sollte, wäre der Vegetarismus eine ethische Verpflichtung für jeden moralischen Akteur, der in der Lage ist, eine vegetarische Lebensweise zu praktizieren.

Tom Regan, der Begründer der zeitgenössischen philosophischen Tierrechtebewegung, hat sich umfassend und vehement für die Position der Rechte eingesetzt.[2] Seine Kritiker, von denen einige aus der Bewegung selbst stammen, haben in Zweifel gezogen, ob seine Argumentation letztlich stichhaltig ist. Es würde den Rahmen dieses Textes sprengen, sich mit diesen Kritikpunkten zu befassen.[3] Stattdessen biete ich eine alternative Rechtfertigung der Auffassung der Rechte an. Die folgende Argumentation ist angeregt von Alan Gewirth,[4] geht aber weit über seine ursprüngliche Argumentation hinaus, und er wäre mit der Ausweitung dieser Argumentation auf nichtmenschliche Tiere nicht einverstanden.

Das Argument der Rechte bezieht sich auf jedes Wesen, das fähig ist, zu handeln, um Ziele zu erreichen, d.h. auf jeden Akteur. Als Akteur hat man ein grundlegendes Interesse an seinem Leben, seiner Gesundheit und seinem allgemeinen Wohlbefinden und entsprechende Wünsche. Weil man all dies wünscht und braucht, glaubt man auch, dass andere die eigenen Bemühungen, das hierzu Nötige zu erlangen, zumindest nicht durchkreuzen sollten: Man ist der Ansicht, dass sie das nicht dürfen. Das kommt der

2 Tom Regan, *The Case for Animal Rights*, Berkeley 1983.
3 Vgl. Evelyn Pluhar, *Beyond Prejudice: The Moral Significance of Human and Nonhuman Animals*, Durham (NC) 1995, S. 231 ff. Für eine vollständige Diskussion der Fragen, die ich selbst und andere zu den Argumenten Regans aufgeworfen haben.
4 Alan Gewirth, *Reason and Morality*, Chicago 1978.

Einforderung des Rechts auf Nichteinmischung in diesen Belangen gleich. Diese Forderung ist dadurch gerechtfertigt, dass man als Akteur nicht leben und sich entfalten kann, wenn diese Wünsche nicht erfüllt werden. Aber wenn das unsere Forderungen rechtfertigt, dann muss man es konsequenterweise auch respektieren, dass andere ihrerseits ihre Ziele verfolgen, denn auch sie können sonst nicht leben und sich entfalten! Somit gilt, dass allen Akteuren grundsätzliche moralische Rechte zuerkannt werden sollten. Jeder Akteur, der mental ausreichend entwickelt ist, um Rechte einzufordern und dann ihre Allgemeingültigkeit zu erkennen, wird zwangsläufig zu einem *moralischen* Akteur, wie unmoralisch er auch immer weiterhin handeln mag. Die Psychologie und die Verhaltensforschung stützen die Behauptung, dass zahlreiche Menschen und nichtmenschliche Lebewesen Akteure sind, obwohl sie nicht alle fähig sind, in abstrakten Begriffen zu denken: Dies ist aber notwendig, um tatsächlich Rechte einzufordern und moralische Akteure zu werden. Wie verhält es sich nun mit Menschen und nichtmenschlichen Lebewesen, die Wünsche und Bedürfnisse haben wie Akteure, aber nicht in der Lage sind, sich ihre Wünsche selbst zu erfüllen? Diejenigen, die zu jung oder körperlich oder geistig zu stark beeinträchtigt sind, um Akteure zu sein, haben dennoch Wünsche und Bedürfnisse, die sie befriedigt haben wollen (z. B. nach Nahrung, Wasser, Wärme, Schutz und Liebe). Die Tatsache, dass sie diese Ziele nicht allein erreichen können, bedeutet nicht, dass sie keine Rechte haben, sie bedeutet nur, dass sie mehr Hilfe als Nichteinmischung benötigen. Babys, Kinder, viele Unfallopfer und geistig schwer behinderte Menschen sind empfindungsfähig (sie haben die Fähigkeit, Erfahrungen zu machen, einschließlich der Erfahrung von Schmerz), aber sie sind keine Akteure. So ist es auch bei einigen sehr jungen und relativ einfachen nichtmenschlichen Tieren. Wenn denkende Akteure konsequenterweise anderen, die nach der Erfüllung ihrer Wünsche streben, Rechte zugestehen müssen, sollten allen empfindungsfähigen Nicht-Akteuren, die Wünsche haben, ebenso Rechte zugestanden werden. Alle, vom denkenden Akteur bis zum winzigen Baby, vermögen ein Interesse daran zu haben, was ihnen im nächsten Moment widerfahren wird.[5] Daraus folgt, dass – unter sonst gleichen Umständen – moralische Akteure keines von diesen Wesen als Zwischengericht oder Beilage betrachten sollten.

Was könnte an der humanen Aufzucht und Schlachtung von »Nutztieren« falsch sein?

Der ethische Vegetarismus, der auf der oben skizzierten Sicht der Rechte basiert, ist unvereinbar mit der Auffassung, dass an einer humanen Fleischerzeugung nichts anstößig sein kann. Man kann sich über jede bedeutende Verminderung von Grausamkeit gegenüber empfindungsfähigen Wesen freuen, aber nur die Grausamkeit auszuschalten ist nicht genug. Stellen wir uns vor, die weltweit führende Nation in puncto Massentierhaltung, die Vereinigten Staaten, würden den gegenwärtigen Weg der Europäischen Union beschreiten und die erschreckendsten Praktiken auslaufen lassen. [...] Unbezweifelbar hätten die Tiere, die für ihre Körperteile gezüchtet und getötet werden, ein besseres Leben und einen besseren Tod, als dies jetzt ihr Los ist, aber daraus folgt nicht, dass es dann moralisch gerechtfertigt wäre, sie in Hauptgerichte zu verwandeln. Schließlich würden nur wenige von uns es billigen, Angehörige unserer eigenen Spezies auf solch »humane« Art zu behandeln. Uns allen, unabhängig vom Grad unserer Intelligenz, macht es etwas aus, was mit uns ge-

5 Für eine vollständige Diskussion und detaillierte Verteidigung dieser Argumentation vgl. Pluhar, *Beyond Prejudice*, a. a. O., Kap. 5.

schieht. Wir wehren uns dagegen, abgeschlachtet zu werden. Wir sind nicht damit einverstanden, zu »Opfertieren« gemacht zu werden. Kleine Kinder protestieren, wenn sie angegriffen werden, auch wenn sie ihren Protest nicht in Worte fassen können. Genauso verhalten sich Fische, die an der Luft ersticken, und Hühner, die erdrosselt werden. Selbst dann, wenn wir unwissentlich und schmerzlos im Schlaf getötet werden, haben wir das verloren, was das Leben für uns sonst noch bereitgehalten hätte. Argumente wie »Aber sie hätten ja gar nicht existiert, wenn wir sie nicht zu diesem Zweck gezüchtet hätten« oder »Ihr Leben in der Wildnis wäre viel gefährlicher und unangenehmer« – Argumente, die gern ins Feld geführt werden, wenn über nichtmenschliche Lebewesen gesprochen wird, verlieren ihre Plausibilität, sobald wir sie auf Zuchtbetriebe für Menschenfleisch oder Swift'sche[6] Lösungen für die Probleme der Obdachlosen anwenden. Selbst die freundlichsten Wärter und Metzger würden unter beträchtlichem Rechtfertigungsdruck stehen, wenn Braten aus menschlichen Hinterbacken besondere Bestandteile des Menüs ausmachten. Noch jemand einen leckeren milchgenährten Zweibeiner?

Wenn es Menschen verdienen, ungeachtet ihrer intellektuellen Fähigkeiten respektvoll behandelt zu werden, dann verdienen dies auch viele nichtmenschliche Lebewesen, ganz unabhängig davon, wie gut sie uns schmecken mögen. Moralische Akteure sind dazu verpflichtet, in ihren Handlungen konsequent und gerecht zu sein. (Dagegen sind kleine Kinder, geistig beeinträchtigte Menschen, Hunde, Katzen, Tiger usw. für das, was sie tun, nicht moralisch verantwortlich.) Wenn wir uns diesen Gedanken

6 Vgl. Jonathan Swifts brillant schonungslose Satire »A Modest Proposal for Preventing the Children of Poor People from Being a Burthen to their Parents or Country, and for Making Them Beneficial to the Public«, nachgedruckt in: Tom Regan / Peter Singer (Hrsg.), *Animal Rights and Human Obligations*, Englewood Cliffs (NJ) 1976, S. 234–237.

lebhaft vor Augen führen, dann sind Gefühle und Verpflichtungen miteinander im Einklang. Wenn wir versuchen, uns in ein Opfertier hineinzuversetzen (auch in ein menschliches Opfertier), sind wir weit weniger geneigt, ein Lebewesen zum Opfertier zu machen, besonders dann, wenn es nur um den Gaumenkitzel geht. Alle Wesen, denen es etwas ausmachen kann, was mit ihnen geschieht, die ein Ergebnis einem anderen vorziehen können, haben ein Leben, das sich moralisch gesehen nicht auf das Vergnügen anderer reduzieren lässt. Wir können ein Interesse an ihnen haben, weil sie ein Interesse an sich haben. Für sie hängt etwas davon ab, was der nächste Augenblick mit sich bringt, genau wie dies für uns gilt. Ich muss weder etwas von Infinitesimalrechnung noch von Lyrik verstehen, um ein Leben zu besitzen, das für *mich* von Bedeutung ist.

Kann jemand, der aus ethischen Gründen Vegetarier ist, Eier und Milchprodukte zu sich nehmen?

Die Position der Rechte, für die ich eintrete, schließt nicht jede Form der Landwirtschaft aus, an der nichtmenschliche Tiere beteiligt sind. Es kann keine moralischen Einwände gegen Mensch-Tier-Beziehungen geben, die dem gegenseitigen Nutzen dienen und ökologisch vertretbar sind. Milch und Eier können gegen Schutz, Nahrung und Fürsorge eingetauscht werden. Ich kenne eine Reihe von Menschen, die auf »No-Kill-Bauernhöfen« leben und ihre Hühner, Kühe und Ziegen mit Respekt und Wärme behandeln. Diese Bauernhöfe haben keinerlei Ähnlichkeit mit den großen, an bloßer Effizienz orientierten Betrieben, in denen nichtmenschliche Lebewesen als lebende Milchleitungen oder Eierfabriken betrachtet werden. Diese Bauernhöfe sind einigen landwirtschaftlichen Betrieben der Dritten Welt in weitgehend laktovegetarischen Ländern wie Indien nicht ganz unähnlich. Milchprodukte oder Eier sind im Allgemeinen für die menschliche Gesundheit nicht notwendig, aber in einigen Gegenden, wo andere Nahrungsquellen nicht zur Verfügung stehen, können sie ein unerlässlicher Bestandteil der Ernährung sein. In anderen Gegenden sind solche Produkte begehrt, aber nicht notwendig. Hühnern und Kühen würde bei einer Landwirtschaft, bei der auf Respekt vor dem Leben geachtet wird,[7] kein Unrecht geschehen, obwohl man sich davor hüten muss, die Ressourcen des Planeten überzustrapazieren. Diese Tiere würden aber auch kein Unrecht erleiden, wenn ihre Körper gegessen würden, nachdem sie eines natürlichen Todes gestorben sind. Dasselbe gilt – muss ich das hinzufügen? – für tote Menschen! Ich vermute aber, dass in der Praxis, ausgenommen im Notfall, nur wenige von uns es ertragen könnten, die Körper von Individuen zu essen, an denen uns lag oder denen wir höchste moralische Bedeutung beigemessen haben. Ich könnte das Schwein Lancelot (mein »Adoptivkind« auf einem No-Kill-Bauernhof) genauso wenig am Spieß braten, wie ich meine liebe tote Oma rösten könnte. (Vielleicht ist das eine kulturell bedingte Abneigung. Ich kann mir Bestattungsrituale vorstellen, bei denen das Essen der Körper der Toten – ob menschlicher oder anderer – eine liebevolle und respektvolle Handlung wäre. Möglich vielleicht, dass es keine ausgesprochen gesunde Praxis wäre!)

7 Gary Varner behauptet, dass es angesichts des westlichen »Leistungsniveaus« nicht möglich sei, Milch (und Eier) für den kommerziellen Verbrauch in großem Maßstab zur Verfügung zu stellen, ohne weiteres Töten unter den nichtmenschlichen Wesen zu verursachen. Er hält es aber für möglich, ein solches Töten zu vermeiden, wenn eine nachhaltige Landwirtschaft in kleinem Maßstab praktiziert wird. Vgl. sein »What's Wrong with Animal Byproducts?«, in: *Journal of Agricultural and Environmental Ethics* 7, 1 (1994) S. 7–17.

Kann es nichtmenschlichen Tieren wirklich etwas ausmachen, was mit ihnen geschieht?

Verteidiger der Fleischindustrie wie auch diejenigen Vegetarier, deren Beweggrund nur die Sorge um die eigene Gesundheit ist, haben gegen den auf Rechten basierenden ethischen Vegetarismus mehrere Einwände. Erstens behaupten viele von ihnen, wir hätten keinen Beweis, dass es sogenannten Nutztieren etwas ausmachen kann, was ihnen widerfährt. Sie werfen VegetarierInnen wie mir Anthropomorphismus vor, wenn wir nichtmenschlichen Lebewesen Vorlieben zuschreiben. Einige gehen so weit zu behaupten, nichtmenschliche Lebewesen hätten nicht einmal ein *Bewusstsein.* [...] Philosophen und Naturwissenschaftler, die bestreiten, dass nichtmenschliche Wesen Selbstbewusstsein haben können, behaupten, dass der intellektuelle Entwicklungsstand, der angeblich für eine solche Fähigkeit notwendig ist, von nichtmenschlichen Wesen nicht erreicht wird. Aber natürlich gilt auch für eine ganze Menge Menschen, dass differenzierte Denkoperationen ihren Horizont übersteigen. Trotzdem zeigen Kinder, die noch nicht sprechen können, und geistig beeinträchtigte, aber empfindungsfähige Menschen trotz ihrer intellektuellen »Unzulänglichkeiten« alle Anzeichen dafür, dass es ihnen etwas ausmacht, was mit ihnen geschieht – wie es auch bei Kühen, Hühnern, Hunden, Fischen usw. der Fall ist. Wenn man auf einem so hohen Maßstab für das Vorhandensein eines Selbstbewusstseins besteht, dann ist die Behauptung, ohne Selbstbewusstsein Vorlieben zu besitzen sei unmöglich, extrem unglaubwürdig.

Behauptet jemand andererseits, dass ein weniger differenziertes Selbstbewusstsein ausreichend wäre, um Vorlieben zu haben, spricht alles dafür, dass viele nichtmenschliche Lebewesen *und* geistig unentwickelte oder beeinträchtigte Menschen in der Tat solch ein Bewusstsein haben. Sie zeigen keine Anzeichen dafür, dass sie sich mit anderen Menschen oder Gegenständen verwechseln: Sie scheinen sehr gut zu wissen, dass *sie* hungrig sind oder Schmerzen haben. Außerdem scheint *Lernen* im Gegensatz zum mechanischen Antworten auf einen Reiz einiges Selbstbewusstsein, einen inneren Kern zu erfordern, auf den Erinnerungen und Motivationen bezogen werden können. Nur wenige Menschen bestreiten ernsthaft, dass nichtmenschliche Tiere und sehr junge Menschen lernen können.[8] Nun kann man aber nicht aus völlig zusammenhangslosen Sinneseindrücken lernen: Diese müssen zu Erfahrungen – zusammenhängenden Elementen – zusammengefügt werden, an die man sich erinnern und die man voraussehen kann. [...]

All jene, die bestreiten, dass nichtmenschliche Lebewesen ein Bewusstsein oder Selbstbewusstsein haben können, müssen einige ernsthafte Erklärungen geben. Wie soll man ihrer Meinung nach komplexes, anpassungsfähiges, offensichtlich kreatives Verhalten von nichtmenschlichen Wesen auslegen? Bis heute haben sie keine plausiblen Erklärungen für solch ein Verhalten.[9] Wir sind ebenso wenig berechtigt zu behaupten, dass es einem Mastkalb nichts ausmachen könne, was in seinem 60 cm breiten Kasten mit ihm geschieht, wie wir behaupten können, dass ein kleines Mädchen, das in einem Wandschrank angekettet gehalten wird, geistig zu unterentwickelt sei, um sich an seinem Gefangensein zu stören.

8 Für wissenschaftliche Belege für das Lernen bei nichtmenschlichen Tieren vgl. z. B. Donald Griffin, *Animal Minds*, Chicago 1992. Stephen Clarks *The Nature of the Beast*, Oxford 1982, ist hierzu ebenfalls sehr aufschlussreich.

9 Eine sorgfältig dokumentierte Darstellung des Scheiterns behavioristischer Versuche, eine sinnvolle Erklärung nichtmenschlichen (oder menschlichen!) Tierverhaltens zu geben, findet sich in Bernard Rollin, *The Unheeded Cry: Animal Consciousness, Animal Pain, and Science*, Oxford 1989.

Was ist mit den wirbellosen Tieren?

Fairerweise jedoch muss anerkannt werden, dass es einigen nichtmenschlichen Tieren an der neurophysiologischen Komplexität mangeln könnte, die erforderlich ist, um empfindungsfähig zu sein. Kann eine Kammmuschel Schmerz empfinden? Wie sieht es mit anderen Weichtieren aus, mit Austern, Venusmuscheln und Miesmuscheln? Wenn sie empfindungsfähig sind, so ist das alles andere als offensichtlich. Auf der anderen Seite sind Kraken, die ja auch Weichtiere sind, zumindest scheinbar empfindungsfähig. Vielleicht wird ihnen die höhere Ebene der Empfindungsfähigkeit wegen ihrer viel größeren physischen Komplexität zugeschrieben. Könnten dann wiederum ihre einfacheren Verwandten primitive Wege besitzen, angenehme und unangenehme Gefühle zu registrieren? Grundlage unseres Verständnisses von Lust- und Schmerzmechanismen bei Wirbeltieren sind neurophysiologische Strukturen. Trotzdem steuern bei einigen *wirbellosen* Tieren Analgesie und Narkose etwas, das wie Schmerzverhalten aussieht. Außerdem produzieren Regenwürmer Endorphine, also dasjenige Hormon, das mit Lust- und Schmerzregulierung beim Menschen verbunden ist.[10] Angesichts dieser Tatsachen und unserer beträchtlichen verbleibenden Wissensmängel bei diesen komplizierten Fragen sind wir moralisch auf der sichereren Seite, wenn wir solche Lebewesen als empfindungsfähige Wesen behandeln. Die meisten von uns können sich gesund ernähren, ohne auf Mahlzeiten aus Weichtieren oder anderen wirbellosen Tieren zurückzugreifen. Wenn es möglich ist, dass diese empfindungsfähig sind, warum es darauf ankommen lassen und zusätzlichen Schmerz und Tod verursachen? Diese Wesen geraten in Gefahr, weitaus mehr zu verlieren, als wir gewinnen würden. Menschen, die nicht so viel Glück haben wie wir, die in Gegen-

10 A. a. O., S. 154.

den leben, wo Nahrungsvorräte begrenzt sind, befinden sich in einer anderen Lage. Falls es dort wirbellose Tiere gibt, müssen diese Menschen sie möglicherweise essen, um Mangelernährung zu vermeiden.[11]

Betrachten wir nun eine andere Frage, die mindestens ebenso schwer zu beantworten ist wie die Frage der Empfindungsfähigkeit. Wir denken, dass es falsch ist, einfach andere Individuen zu benutzen, ob menschlich oder nichtmenschlich, wenn diesen Individuen an ihrem eigenen Leben liegen kann. Lassen wir nun die Frage außer Acht, ob wirbellose Tiere fähig sind, irgendetwas zu fühlen. Entscheiden wir im Zweifelsfall zu ihren Gunsten, wie ich oben vorgeschlagen habe. Ist es wirklich berechtigt, dass wir außerdem noch voraussetzen, dass es ihnen etwas ausmachen kann, was mit ihnen geschieht? An Lebewesen, die sich eines Schadens an ihren Gewebezellen bewusst sein können, die aber dieser Schaden weder jetzt noch in Zukunft stören kann, wird offensichtlich kein Unrecht verübt, wenn man sie zerreißt. Wenn es ihnen niemals etwas ausmachen kann, ob sie leben oder nicht, wird ihnen dadurch, dass man sie tötet, kein offensichtliches Unrecht angetan. Können wir wissen, dass diese einfacheren Tiere zu der Art von Lebewesen gehören, die die Fähigkeit haben, Unrecht zu erleiden?

Ein paar Dinge können hier angemerkt werden. Viele wirbellose Tiere *verhalten sich*, genau wie Wirbeltiere, als hätten sie lieber keinen Schaden an ihrem Körpergewebe oder als würden sie lieber nicht ihr Leben verlieren, obwohl wir nicht sicher sein können, ob es bei ihnen solche Präferenzen gibt. Unbestreitbar mangelt es ihnen an den neurologischen Strukturen, die für das affektive Verhalten

11 Zur ausführlicheren Erörterung von Konflikten zwischen dem Leben von Menschen und anderen Tieren und wie solche Konflikte ethisch gelöst werden könnten vgl. Pluhar, *Beyond Prejudice*, a. a. O., Kap. 5. Für eine ähnliche Erörterung vgl. Paul Taylor, *Respect for Nature*, Princeton 1986, Kap. 6.

erforderlich sind, das Menschen zeigen, Strukturen, die wir mit anderen Säugern und teilweise allen anderen Wirbeltieren gemein haben. Trotzdem können diese wirbellosen Tiere analoge Strukturen besitzen. Die Evolutionstheorie legt nahe, dass das Vorhandensein solcher Strukturen einen beträchtlichen Überlebenswert mit sich bringen würde. Lebewesen, die den Antrieb haben, am Leben zu bleiben, ist sehr gut damit gedient, wenn sie vor Situationen zurückweichen, die wir als schmerzhaft empfinden. Die Bemühung, einem Wesen, das einen töten will, zu entkommen, hat ebenfalls offensichtliche Vorteile. Auch für die wirbellosen Tiere gilt also: Da so viel auf dem Spiel steht, ist es moralisch gerechtfertigt, dass wir im Zweifelsfall zu ihren Gunsten entscheiden. [...]

MARY ANNE WARREN

Sollten alle Menschen Vegetarier werden?

Tom Regans deontologische Auffassung von Tierrechten impliziert, dass man die moralischen Rechte, die das Prinzip der Menschenrechte empfindungsfähigen Menschen verleiht, auch nichtmenschlichen Subjekten-eines-Lebens verleihen sollte. Gemäß dieser Auffassung ist das moralische Recht auf Leben, das diese Tiere besitzen, nicht schwächer als das von Menschen. Folglich kann kein moralischer Akteur berechtigt sein, ein Geschöpf zu essen, das ein Subjekt-eines-Lebens war – außer vielleicht in dem Fall, dass es eines natürlichen Todes starb oder von einem natürlichen Feind getötet wurde, der nicht im »Auftrag« moralischer Akteure handelte.

Im Gegensatz dazu impliziert Peter Singers Prinzip der gleichen Berücksichtigung, dass das Töten von Tieren zum Zweck der Fleischgewinnung manchmal moralisch gerechtfertigt sein kann, zum Beispiel wenn es keine geeigneten alternativen Nahrungsquellen gibt, vorausgesetzt, man lässt die Tiere nicht unnötig leiden. Jedoch, so argumentiert Singer, sind Menschen, die Zugang zu anderen Nahrungsformen haben, moralisch verpflichtet, kein Fleisch oder andere Produkte zu essen, die auf eine Weise hergestellt werden, die empfindungsfähigen Tieren Leiden verursacht. Denn, so sagt er, die Lust, die manche Menschen durch das Fleischessen erzielen, wiegt den Schmerz und das Leiden nicht auf, das Tieren zugefügt wird, um diese Lust zu liefern. Diese Argumentation basiert nicht auf der Zuschreibung moralischer Rechte an Tiere, sondern auf der Prämisse, dass die Gesamtsumme des Glücks – des Glücks von Menschen und Nichtmenschen zusammen genommen – erhöht wird, wenn die meisten Menschen aufhören, Fleisch zu essen.

Singers Auffassung von der moralischen Dimension des Fleischessens trägt den menschlichen Bedürfnissen in höherem Maße Rechnung als diejenige Regans, geht aber immer noch etwas zu weit. Es ist nicht sicher, dass alle Menschen verpflichtet sind, auf den Verzehr von Tierprodukten zu verzichten, und dass Ausnahmen nur dann gelten, wenn andere Nahrungsquellen nicht zur Verfügung stehen oder ungeeignet für die Lebenserhaltung sind. Es mag Menschen geben, die so gewichtige ernährungsbedingte, kulturelle oder religiöse Interessen am Fleischessen, am Jagen oder an der Aufzucht von Tieren zu Nahrungszwecken haben, dass man, würde man sie zwingen, davon abzulassen, ihre moralischen Rechte verletzen würde.

Dass ein universelles Verbot der Verwertung von Fleisch und anderen Tierprodukten sich nicht leicht mit den moralischen Rechten von Menschen vereinbaren lässt, kann man etwa am Beispiel von Volksstämmen sehen, deren althergebrachte Arten des Lebensunterhalts die Jagd oder die Aufzucht von Tieren zur Fleischgewinnung und zu anderen Konsumzwecken einschließen und die zum gegenwärtigen Zeitpunkt keine zufriedenstellenden Ersatzmöglichkeiten finden können, ohne von ihnen geschätzte kulturelle Traditionen aufzugeben. Die Inuit und andere eingeborene Volksstämme der Arktis zum Beispiel machen das Recht geltend, mit der Jagd auf Walarten, die ansonsten vor der Jagd durch den Menschen geschützt sind, in begrenztem Maße weiterzumachen. Die Jagd auf diese Tiere verschafft ihnen nicht nur die nötige Nahrung und das nötige Einkommen, sondern verbindet sie auch mit den Bräuchen und den Überzeugungen ihrer Vorfahren. Trotz der außergewöhnlichen Intelligenz und Empfindsamkeit aller Wale ist es nicht selbstverständlich, dass Naturvölker moralisch verpflichtet sind, die Jagd auf sie vollständig aufzugeben, wenn nicht feststeht, dass nur ein totales Jagdverbot den betroffenen Arten eine Chance gibt, zu überleben und sich zu erholen. Wie Eingeborene häufig darlegen, sind es nicht ihre traditionellen Jagdpraktiken, die diese Arten ursprünglich der Gefahr des Aussterbens ausgesetzt haben.

Ein zweites Beispiel liefern die Massai in Ostafrika, von denen sich viele eine Weise des Lebensunterhalts bewahren, die vor allem auf dem Hüten von Weidetieren beruht. Die Milch, das Fleisch und das Blut ihrer eigenen Tiere bilden den Grundstock der traditionellen Ernährung der Massai, und viele Massai glauben – vielleicht aus gutem Grund –, dass die auf Getreide basierenden Ernährungsformen ihrer Agrarwirtschaft betreibenden Nachbarn sich katastrophal auf ihre eigene Gesundheit und Kraft auswirken würden. Ein drittes Beispiel ist das ländliche Australien, wo die Wirtschaft noch zum großen Teil auf der Zucht von Schafen und anderen Weidetieren beruht. In vielen Gegenden sowohl Afrikas als auch Australiens führt übermäßiges Abweiden durch pflanzenfressende Haustiere zu Bodenerosion und damit zur Ausrottung heimischer Pflanzenarten in weiten Gebieten ihres früheren Vorkommens und zur Verdrängung heimischer Tierarten. Trotzdem wäre es unvernünftig, die sofortige und vollständige Einstellung der Weidehaltung von Nutztieren zu verlangen, da es gegenwärtig für einen Großteil der menschlichen Bevölkerung keine geeigneten alternativen Formen des Lebensunterhalts gibt. Eine bessere Strategie besteht darin, Forschung und Bildung voranzubringen, die darauf abzielen, die durch Haustiere verursachten ökologischen Schäden zu verringern und ökonomische Alternativen zu entwickeln, die es den Menschen ermöglichen werden, die Weidehaltung in den anfälligeren Gegenden nach und nach einzustellen.

Diese Beispiele zeigen, dass eine vegetarische Ernährung keine Norm ist, die gegenwärtig allen Menschen auferlegt werden kann, ohne dass die moralischen Rechte einiger Menschen verletzt würden. Trotzdem könnte man behaupten, dass Menschen, die Zugang zu pflanzlichen Nahrungsmitteln haben und deren Kultur und Ökonomie nicht grundsätzlich auf der Jagd oder der Aufzucht von Nutztieren basieren, die moralische Verpflichtung haben, eine vegetarische Ernährungsform anzunehmen. Der Grundsatz der Vermeidung von Grausamkeit verbietet es, empfindungsfähigen Lebewesen Schmerz zuzufügen oder sie zu töten, es sei denn, es liegen wichtige und moralisch erlaubte Ziele vor, die nicht anderweitig erreicht werden können; und es darf behauptet werden, dass es, solange andere Nahrungsmittel zur Verfügung stehen, keine wichtigen menschlichen Bedürfnisse oder Interessen gibt, die nur durch Fleischessen befriedigt werden können.

[...]

CORA DIAMOND

Fleisch essen und Menschen essen

[...] Der Hintergrund dieses Artikels ist die neuere Diskussion über Tierrechte, die Peter Singer, Tom Regan und eine Reihe anderer Philosophen führen.[1] Das grundlegende Argument in vielen dieser Diskussionen ist in dem Wort »Speziesismus« enthalten. Das Wort stammt, denke ich, ursprünglich von Richard Ryder, aber Peter Singer hat es populär gemacht im Zusammenhang mit einem unmittelbar einleuchtenden Argument: dass wir in unserer Einstellung zu anderen Spezies Vorurteile haben, die vollkommen analog zu den Vorurteilen sind, die Menschen mit Bezug auf Mitglieder anderer Rassen haben könnten, und dass diese Vorurteile mit unserer Blindheit für die mit unserer eigenen Ausbeutung und Unterdrückung der anderen Gruppe einhergehenden Probleme verbunden sein dürften. [...]

Diskussionen über Vegetarismus und Tierrechte beginnen oft mit einer Diskussion über Menschenrechte. Wir könnten dann gefragt werden, was die Behauptung, dass Menschen solche Rechte haben, begründe und ob ähnliche Gründe nicht schließlich auch im Falle der Tiere zu finden seien.

Alle solchen Diskussionen gehen am Kern der Sache vorbei. Denn sie fragen, warum wir nicht Menschen (zum Beispiel schwer geistig behinderte) zur Nahrungsgewinnung töten oder warum wir nicht Menschen auf eine Wei-

1 Vgl. insbesondere Peter Singer, *Animal Liberation*, New York 1975. – Dt.: *Animal Liberation. Die Befreiung der Tiere*, Reinbek bei Hamburg 1996; Tom Regan / Peter Singer (Hrsg.), *Animal Rights and Human Obligations*, Englewood Cliffs (N. J.) 1976; Stanley und Roslind Godlovitch / John Harris (Hrsg.), *Animals, Men and Morals*, New York 1972; Richard Ryder, *Speciesism: The Ethics of Vivisection*, Edinburgh 1974.

se behandeln, die ihnen Qual oder Angst oder dergleichen verursacht, wenn wir doch, um Fleisch essen zu können, nur allzu bereit sind, *Tiere* zu töten oder sie so zu behandeln, dass für sie Qualen entstehen. Dies ist ein völlig falscher Weg, die Diskussion zu beginnen, denn auf diese Weise werden bestimmte ganz zentrale Fakten ignoriert – Fakten, die bei entsprechender Beachtung verdeutlichen würden, dass nicht *Rechte* es sind, worauf es ankommt. *Wir essen nicht unsere Toten*, selbst wenn sie bei Verkehrsunfällen ums Leben gekommen sind oder vom Blitz erschlagen wurden, auch wenn ihr Fleisch erstklassig sein mag. Wir essen sie nicht; und wenn wir es tun, dann nur in einer extremen Notlage oder im Rahmen eines besonderen Rituals – und selbst in Fällen, in denen ganz offensichtlich eine extreme Notlage herrscht, nur mit sehr großem Widerwillen. [...] Jeder, der sich bei der Erörterung dieser Frage auf die Gründe konzentriert, weswegen wir Menschen nicht töten oder weswegen wir ihnen kein Leiden zufügen, läuft ganz offenkundig Gefahr, in seiner Erörterung diejenigen grundlegenden Aspekte unserer Beziehung zu anderen Menschen, die damit zu tun haben, dass wir sie nicht essen, völlig außer Acht zu lassen.

Es gehört in der Tat zu der Art und Weise, wie dieser Punkt gewöhnlich verfehlt wird, dass dafür, Tiere nicht zu essen, ihr Lebensrecht zu respektieren und ihnen kein Leiden zu verursachen, Argumente vorgebracht werden, die implizieren, dass es überhaupt nicht sonderbar oder merkwürdig ist, wenn der Vegetarier die Kuh isst, die sich freundlicherweise vom Blitz erschlagen ließ. Nichts in der Debatte deutet darauf hin, dass eine Kuh *nicht etwas* zu essen ist. Es geht nur darum, dass man den Vorgang des Tötens nicht befördern darf, d. h., man darf nicht diejenigen Rechte verletzen, die wir gewöhnlich verletzen müssten, sollten wir überhaupt auf bequeme Weise Tiere essen wollen. Wenn es aber in der Argumentation des Singer-Regan-Vegetariers darum geht, zu zeigen, dass das Essen von Tierfleisch moralisch gesehen dasselbe ist wie das Essen von Menschenfleisch, ist er nur dann konsequent, wenn er sagt, dass es einfach Zimperlichkeit oder etwas Ähnliches ist, was uns davon abhält, unsere Toten zu essen. Würde er zugestehen, dass die Grundlage unserer Einstellung zu der Frage, ob wir einander essen sollten, die Ansicht ist, dass *eine Person nicht etwas zu essen ist*, könnte er nicht das Recht der Kuh, nicht getötet oder misshandelt zu werden, in den Mittelpunkt stellen, als ob das der Kern der Sache wäre.

Ich schreibe dies als Vegetarierin, aber als eine, die über die Stumpfheit der üblichen Argumente unglücklich ist, insbesondere, so muss ich sagen, über die der Argumente Singers und Regans. [...] Fernab des ganzen Geschwätzes über »Speziesismus« und Gleichheit usw. gibt es einen Unterschied zwischen menschlichen und tierlichen Wesen, der ignoriert wird. Dieser hängt nicht nur mit dem Unterschied dazwischen zusammen, was es heißt, das eine zu essen, und was es heißt, das andere zu essen. Er hat zu tun mit dem Unterschied dazwischen, ob man einen Menschen bestattet oder ob man einen Hund bestattet. [...] Es ist ein Zeichen der Oberflächlichkeit dieser Debatten über den Vegetarismus, dass das einzige Mittel, mithilfe dessen sie erklären, welche Unterschiede in der Behandlung gerechtfertigt sind, in der Berufung auf die Fähigkeiten der betreffenden Wesen besteht. Das heißt, es könnte z. B. gesagt werden, ein bestimmtes Wesen – etwa ein Hund – habe wie wir ein Recht darauf, dass seine Interessen berücksichtigt werden; aber seine Interessen werden verschieden von den unsrigen sein, weil seine Fähigkeiten andere sind. Eine solche Berufung auf Fähigkeiten mag dann der Vegetarier verwenden, um zu erklären, warum er nicht konsequenterweise ein Wahlrecht für Hunde zu fordern braucht [...]. Doch als Erklärung dafür, warum eine Bestattungsfeier für ein zwei Tage altes Kind angemessen ist, für einen Welpen aber nicht, wird sie nicht ausreichen.

[...] Ich denke, es kommt nicht von ungefähr, dass die Argumente von VegetarierInnen einen nörglerischen moralistischen Ton haben. Sie sind ein Versuch, etwas als moralisch falsch zu erweisen unter der Annahme, dass *wir alle einer Meinung sind*, dass es moralisch falsch ist, Menschen zur Nahrungsgewinnung zu züchten usw. Der Einwand gegen die Aussage, dass *das* moralisch falsch ist, ist nun nicht oder nicht nur, dass diese Formulierung zu schwach ist. Was uns an der Annahme von Swifts »Bescheidenem Vorschlag«* missfallen sollte, ist etwas, das uns auch an einer allgemeineren Verwertung der Toten missfallen sollte: brauchbare Organe für die Transplantation und der Rest fürs Abendessen oder den Komposthaufen. Und der Ausdruck »moralisch falsch« ist dafür nicht zu schwach, sondern liegt in der falschen Dimension. Man könnte sagen, dass es pietätlos wäre, die Toten so zu behandeln, aber das Wort »pietätlos« schafft keine Klarheit, sondern bedarf nur weiterer Klärung. [...] Es ist auch nicht »moralisch falsch«, unsere Heimtiere zu essen; Menschen, die ihre Heimtiere äßen, hätten keine Heimtiere *(pets)* in dieser Wortbedeutung. (Wenn wir ein Tier, das wir für den Kochtopf mästen, ein Heimtier nennen, machen wir einen derben Scherz von einer bekannten Sorte.) Ein Heimtier ist nicht etwas zu essen, es erhält einen Namen, wird in unser Haus gelassen, und womöglich spricht man mit ihm, wie man normalerweise nicht mit Kühen oder Eichhörnchen spricht. Das heißt, in gewisser Weise verleiht man ihm zum Teil den Charakter einer Person. (Dies kann mehr oder weniger sentimental sein; es braucht aber überhaupt nicht sentimental zu sein.) Heimtiere auf diese Weise zu behandeln hat überhaupt nichts damit zu tun, dass

* Die Autorin bezieht sich auf Jonathan Swift, »A Modest Proposal for Preventing the Children of Poor People from Being a Burthen to their Parents or Country, and for Making Them Beneficial to the Public« (1729), nachgedruckt in: Tom Regan / Peter Singer (Hrsg.), *Animal Rights and Human Obligations*, Englewood Cliffs (NJ) 1976, S. 234–237. Anm. d. Übers.

man ein *Interesse* anerkennt, das Heimtiere daran haben, so behandelt zu werden. Es gibt nicht eine Klasse von Lebewesen, die Heimtiere, deren Natur bzw. deren Fähigkeiten so beschaffen sind, dass wir es ihnen schuldig sind, sie auf diese Weise zu behandeln. Ebenso geschieht es nicht aus Rücksicht auf die Interessen von Lebewesen der Klasse, der wir angehören, dass wir einander Namen geben oder dass wir mit der Sexualität oder der Geburt oder dem Tod des Menschen so umgehen, wie wir es tun, indem wir diese Phänomene – auf je verschiedene Weise – als bedeutend oder ernst kennzeichnen. Und wiederum hat es nichts mit Rücksicht auf unsere Interessen zu tun, dass wir einander nicht essen.

All dies sind Dinge, die zur Bestimmung dessen beitragen, was für eine Art von Begriff »Mensch« ist. Ähnlich verhält es sich damit, dass wir Pflichten gegenüber Menschen haben. Dies folgt nicht aus dem, was Menschen sind, es ist nicht dadurch gerechtfertigt: Es gehört selbst zu den Dingen, die dazu beitragen, unseren Begriff vom Menschen zu prägen. Und so – ganz genauso – ist es mit der Vorstellung des Unterschiedes zwischen Menschen und Tieren. Wir lernen, was ein Mensch ist (unter anderem), wenn wir an einem Tisch sitzen, an dem *WIR SIE* essen. Wir sitzen um den Tisch herum und sie befinden sich darauf. Der Unterschied zwischen Menschen und Tieren ist nicht durch Beobachtungen Washoes* oder der Tätigkeiten von Delphinen zu entdecken. Es sind nicht Untersuchungen dieser Art oder die Verhaltensforschung oder die Evolutionstheorie, die uns den Unterschied zwischen uns und den Tieren mitteilen wer-

* Die Schimpansin Washoe, die 1965 in Afrika geboren wurde und 2007 in den USA starb, gilt als das erste Tier, das die Fähigkeit erwarb, über eine Zeichensprache mit Menschen zu kommunizieren. Washoe erlernte ca. 250 Zeichen der amerikanischen Gebärdensprache ASL. Nach einiger Zeit versuchte sie, bestimmte Dinge, für die sie kein Zeichen gelernt hatte, durch Zeichenkombinationen auszudrücken. Einige der von ihr erlernten Gebärden gab sie auch an Artgenossen weiter. Anm. d. Übers.

den. Der Unterschied ist, wie ich schon angedeutet habe, eine zentrale Vorstellung für das menschliche Leben und eher Gegenstand des Nachdenkens als der Beobachtung [...].

Es könnte scheinen, dass ich aufgrund der Argumentationslinie, die ich vorgeschlagen habe, die Sklaverei rechtfertigen müsste. Denn lernen wir nicht – wenn wir in einer Sklavengesellschaft leben –, was Sklaven sind und was Herren sind, durch die Struktur eines Lebens, in dem wir hier sind und dies tun, und sie dort sind und jenes tun? Lernen wir nicht *den Unterschied zwischen einem Herrn und einem Sklaven* auf diese Weise? Ich denke eigentlich nicht, dass es genau auf diese Weise vor sich geht, aber ich versuche an dieser Stelle nicht, etwas zu rechtfertigen. Ich versuche nur anzudeuten, dass unser Ausgangspunkt beim Nachdenken über die Beziehungen zwischen Menschen nicht der ist, dass *ein moralischer Akteur* auf der einen Seite steht, und auf der anderen *ein Wesen, das fähig ist zu leiden, zu denken, zu sprechen* usw.; und ähnlich verhält es sich *(mutatis mutandis)* im Falle unseres Denkens über die Beziehung zwischen Menschen und Tieren. Wir können nicht auf etwas zeigen und sagen: »Dieses *Wesen* (unter welche Begriffe es auch fallen mag) ist in jedem Fall leidensfähig, also sollten wir ihm kein Leiden zufügen.« [...] Dass »dies« ein Wesen ist, dem ich kein Leiden zufügen sollte oder dessen Leiden ich zu verhindern suchen sollte, konstituiert eine *besondere* Beziehung zu ihm, oder vielmehr eine aus einer Reihe solcher Beziehungen – zum Beispiel könnte das, was sein Leiden in Bezug auf mich bedeutet, davon abhängen, dass es meine Mutter ist. Dass ich die Leiden und Freuden eines Wesens beachten sollte, ist nicht *die* grundlegende moralische Beziehung zu diesem Wesen, die bestimmt, wie ich mich ihm gegenüber verhalten sollte – sie ist nicht grundlegender, als dass dieser Mann als mein Bruder ein Wesen ist, dem gegenüber ich keine sexuellen Phantasien hegen sollte. Wie ein Leben beschaffen ist, in dem ich solche Beziehungen (wie die oben erwähnten) auf jeden Fall zu einigen Tieren anerkenne, wie es sich von einem Leben unterscheidet, in dem keine solchen Beziehungen – oder andere – anerkannt werden, und inwieweit es möglich ist, zu sagen, dass ein solches Leben weniger scheinheilig oder reicher oder besser ist als ein Leben, in dem Tiere für uns bloße Sachen sind – all das bliebe dann noch zu beschreiben. Aber ein Ausgangspunkt einer jeden derartigen Beschreibung muss sein, zu verstehen, was zum Beispiel darin liegt, dass wir nicht Menschen essen: Ebenso wenig wie die Tatsache, dass wir unsere Heimtiere nicht essen, beruht *dies* auf der Anerkennung der Ansprüche eines Wesens, das schlicht als eines verstanden wird, das fähig ist, Leiden und Lust zu empfinden. Diejenigen, die etwas anderes behaupten, so wie Singer und Regan es in ihren Argumenten tun, verteidigen die Tiere nicht; sie greifen vielmehr die Bedeutung im menschlichen Leben an […].

Habe ich denn nicht, indem ich solche Argumente angegriffen habe, den Ast, auf dem ich sitze, vollständig abgesägt? Gibt es irgendeine andere Möglichkeit, jemandem zu zeigen, dass er durchaus Grund hat, Tiere besser zu behandeln, als er sie gerade behandelt?

Ich werde das Essen von Tieren als Beispiel nehmen, möchte aber darauf hinweisen, dass dies sogar unter uns VegetarierInnen nicht immer ein und dasselbe ist. Um es am einfachsten durch ein Beispiel auszudrücken: Einer meiner Freunde züchtet selbst Schweine; sie haben ein ziemlich gutes Leben, und er erschießt und schlachtet sie mit der Hilfe eines Nachbarn. Seine Kinder sind auf verschiedene Weise in die Durchführung einbezogen, und die ganze Sache ist Thema ausführlicher Gespräche und Überlegungen. Dies ist offenkundig in mancher Hinsicht etwas sehr anderes, als wenn Sie eine der vielen Milliarden Hühnerbrüste […] aus dem Kühlregal Ihres Supermarktes nehmen. Wenn ich also davon spreche, Tiere zu essen, meine ich eine Vielzahl verschiedener Fälle, und was ich sage, gilt für manche mehr als für andere.

Was bedeutet es also, wenn man jemanden zu überzeugen versucht, dass er kein Fleisch essen sollte? Ich habe auf *einen* merkwürdigen Aspekt der Argumentationsweise à la Peter Singer aufmerksam gemacht, nämlich dass unser Peter-Singer-Vegetarier durch und durch erfreut sein müsste, wenn er das vom Pech verfolgte Lamm isst, das gerade von einem Auto überfahren wurde. Ich möchte dies mit einem allgemeineren Merkmal des Ansatzes utilitaristischer Vegetarier in Zusammenhang bringen. Sie sagen, sie hätten nicht eine besondere Zuneigung zu Tieren oder ein besonderes Interesse an ihnen. Vielleicht weisen sie darauf hin, dass sie sie nicht »lieben«. Sie wollen sie nicht »vermenschlichen«, und es liegt ihnen daran, dass ihre Position sich von einer Auffassung abhebt, die sie als sentimentalen Anthropomorphismus betrachten. Ebenso, wie man nicht beweisen muss, dass der Schwarze unter seiner schwarzen Haut im Innern einen Weißen hat, um seine Rechte anzuerkennen, muss man Tiere nicht im Sinne unserer emotionalen Reaktionen auf Menschen betrachten, um ihre Rechte anzuerkennen. Daher ist die Stoßrichtung ihrer Argumentation folgende: *Wir* sind nur *eine* Art von *Tier*; wenn das, was für uns gerecht ist, in der Berücksichtigung unserer Interessen besteht, hängt das nur davon ab, dass wir lebende Tiere *mit* Interessen sind – und wenn das gerecht *ist*, dann ist es gerecht für *jedes* Tier. Das heißt, utilitaristische Vegetarier wollen nicht von der Rücksicht auf Menschen zu der Rücksicht auf vierbeinige Menschen oder gefiederte Menschen übergehen – auf Lebewesen, die diese Rücksicht nur verdienen, weil wir uns vorstellen, dass sie einen kleinen Menschen im Innern haben. [...]

[Es gibt] eine Widersprüchlichkeit oder eine mit Scheinheiligkeit gemischte Verwirrung [...] in unserer gewöhnlichen Art, über Tiere zu denken, Verwirrungen, die nicht nur, aber in auffallender Weise bei dem zutage treten, was Kindern über Tiere beigebracht wird. [...] Es gibt bestimmte Arten des Fühlens, die zum Ausdruck kommen, wenn wir beispielsweise unseren Kindern klassische Tiergeschichten erzählen, wenn wir im Winter Vögel und Eichhörnchen füttern – wenn wir uns in das einmischen, was Kinder Tieren antun, so, wie wir uns einmischen, wenn sie kleinere Kinder schlecht behandeln: »Zieh niemals am Schwanz der Miezi«. [...]

Ich möchte ein paar Dinge zur Idee eines Mitgeschöpfes sagen.

Erstens zeigt sich darin eine Denkrichtung, die ganz anders ist als die der Singer-Argumentation. Jene geht vermutlich von der biologischen Tatsache aus, dass wir und Hunde und Ratten und Meisen und Affen allesamt Arten von Tieren sind [...] und daher das gleiche Recht haben, dass unsere Interessen, gleich welche, berücksichtigt werden. [...] Wir haben eine andere Vorstellung, die von einer lebenden Kreatur oder einem Mitgeschöpf – eine Vorstellung, die *kein* biologischer Begriff ist. Sie bedeutet nicht, dass etwas biologisch gesehen ein Tier ist, etwas mit einem *biologischen Leben* – sie bedeutet ein Wesen in einem bestimmten Boot, [...] dessen *Gesellschaft* man suchen mag. Die Einstellung zu Tieren als unseren Gefährten in der Sterblichkeit, im Leben auf dieser Erde [...], hängt ab von einer Auffassung des *menschlichen* Lebens. Sie ist eine Ausdehnung einer nicht-biologischen Vorstellung davon, was menschliches Leben ist. [...]

Denkweisen, die unsere Einstellungen zu Menschen kennzeichnen, auf Tiere auszudehnen, ist äußerst komplex und schließt sehr vieles mit ein. Die Vorstellung von einem Tier als Gefährten ist ein bemerkenswerter Fall; sie lässt zutage treten, dass der Begriff eines Mitgeschöpfes nicht nur die Ausdehnung moralischer Begriffe wie Nächstenliebe oder Gerechtigkeit beinhaltet. Dies sind in der Tat die bekanntesten Ausdehnungen. So könnte zur

Vorstellung von einem Mitgeschöpf das Füttern der Vögel im Winter gehören, was man für etwas Ähnliches wie Nächstenliebe hält. Ebenfalls mag es dazu gehören, dass man einem gejagten Tier eine sportliche Chance gibt, wobei man darin so etwas sieht wie Gerechtigkeit oder Fairness. Ich würde sagen, dass die Vorstellung von einem Mitgeschöpf extrem *labil* ist, und das liegt zum Teil daran, dass sie nicht etwas Zusätzliches neben der Ausdehnung von Begriffen wie Gerechtigkeit, Nächstenliebe und Freundschaft-oder-Kameradschaft-oder-Herzlichkeit ist. (Ich hatte gedacht, dass die Ausdehnung derjenigen Begriffe, die zum Bereich der »Freundschaft« gehören, offenkundig nur in einigen Fällen möglich wäre, z. B. bei Meisen und nicht bei Nilpferden; aber neuere Filme über die Beziehung zwischen Walen und ihren Rettern von Greenpeace zeigen, dass meine Sicht wahrscheinlich äußerst beschränkt war.) Unabhängigkeit ist ein weiterer der bedeutenden Begriffe, die ausgedehnt werden, oder vielmehr die Konzeption eines unabhängigen Lebens, das – wie jedes Leben – Kontingenzen ausgesetzt ist. Und dies ist eng verbunden mit der Vorstellung von einer Art *Achtung* vor dem unabhängigen Leben des Tieres. Wir finden eine solche Vorstellung zum Beispiel in einer ganzen Reihe von Einwänden gegen die Vorführung von Zirkustricks durch Tiere, die viele Menschen als *Entwürdigung* ansehen. Auch die Betrachtung eines gejagten Tieres als »geachteter Feind« ist eng damit verwandt. *Mitleid* ist hier ein weiterer zentraler Begriff, [...] und ich sollte anmerken, dass die Verbindung zwischen dem Empfinden von Mitleid und der Verschonung eines Lebens aus Argumenten des Vegetarismus der [...] kritisierten Art vollkommen ausgeschlossen wird – sie hat keinen Platz in der Rhetorik einer »Befreiungsbewegung«.

Üblicherweise oder sehr oft lässt es sich durchaus mit der Konzeption eines Mitgeschöpfes vereinbaren, dass wir es essen. Aber dazu gehört dann normalerweise auch die

Vorstellung, dass es fair gejagt oder ohne schlechte Behandlung gezüchtet werden muss. Ein Tier bloß als eine Stufe (die sich selbst bewegende Stufe) in der Herstellung eines Fleischprodukts zu betrachten, ist nicht Teil dieser Denkweise; und ich sollte auch anmerken, dass der Begriff des »Schädlings« zumindest manchmal verwendet wird, wenn man ein Tier aus der Klasse der Mitgeschöpfe ausschließt. Der Gegensatz zu »Mitgeschöpf« ist hier jedoch grundsätzlich ein anderer als derjenige Gegensatz, der sich ergibt, wenn Tiere als Stufen der Herstellung eines Fleischprodukts angesehen werden. [...]

Die Einstellung der Mitgeschöpflichkeit ist zusammen mit anderen Einstellungen in uns verankert. Dies wird in einem [...] Gedicht von de la Mare, »Dry August Burned«, verdeutlicht, das damit beginnt, dass sich ein kleines Mädchen die Seele aus dem Leib weint, als es einen toten Hasen schlaff auf dem Küchentisch liegen sieht. Als es aber eine Gruppe von Feldartilleristen zum Manöver vorbeiziehen hört, läuft es hinaus und schaut sich alles im strahlenden Sonnenschein an. Nachdem sie vorbeigezogen sind, dreht es sich um und rennt zurück ins Haus, aber der Hase ist verschwunden – »Mutter«, fragt es, »kann ich ihn bitte gehäutet sehen?« In einer klassischen Studie über die geistige Entwicklung von Kindern beschreibt Susan Isaacs recht ausführlich die, wie sie es nennt, außerordentlich verworrenen und widersprüchlichen Verhaltensweisen, die wir Erwachsene tatsächlich Tieren gegenüber für Kinder sichtbar zeigen und die den Zusammenhang bilden, in dem Kinder unser Entsetzen über die Grausamkeit, die sie gegenüber Tieren an den Tag legen können, und unser Drängen, dass sie »lieb« zu ihnen sein sollen, zu verstehen versuchen müssen.[2] Sie erwähnt, wie der Tod von Tieren und die Tötung von Tieren auf ganz unterschiedliche Art und Weise ein selbstverständlicher Aspekt

2 *Intellectual Growth in Young Children*, London 1930, S. 160–162.

des Lebens ist, den Kinder sehen und von dem ihnen erzählt wird. Sie begreifen ziemlich früh den Zusammenhang zwischen Fleisch und der Tötung von Tieren, sehen, wie Insekten als Schädlinge getötet werden, oder Spinnen oder Schlangen, nur weil man sie widerlich findet; sie hören von der Tötung gefährlicher Tiere oder überflüssiger Welpen und Kätzchen und werden früh ermutigt, zu angeln oder Schmetterlinge zu sammeln – und so weiter.

[...] Ich habe den Begriff des Mitgeschöpfes eingeführt in Beantwortung der Frage: Wie könnte ich vorgehen, wenn ich jemandem zeigen möchte, dass er Grund hätte, keine Tiere zu essen? Ich denke nicht, dass ich die Frage beantwortet habe; vielmehr habe ich die Richtung gezeigt, in der ich eine Antwort suchen würde. Und sicherlich ist die Herangehensweise, die ich vorgeschlagen habe, nicht anwendbar, wenn jemand nicht auf Mitgeschöpfe anspricht, wenn jemand überhaupt nichts in dieser Hinsicht empfindet. Ich bin deswegen nicht in einer schwächeren Position als diejenigen, die Tierrechte auf der Grundlage eines abstrakten Gleichheitsprinzips verteidigen würden. Denn obwohl sie vorgeben, Gründe zu liefern, die Gründe für jeden – für Marsbewohner oder Menschen oder was auch immer – sind, die Rechte von Tieren, Marsbewohnern oder wem auch immer zu respektieren, würde ich sagen, dass die Vorstellungen, die sie anbieten, in Wahrheit weitaus weniger zwingend sind. [...] Die moralischen Erwartungen anderer Menschen verlangen etwas von mir als einem Menschen, nicht als einem Tier; und in gewisser Weise lesen wir mithilfe unserer Vorstellungskraft solche Erwartungen gleichsam in Tiere hinein, wenn wir den Vegetarismus als etwas betrachten, das es uns ermöglicht, einer Kuh in die Augen zu sehen. Daran ist nichts auszusetzen. *Auszusetzen* ist etwas an dem Versuch, diese Einstellung beizubehalten, aber ihre Grundlage zu vernichten.

Vielleicht könnte man etwas Ähnliches über die These sagen, dass man mithilfe der Vorstellungskraft in Tiere eine Art Appell an unser Mitleid hineinliest: Mitleid hängt jenseits seiner primitiveren Bekundungen von einem Sinn für das menschliche Leben und für menschlichen Verlust ab, und von einem Verständnis der Situationen, in denen ein Mensch einen anderen um sein Mitleid bitten kann, ihn bitten kann, er möge sich erbarmen. Wenn wir unbarmherzig sind in dem, was wir tun – anderen Menschen oder Tieren gegenüber –, ist das, was wir brauchen, nicht die Aussage, dass ihre Interessen es genauso wert sind, berücksichtigt zu werden, wie unsere. Und das Problem – oder ein Problem – an dem abstrakten Aufruf zur Leidensvermeidung als Handlungsprinzip besteht darin, dass uns dieser ermutigt, das Mitleid außer Acht zu lassen, zu vergessen, was es zu unserer Auffassung von Leiden und Tod beiträgt und wie es verbunden ist mit der Möglichkeit, sich zu erbarmen.

[...] Es sind [Singers und Regans] *Argumente*, die ich angegriffen habe, und nicht ihre Wahrnehmungen oder das in ihren Schriften zum Ausdruck kommende Bewusstsein der schrecklichen und unerschütterlichen Gefühllosigkeit und Unbarmherzigkeit, mit der wir der nichtmenschlichen Welt zumeist gegenübertreten. Der Fehler liegt darin, zu denken, dass die Gefühllosigkeit nicht ohne Gründe verurteilt werden kann, welche Gründe für jeden sind, wie sehr ihm auch jede menschliche Vorstellungskraft oder jedes Mitgefühl fehlt. Daher die Betonung der Rechte, Fähigkeiten, Interessen, des biologisch Gegebenen; daher die Verzerrung der Wahrnehmungen durch die Argumente. [...]

Ausgewählte Literatur

Ach, Johann S. / Borchers, Dagmar (Hrsg.): Handbuch Tierethik. Grundlagen – Kontexte – Perspektiven. Stuttgart 2018.
Armstrong, Susan J. / Botzler, Richard G. (Hrsg.): The Animal Ethics Reader. London / New York 2003.
Balzer, Philipp / Rippe, Klaus Peter / Schaber, Peter: Menschenwürde vs. Würde der Kreatur. Begriffsbestimmung, Gentechnik, Ethikkommissionen. Freiburg i. Br. / München 1998, [2]1999.
Baranzke, Heike: Würde der Kreatur? Die Idee der Würde im Horizont der Bioethik. Würzburg 2002.
Bekoff, Marc / Meaney, Carron A. (Hrsg.): Encyclopedia of Animal Rights and Animal Welfare. Westport (CT) 1998.
Bernstein, Mark H.: On Moral Considerability. An Essay on Who Morally Matters. New York 1998.
Bondolfi, Alberto (Hrsg.): Mensch und Tier. Ethische Dimensionen ihres Verhältnisses. Freiburg (CH) 1994.
Brenner, Andreas (Hrsg.): Tiere beschreiben. Erlangen 2003.
Carruthers, Peter: The Animals Issue. Moral Theory in Practice. Cambridge (UK) 1992.
Cavalieri, Paola: La Questione Animale. Per una Teoria Allargata dei Diritti Umani. Turin 1999. – Dt.: Die Frage nach den Tieren. Für eine erweiterte Theorie der Menschenrechte. Erlangen 2002.
– / Singer, Peter (Hrsg.): The Great Ape Project. Equality beyond Humanity. London 1993. – Dt.: Menschenrechte für die Großen Menschenaffen. Das Great Ape Projekt. München 1994.
Clark, Stephen R. L.: The Moral Status of Animals. Oxford 1977, [2]1984.
– Animals and Their Moral Standing. London / New York 1997.
Cohen, Carl / Regan, Tom: The Animal Rights Debate. Lanham (MD) u. a. 2001.
DeGrazia, David: Taking Animals Seriously. Mental Life and Moral Status. Cambridge (UK) 1996.
– Animal Rights. A Very Short Introduction. Oxford 2002.
Dombrowski, Daniel A.: Babies and Beasts. The Argument from Marginal Cases. Champaign (IL) 1997.

Donovan, Josephine / Adams, Carol J. (Hrsg.): The Feminist Care Tradition in Animal Ethics. New York 2007.
Fox, Michael A.: Deep Vegetarianism. Philadelphia 1999.
Francione, Gary L.: Introduction to Animal Rights. Your Child or the Dog? Philadelphia 2000.
Franklin, Julian H.: Animal Rights and Moral Philosophy. New York 2005.
Frey, Raymond G.: Interests and Rights. The Case Against Animals. Oxford 1980.
– Rights, Killing, and Suffering. Moral Vegetarianism and Applied Ethics. Oxford 1983.
Garner, Robert: Animal Ethics. Cambridge (UK) 2005.
– / O'Sullivan Siobhan (Hrsg.): The Political Turn in Animal Ethics. London / New York 2016.
Godlovitch, Stanley / Godlovitch, Roslind / Harris, John (Hrsg.): Animals, Men, and Morals. An Enquiry into the Maltreatment of Non-Humans. London 1971.
Griffin, Donald R.: Animal Minds. Beyond Cognition to Consciousness. Chicago 1992, ³2001.
Hoerster, Norbert: Haben Tiere eine Würde? Grundfragen der Tierethik. München 2004.
Hursthouse, Rosalind: Ethics, Humans and Other Animals. An Introduction with Readings. London / New York 2000.
Interdisziplinäre Arbeitsgemeinschaft Tierethik Heidelberg (Hrsg.): Tierrechte. Eine interdisziplinäre Herausforderung. Erlangen 2007.
Krebs, Angelika (Hrsg.): Naturethik. Grundtexte der gegenwärtigen tier- und ökoethischen Diskussion. Frankfurt a. M. 1997.
Leahy, Michael P. T.: Against Liberation. Putting Animals in Perspective. London / New York 1991, ²1994.
Linzey, Andrew: Animal Theology. London 1994.
Midgley, Mary: Animals and Why They Matter. A Journey around the Species Barrier. Harmondsworth 1983.
Miller, Harlan B. / Williams, William H. (Hrsg.): Ethics and Animals. Clifton (NJ) 1983.
Münch, Paul / Walz, Rainer (Hrsg.): Tiere und Menschen. Geschichte und Aktualität eines prekären Verhältnisses. Paderborn u. a. 1998, ²1999.
Nussbaum, Martha C.: Frontiers of Justice. Disability, Nationality, Species Membership. Cambridge (MA) 2006.

Paul, Ellen Frankel / Paul, Jeffrey (Hrsg.): Why Animal Experimentation Matters. The Use of Animals in Medical Research. New Brunswick (NJ) 2001.

Pluhar, Evelyn B.: Beyond Prejudice. The Moral Significance of Human and Nonhuman Animals. Durham (NC) 1995.

Rachels, James: Created from Animals. The Moral Implications of Darwinism. Oxford 1990, ^{2}1999.

Regan, Tom: The Case for Animal Rights. Berkeley (CA) 1983, ^{2}2004.

– Defending Animal Rights. Champaign (IL) 2001.

– Empty Cages. Facing the Challenge of Animal Rights. Lanham (MD) 2004.

– / Singer, Peter (Hrsg.): Animal Rights and Human Obligations. Englewood Cliffs (NJ) 1976, ^{2}1989.

Rodd, Rosemary: Biology, Ethics, and Animals. Oxford 1990.

Rollin, Bernard E.: Animal Rights and Human Morality. Buffalo (NY) 1981, Amherst (NY) ^{3}2006.

– The Unheeded Cry. Animal Consciousness, Animal Pain, and Science. Oxford 1989, Ames (IA) ^{2}1998.

– The Frankenstein Syndrome. Ethical and Social Issues in the Genetic Engineering of Animals. Cambridge (UK) 1995.

– Science and Ethics. New York 2006.

Rowlands, Mark: Animal Rights. A Philosophical Defence. London 1998.

– Animals Like Us. London / New York 2002.

Ryder, Richard: Animal Revolution. Changing Attitudes Towards Speciesism. Oxford 1989, ^{2}2000.

Sandkühler, Hans Jörg (Hrsg.): Naturverständnisse, Moral und Recht in der Wissenschaft. Zur Problematik von Tierversuchen. Frankfurt a. M. u. a. 2000.

Sapontzis, Steve F.: Morals, Reason, and Animals. Philadelphia 1987.

– (Hrsg.): Food for Thought. The Debate over Eating Meat. Amherst (NY) 2004.

Schicktanz, Silke: Organlieferant Tier? Medizin- und tierethische Probleme der Xenotransplantation. Frankfurt a. M. u. a. 2002.

Scruton, Roger: Animal Rights and Wrongs. London 1996, ^{3}2000.

Singer, Peter: Animal Liberation. A New Ethics for Our Treatment of Animals. New York 1975. Dt.: Die Befreiung der Tiere. Eine neue Ethik zur Behandlung der Tiere. München 1982.

Neuausg.: Animal Liberation. New York ²1990. – Dt.: Animal Liberation. Die Befreiung der Tiere. Reinbek 1996.
Singer, Peter: Practical Ethics. Cambridge (UK) 1979, ²1993. – Dt.: Praktische Ethik. Stuttgart 1984, ²1994.
– (Hrsg.): In Defence of Animals. Oxford 1985. – Dt.: Verteidigt die Tiere. Überlegungen für eine neue Menschlichkeit. Wien 1986.
– (Hrsg.): In Defense of Animals. The Second Wave. Malden (MA) u. a. 2006.
Sorabji, Richard: Animal Minds and Human Morals. The Origins of the Western Debate. Ithaca (NY) 1993.
Steiner, Gary: Anthropocentrism and Its Discontents. The Moral Status of Animals in the History of Western Philosophy. Pittsburgh 2005.
Sunstein, Cass R. / Nussbaum, Martha C. (Hrsg.): Animal Rights. Current Debates and New Directions. New York 2004.
Teutsch, Gotthard M.: Mensch und Tier. Lexikon der Tierschutzethik. Göttingen 1987.
– Die »Würde der Kreatur«. Erläuterungen zu einem neuen Verfassungsbegriff am Beispiel des Tieres. Bern u. a. 1995.
– Gerechtigkeit auch für Tiere. Beiträge zur Tierethik. Bochum 2002.
Warren, Mary Anne: Moral Status. Obligations to Persons and Other Living Things. Oxford 1997.
Wolf, Jean-Claude: Tierethik. Neue Perspektiven für Menschen und Tiere. Freiburg (CH) 1992, Erlangen ²2005.
Wolf, Ursula: Das Tier in der Moral. Frankfurt a. M. 1990, ²2004.

Textnachweise

Die mit * gekennzeichneten Titel wurden von der Herausgeberin formuliert

Balzer, Philipp / Rippe, Klaus Peter / Schaber, Peter: Menschenwürde vs. Würde der Kreatur. In: Ph. B. / K. P. / P. Sch.: Menschenwürde vs. Würde der Kreatur. Freiburg i. Br. / München: Alber, [2]1999. S. 17, 20, 21 f., 28 ff., 41–44, 47–50. – © 1999 Verlag Karl Alber, Freiburg i. Br. und München.

Becker, Lawrence C.: Der Vorrang menschlicher Interessen. [Original: The Priority of Human Interests.] In: Harlan B. Miller / William Williams (Hrsg.): Ethics and Animals. Heidelberg: Springer, 1983. S. 225–238. – © 1983 Springer-Verlag, Heidelberg.

Birnbacher, Dieter: Lässt sich die Tötung von Tieren rechtfertigen? Originalbeitrag. – Mit Genehmigung von Dieter Birnbacher, Düsseldorf.

Brody, Baruch A.: Zur Verteidigung der Forschung an Tieren. [Original: Defending Animal Research: An International Perspektive.] In: Ellen F. Paul / Jeffrey Paul (Hrsg.): Why Animal Experimentation Matters: The Use of Animals in Medical Research. New Brunswick, NJ: Transaction Publishers, 2001. S. 131–147. – Mit Genehmigung von Ellen F. Paul, Bowling Green (USA).

Carruthers, Peter: Kontraktualismus und Tiere. [Original: Contractualism and animals.] In: P. C.: The Animals Issue. Moral Theory in Practice. Cambridge: University Press, 1992. S. 98–110. – © 1992 Cambridge University Press, Cambridge.

Cohen, Carl: Warum Tiere keine Rechte haben. [Original: Why Animals Do Not Have Rights.] In: C. C. / Tom Regan (Hrsg.): The Animal Rights Debate. New York, Oxford: Rowman & Littlefield, 2001. S. 30, 34–36. – © 2001 Rowman & Littlefield Publishers, Inc., New York, Oxford.

Diamond, Cora: Fleisch essen und Menschen essen. In: C. D.: Eating Meat and Eating People. Philosophy 53 (1978). Cambridge: University Press. S. 465–479. – © The Royal Institute of Philosophy, published by Cambridge University Press, translated with permission.

Donovan, Josephine: Aufmerksamkeit für das Leiden. Mitgefühl als Grundlage der moralischen Behandlung von Tieren. [Original: Attention to Suffering. Sympathy as a Basis for Ethical Treatment of Animals.] In J. D. / Carol J. Adams (Hrsg.): Beyond Animal Rights: A Feminist Caring Ethic for the Treatment of Animals. New York: Continuum, 1996. S. 147–169. – Mit Genehmigung von Josephine Donovan, Portsmouth (USA).

Francione, Gary L.: Xenotransplantationen und Tierrechte. [Original: Xenografts and Animal Rights.] In: Transplantation Proceedings Vol 22, No 3. Oxford: Elsevier, 1990. S. 1044–1046. – © 1990 with permission from Elsevier Limited, Oxford.

Frey, R. G.: Die Ethik der Suche nach dem Nutzen. Tierversuche und Medizin. [Original: The Ethics of the Search for Benfits: Animal Experimentation in Medicine.] In: Raanan Gillon (Hrsg.): Principles of Health Care Ethics. Chichester [u. a.]: Wiley, 1993. S. 1067–1075. – Reprinted by permission of John Wiley & Sons Ltd. From Principles of Health Care Ethics edited by Gillon © 1993 Raanan Gillon, chapter by R. G. Frey, The Ethics of the Search for Benfits: Animal Experimentation in Medicine. www.wiley.com. All Rights Reserved.

Gruzalski, Bart: Warum es falsch ist, Tiere zu essen, die zur Nahrungsgewinnung gezüchtet und geschlachtet wurden. [Original: Why It's Wrong to Eat Animals Raised and Slaughtered for Food.] In: Steve F. Sapontzis (Hrsg.): Food for Thought: The Debate over Eating Meat. Amherst / New York: Prometheus Books, 2004. S. 124–137. – © 2004 Prometheus Books, Inc., Amherst, New York.

Hursthouse, Rosalind: Die Anwendung der Tugendethik auf unsere Behandlung der anderen Tiere. [Original: Applying Virtue Ethics to Our Treatment of the Other Animals.] In: Jennifer Welchman (Hrsg.): The Practice of Virtue: Classic and Contemporary Readings in Virtue Ethics. Indianapolis: Hackett, 2006. S. 136–140, 151–155. – © By permission of Hackett Publishing Company, Inc. All rights reserved.

Johnson, Edward: Leben, Tod und Tiere. [Original: Life, Death and Animals.] In: Miller, Harlan B. Miller / William Williams (Hrsg.): Ethics and Animals. Heidelberg: Springer, 1983. S. 123–133. – © 1983 Springer-Verlag, Heidelberg.

Midgley, Mary: Die Begrenztheit von Konkurrenz und die Relevanz der Spezieszugehörigkeit.* In: M. M.: Animals and Why They Matter. London: Penguin, 1983. S. 19–32, 103–106. – Mit Genehmigung von Mary Midgley.

Patzig, Günther: Der wissenschaftliche Tierversuch unter ethischen Aspekten. In: Wolfgang Hardegg / Gert Preiser (Hrsg.): Tierversuche und medizinische Ethik. Hildesheim: Olms, 1986. S. 70–84. – © 1986 Georg Olms Verlag AG, Hildesheim.

Pluhar, Evelyn B.: Das Recht, nicht gegessen zu werden. [Original: The Right not to be Eaten.] In: Steve F. Sapontzis (Hrsg.): Food for Thought: The Debate over Eating Meat. Amherst / New York: Prometheus Books, 2004. S. 92–107. – © 2004 Prometheus Books, Inc., Amherst, New York.

Regan, Tom: Wie man Rechte für Tiere begründet. [Original: The Case for Animal Rights. In: Peter Singer (Hrsg.): In Defence of Animals. Oxford 1985.] In: Angelika Krebs (Hrsg.): Naturethik. Grundtexte der gegenwärtigen tier- und ökoethischen Diskussion. Frankfurt a. M.: Suhrkamp, 1997. S. 38, 40–44. – Mit Genehmigung von Angelika Krebs, Basel.

Rollin, Bernard E.: Moraltheorie und Tiere.* In: B. E. R.: Animal Rights & Human Morality. Amherst / New York: Prometheus, [3]2006. S. 99–105,108–110, 116. – © 2006 Prometheus Books, Inc., Amherst, New York.

– Forschungsfreiheit versus moralischer Status von Tieren. [Original: Freedom of Thought versus the Moral Status of Animals.] In: B. E. R.: Animal Rights & Human Morality. Amherst / New York: Prometheus, [3]2006. S. 218–221. – © 2006 Prometheus Books, Inc., Amherst, New York.

Rowlands, Mark: Gerechtigkeit für alle.* In: M. R.: Animals Like us. London / New York: Verso, 2002. S. 58–66. – First Published by Verso 2002, © Mark Rowlands.

Sapontzis, Steve F.: Die Anwendung der Rhetorik der Rechte auf Tiere. [Original: Applying the Rhetoric of Rights to Animals.] In: St. F. S.: Morals, Reasons, and Animals. Philadelphia: Temple University, 1987. S. 82–83. – © 1987 by Temple University. All Rights Reserved.

Scruton, Roger: Die Quellen moralischen Denkens.* [Original: The Conscientious Carnivore.] In: Steve F. Sapontzis (Hrsg.): Food for Thought: The Debate over Eating Meat. Amherst / New York: Prometheus Books, 2004. S. 81–91. – © 2004 Prometheus Books, Inc., Amherst, New York.

Singer, Peter: Tierversuche. In: P. S.: Praktische Ethik. [Original: Practical Ethics. Cambridge: University Press, 1979. – Second Edition. 1993.] Stuttgart: Reclam, [2]1994. S. 94–97. – © für die deutsche Ausgabe 1984, 1994 Philipp Reclam jun. GmbH & Co., Stuttgart.

Singer, Peter: Rassismus und Speziesismus. In: P. S.: Praktische Ethik. [Original: Practical Ethics. Cambridge: University Press, 1979. – Second Edition. 1993.] Stuttgart: Reclam, ²1994. S. 29–31, 82–86. – © für die deutsche Ausgabe 1984, 1994 Philipp Reclam jun. GmbH & Co., Stuttgart.

Teutsch, Gerhard M.: Die »Würde der Kreatur«. In: G. M. T.: Die »Würde der Kreatur«. Erläuterungen zu einem neuen Verfassungsbegriff am Beispiel des Tieres. Bern/Stuttgart/Wien: Haupt, 1995. S. 38–42. – © 1995 by Haupt Verlag AG, Bern.

Warren, Mary Anne: Sollten alle Menschen Vegetarier werden?* In: M. A. W.: Moral Status: Obligations to persons and other living things. Oxford: University Press, 1997. S. 229–231. – © 1997 Oxford University Press.

Wolf, Ursula: Die Mensch-Tier-Beziehung und ihre Ethik. Originalbeitrag. – Mit Genehmigung von Ursula Wolf, Mannheim.

Die Aufsätze von Becker, Brody, Carruthers, Cohen, Donovan, Francione, Frey, Hursthouse, Johnson, Midgley, Rollin, Rowlands, Sapontzis und Scruton hat Alexander Zehmisch übersetzt. Die Aufsätze von Diamond, Gruzalski, Pluhar und Warren hat Veronika Gielow übersetzt. Die Texte von Singer wurden von Dietrich Klose und Jean-Claude Wolf, der Text von Regan von Tarja Prüß übersetzt.

Über die AutorInnen

Philipp Balzer, Wissenschaftlicher Mitarbeiter am Ethik-Zentrum der Universität Zürich.

Lawrence C. Becker, Professor für Philosophie am College of William and Mary, Williamsburg, Virginia.

Dieter Birnbacher, Professor für Praktische Philosophie an der Heinrich-Heine-Universität Düsseldorf.

Baruch A. Brody, Professor für Philosophie an der Rice University, Houston, Texas.

Peter Carruthers, Professor für Philosophie an der University of Maryland, College Park.

Carl Cohen, Professor für Philosophie an der University of Michigan, Ann Arbor.

Cora Diamond, Professorin für Philosophie an der University of Virginia, Charlottesville.

Josephine Donovan, Professorin für englische Literaturwissenschaft an der University of Maine, Orono.

Gary L. Francione, Professor für Rechtswissenschaft und Philosophie an der Rutgers University, Newark, New Jersey.

Raymond G. Frey, Professor für Philosophie an der Bowling Green State University, Ohio.

Bart Gruzalski, Philosoph; ehemaliger Dozent an der Northeastern University, Boston, Massachusetts.

Rosalind Hursthouse, Professorin für Philosophie an der University of Auckland, Neuseeland.

Edward Johnson, Professor für Philosophie an der University of New Orleans, Louisiana.

Mary Midgley, Philosophin; ehemalige Dozentin an der University of Newcastle upon Tyne, England.

Günther Patzig, Professor für Philosophie an der Georg-August-Universität Göttingen.

Evelyn B. Pluhar-Adams, Professorin für Philosophie an der Pennsylvania State University, Uniontown.

Tom Regan, Professor für Philosophie an der North Carolina State University, Raleigh.

Klaus Peter Rippe, Privatdozent für Praktische Philosophie an der Universität Zürich.

Bernard E. Rollin, Professor für Philosophie, Physiologie und Zoologie an der Colorado State University, Fort Collins.

Mark Rowlands, Professor für Philosophie an der University of Miami, Coral Gables, Florida.

Steve F. Sapontzis, Professor für Philosophie an der California State University, East Bay.

Peter Schaber, Professor für Angewandte Ethik an der Universität Zürich.

Roger Scruton, Professor für Philosophie am Institute for the Psychological Sciences, Arlington, Virginia.

Peter Singer, Professor für Bioethik an der Princeton University, New Jersey.

Gotthard M. Teutsch, Professor für Soziologie an der Pädagogischen Hochschule Karlsruhe.

Mary Anne Warren, Professorin für Philosophie an der San Francisco State University, Kalifornien.

Ursula Wolf, Professorin für Philosophie an der Universität Mannheim.